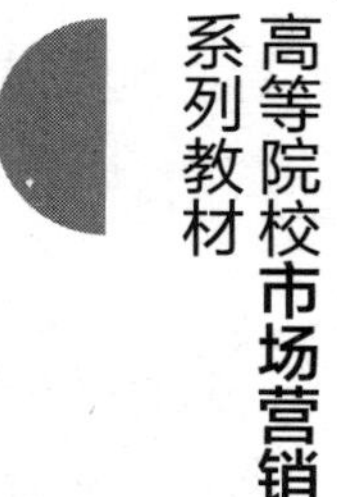

高等院校市场营销系列教材

第4版

客户关系管理

理念、技术与策略

苏朝晖◎编著

Customer Relationship Management

Concepts, Techniques and Strategies

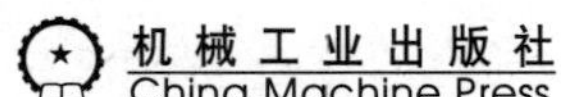

图书在版编目（CIP）数据

客户关系管理：理念、技术与策略 / 苏朝晖编著 . --4 版 . -- 北京：机械工业出版社，2021.4
（2023.11 重印）
（高等院校市场营销系列教材）
ISBN 978-7-111-67827-4

I. ①客… II. ①苏… III. ①企业管理 – 供销管理 – 高等学校 – 教材 IV. ①F274

中国版本图书馆 CIP 数据核字（2021）第 052442 号

本书借鉴和吸收了国内外客户关系管理的新近研究成果，介绍了客户关系管理的理念与技术，着重阐述了客户关系的建立、客户关系的维护、客户关系的挽救等三大关键策略，内容包括：客户关系管理理念、客户关系管理技术、客户的选择、客户的开发、客户信息、客户分级、客户沟通、客户满意、客户忠诚、客户的挽回等 10 章。

本书深入浅出，通俗易懂，并且与工商企业的活动紧密联系，做到理论与实务相结合。书中援引了大量典型的案例与章节内容相匹配，便于读者更好地领会客户关系管理的真谛。

本书既适合作为高等院校市场营销、工商管理、电子商务等专业本科生的教材，也适合企业界人士阅读和参考。

出版发行：机械工业出版社（北京市西城区百万庄大街 22 号 邮政编码：100037）
责任编辑：李晓敏　　责任校对：殷 虹
印　　刷：保定市中画美凯印刷有限公司　　版　　次：2023 年 11 月第 4 版第 10 次印刷
开　　本：185mm×260mm 1/16　　印　　张：15.75
书　　号：ISBN 978-7-111-67827-4　　定　　价：49.00 元

客服电话：（010）88361066 68326294

前　言

我们知道，尽管当前企业间的竞争表现为品牌竞争、创新竞争、服务竞争等方面，但实质上都是在争夺客户。一个企业不管有多好的设备、多好的技术、多好的品牌、多好的机制、多好的团队，如果没有客户，一切都将为零。例如，品牌只是吸引客户的有效工具之一，再强势的品牌如果没有客户的追捧，也是站不住脚的，这可以解释为什么有些知名品牌异地发展遭遇挫折——不是品牌本身出问题，而是品牌没有被异地的客户接受。可见，企业要想实现盈利，就必须依赖客户，要想在激烈的市场竞争中获得长期稳定的发展，就必须重视客户关系。

《客户关系管理：理念、技术与策略》自第1版出版以来便被众多高校选作教材，也被许多企业用作员工培训参考书。此次再版在前3版的基础上进行了修订与补充完善：首先，融入了互联网、大数据、人工智能时代下客户关系管理的新思想、新举措，介绍了互联网、大数据、人工智能在客户关系管理中的应用；其次，补充完善了影响客户满意的因素以及如何让客户满意的分析与论述；再次，补充完善了影响客户忠诚的因素以及如何实现客户忠诚的分析与论述；最后，补充更新了相关案例。

本书既适合作为高等院校市场营销、工商管理、电子商务等专业本科生的教材，也适合企业界人士阅读和参考。

为了更好地服务于教学，此次再版也补充完善了相关教学资源（含理论课件、案例课件、课后练习答案、考试题库及答案），每学期开学前一个月将更新教学资源到系统（获取方式见封底）。

本书是在前人研究的基础上进行的创新，引用的资料和信息已尽可能在资料来源和参考文献中列示，如有遗漏，在此深表歉意。另外，由于编者水平有限，书中难免有不足甚至错误之处，恳请读者不吝赐教和批评指正。意见与建议请发至822366044@qq.com。期待读者的反馈。

欢迎读者关注我的微信公众号“经营道道”获取最新分享。

再次感谢所有曾经给我支持和帮助的人！

苏朝晖

2021年3月

教学建议

教学目的

本课程的教学目的在于传授客户关系管理理念和实践的新近研究成果，介绍客户关系管理的理念与技术，着重传授客户关系管理的策略——客户关系如何建立，客户关系如何维护，客户关系如何挽救等。

前期需要掌握的知识

管理学、市场营销学等课程相关知识。

课时分布建议

教学内容	学习要点	课时安排
第一章 客户关系管理理念	（1）客户关系管理的产生 （2）客户关系管理的理论基础 （3）客户关系管理的学说、认识误区、再认识、内涵与目标 （4）客户关系管理的思路	3～5
第二章 客户关系管理技术	（1）客户关系管理系统 （2）互联网在客户关系管理中的应用 （3）大数据在客户关系管理中的应用 （4）人工智能与呼叫中心在客户关系管理中的应用	3～4
第三章 客户的选择	（1）为什么要选择客户 （2）“好客户”与“坏客户” （3）目标客户选择的指导思想	3～5
第四章 客户的开发	（1）营销导向的开发策略 （2）推销导向的开发策略	3～5
第五章 客户信息	（1）客户信息的重要性 （2）应当掌握的客户信息 （3）收集客户信息的渠道 （4）运用数据库管理客户信息	3～4

（续）

教学内容	学习要点	课时安排
第六章 客户分级	（1）为什么要对客户分级 （2）怎样对客户分级 （3）怎样管理各级客户	3～5
第七章 客户沟通	（1）客户沟通的作用、内容、形式及策略 （2）客户沟通的途径 （3）如何处理客户投诉	3～4
第八章 客户满意	（1）客户满意的概念、判断与意义 （2）影响客户满意的因素 （3）如何让客户满意	4～6
第九章 客户忠诚	（1）客户忠诚的含义、判断与意义 （2）影响客户忠诚的因素 （3）如何实现客户忠诚	4～6
第十章 客户的挽回	（1）客户流失的原因 （2）如何看待客户的流失 （3）区别对待不同的流失客户 （4）挽回流失客户的策略	3～4
综合实践汇报及讨论		4～6
课时总计		36～54

说明：

（1）在课时安排上，对有相关知识基础的本科生可以安排36个学时，对无相关知识基础的本科生可以安排54个学时。

（2）讨论、案例分析等时间已经包括在各章的教学时间中。

（3）课后的综合实践可根据实际情况做选择性安排。

目　录

第二篇　客户关系的建立

第三篇　客户关系的维护

第一篇

导　　论

客户是指购买或者使用产品或服务的个人或组织。

企业可以将客户分为直接客户和间接客户。直接客户是指购买产品或服务且直接给企业带来利润的客户，间接客户是指使用产品或服务但不直接给企业带来利润的客户。

例如，一家专门从事家具制造的企业不直接销售自己的产品，与它建立客户关系的多是家具销售商，那么这些家具销售商就是家具制造企业的直接客户，而最终用户则是家具制造企业的间接客户。

需要清楚的是，有时候间接客户虽然没有直接带来利润，但是企业如果没有间接客户，那么直接客户也很可能不愿意给企业带来利润。例如，许多互联网公司为间接客户即网民提供了免费服务，而利润则来自直接客户即广告主，广告主正是看中互联网公司的人气才愿意投放广告，如果没有众多网民的捧场，广告主很可能不愿意在此做广告。

客户关系管理是一个既古老又新鲜的话题。

说它是古老话题，是因为自从人类有商务活动以来，客户关系管理就一直是商务活动中的核心问题之一，也是决定商务活动成功的关键因素之一。例如，古时候的货郎、商人都意识到，对于那些常来常往的客人，如果能熟记他们的称呼、爱好和购买习惯，给予他们朋友般的亲切接待，并且投其所好地满足他们的需要，就容易使其成为忠诚的客户。

说它是新鲜的话题，是因为现代的客户关系管理不同于传统的客户关系管理，现代客户关系管理的产生源于当前需求的拉动和技术的推动带来的新挑战、新思维。

第一章 客户关系管理理念

引例

宝洁与沃尔玛的合作实现了双赢

宝洁公司是美国最大的日用洗涤、护肤品制造公司。沃尔玛曾经要求宝洁公司降低产品价格，否则就不再销售它的产品，宝洁公司却认定没有它的产品，沃尔玛会经营不下去。沃尔玛的采购主管回答说："那你们就等着瞧好了，我会把高露洁的产品摆在你们的产品的旁边，而且每样都比你们的便宜一点点，看最后是谁撑不下去。"最后，两家公司的高层主管经过会晤，就建立全新的供应商与零售商关系达成了协议，提出双方的主要目标和关注焦点始终应该是：不断改进工作，提供良好的服务和丰富优质的产品，保证客户满意。

此后，宝洁公司安排了一个战略性的客户管理小组与沃尔玛公司总部的工作人员一起工作，双方共同签订了长期合约。宝洁公司还向沃尔玛公司透露了各类产品的成本价，保证沃尔玛公司有稳定的货源，并享受尽可能低的价格。双方还共同讨论了运用计算机交换每日信息的方法，宝洁公司每天将各类产品的价格信息和货源信息通过计算机传给沃尔玛公司，沃尔玛公司每天也通过计算机把连锁店的销售和存货信息传给宝洁公司。

宝洁公司与沃尔玛公司的这种合作关系，一方面让宝洁公司更加高效地管理存货，因而节约了300亿美元左右的资金，而且毛利增加了约11%；另一方面，也使沃尔玛公司能做到价格低廉、种类丰富，从而使其客户受益。

启示：宝洁公司与沃尔玛公司的亲密合作是建立在信息技术和营销思想基础之上的。可见，企业借助先进的技术手段和营销理念可以有效地建立和维护客户关系。

第一节　客户关系管理的产生

一、需求的拉动

客户关系管理的产生首先源于市场对客户关系管理的需求，这体现在两个方面，一方面是客户的重要性，另一方面是客户关系管理的重要性。

（一）客户的重要性

客户的重要性体现在客户对企业的价值上，这种价值不单指客户的购买为企业贡献的利润，而应该指客户为企业创造的所有价值的总和，具体表现在以下几个方面。

1. 利润源泉

客户可以给企业带来利润，使企业兴旺发达，同时也可以使企业破产倒闭。只有客户购买了企业的产品或服务，才能使企业的利润得以实现，因此客户是企业的利润源泉，是企业的“摇钱树”，是企业的“财神”，管好了客户就等于管好了“钱袋子”。

企业利润的来源不是品牌，品牌只是吸引客户的有效工具。再强势的品牌如果没有客户追捧，也是站不住脚的。这可以解释为什么有些知名品牌异地发展遭遇挫折——不是品牌本身出了问题，而是品牌没有被异地的客户接受。

正因为如此，通用电气变革的带头人杰克·韦尔奇说：“公司无法提供职业保障，只有客户才行。”著名的管理大师彼得·德鲁克说：“企业的首要任务就是‘创造客户’。”沃尔玛的创始人山姆·沃尔顿说：“实际上只有一个真正的老板，那就是客户。他只要用把钱花在别处的方式，就能将公司的董事长和所有雇员全部‘炒鱿鱼’。”

2. 聚客效应

自古以来，人气就是商家发达的生意经。一般来说，人们的从众心理都很强，总是喜欢追捧那些“热门”企业。如果企业拥有庞大的忠诚客户群，这本身就是很好的广告、很有力的宣传、很有效的招牌，在“从众心理”的驱使下，企业能够吸引更多的新客户加盟。所以形象地说，客户是“播种机”，因为满意和忠诚的客户会带来其他新的客户。也就是说，已经拥有较多客户的企业更容易吸引新客户加盟，从而使企业的客户规模不断壮大。

3. 信息价值

客户的信息价值是指客户为企业提供信息，从而使企业更有效、更有的放矢地开展经营活动所产生的价值。这些信息的主要来源有：企业在建立客户档案时由客户无偿提供的信息、企业与客户沟通过程中客户以各种方式（如抱怨、建议、要求等）向企业提供的各类信息。这些信息包括客户需求信息、竞争对手信息、客户满意程度信息等。

企业是为客户服务的，检验服务优劣的唯一标准就是客户评价。所以形象地说，客户是“整容镜”，客户的意见、建议为企业的正确经营指明了方向，为企业制定营销策略提供了真实、准确的一手资料。

4. 口碑价值

客户的口碑价值是指由于满意的客户向他人宣传本企业的产品或服务，吸引了更多新客户加盟，从而使企业销售增长、收益增加所创造的价值。形象地说，客户是“宣传队”，他们会对其他人述说正面或者负面的评价，从而影响他人对企业的兴趣和预期。

研究表明，在影响客户购买决策的信息来源中，口碑传播的可信度最大，远胜过商业广告和公共宣传对客户购买决策的影响。因此，客户主动的推荐和口碑传播一方面可以使企业的知名度和美誉度迅速提升，另一方面还可以降低企业的广告和宣传费用。

5. 对付竞争的利器

在产品与服务供过于求、买方市场日渐形成的今天，客户选择的自由越来越大，尽管当前企业间的竞争更多地表现为品牌竞争、价格竞争、服务竞争等多个方面，但其实质都是争夺有限的客户资源。

另外，技术、资金、管理、服务、土地、人力、信息等，很容易被竞争对手模仿或购买，然而，企业拥有的“客户”却很难被竞争对手模仿或购买。客户忠诚一旦形成，竞争对手往往要花费数倍的代价来“挖墙脚”（挖客户）。因此，从根本上说，判断一个企业的竞争力有多强，不要只看技术、资金、管理，更为关键的是要看它到底拥有多少忠诚的客户，特别是拥有多少忠诚的优质客户。

在小咖啡店买杯咖啡只要 0.5 美元，而在星巴克却要 3 美元！这是为什么？谁也没有强迫谁购买，购买者都是心甘情愿的，因为他们觉得值。所以，企业如果能够拥有较多的、乐意以较高价格购买企业产品的客户，就能在激烈的竞争中站稳脚跟，立于不败之地。

此外，企业拥有的客户越多，就越可能获得规模效应，从而降低企业为客户提供产品或服务的成本，为客户提供更高价值的产品或服务。同时，如果企业拥有的客户众多，还会给其他企业带来较高的进入壁垒——“蛋糕”（市场份额）就那么大，你拥有的客户多了，意味着其他企业占有的客户就少了，从而使企业在激烈的竞争中处于优势地位。可以说，忠诚、庞大的客户队伍是企业从容面对市场风云变幻的基石。

案例 1-1　客户，您是总裁：创维集团的经营观念

正当一些企业还在把“客户是上帝”流于口头禅、宣传口号，以至于客户和舆论对这类企业失去信任之时，创维集团就隆重推出了“客户，您是总裁”的全新理念，提出了“大服务”的概念，即“不仅售前、售中、售后，而且把企业的研发、生产、销售、维修看作一个整合起来的大服务链条，而客户就是这一大服务链条的连接对象和价值实现的终极目标”。

创维集团的“客户，您是总裁”比“客户是上帝”更深刻，更符合新经济时代的要求，具体原因如下。首先，立场转变。客户从上帝变为总裁，完成了客户客体地位的主体化，这也是营销理念从 4P 到 4C 变化的根本。其次，形成利益共同体。客户作为总裁，是企业内部人，和企业是利益共同体，解决了利益的对立问题。最后，员工从向总裁负责转变为向客户负责。以前是总裁发工资，所以向总裁负责，现在意识到客户才是企业的衣食父母，必须首先满足客户的需要。

总之，客户是企业的衣食父母，是企业的命脉，是企业永恒的宝藏，是企业生存和发展的基础。一个企业不管有多好的设备、多好的技术、多好的品牌、多好的机制、多好的团队，如果没有客户，一切都将为零。企业好比是船，客户好比是水，水能载舟，也能覆舟。企业要实现盈利必须依赖客户，没有客户，企业就会垮台！

（二）客户关系管理的重要性

1. 降低企业维系老客户和开发新客户的成本

客户关系管理可以使企业与老客户保持良好、稳定的关系，这就为企业节省了一大笔向老客户进行宣传、促销等活动的费用。

此外，好的客户关系会使老客户主动为企业进行有利的宣传，通过老客户的口碑效应，企业能更有效地吸引新客户加盟，同时减少企业为吸引新客户所需支出的费用，从而降低开发新客户的成本。

例如，可口可乐公司曾经扬言，如果今天工厂被一把火烧了，第二天可另起炉灶，接着生产，继续供应可口可乐。可口可乐为什么这么“牛”？不就是因为它有着数以亿计的忠诚客户在翘首以盼吗？也正因为如此，可口可乐用于维系老客户和开发新客户的成本可以相当低。

2. 降低企业与客户的整体交易成本

客户关系管理还可以使企业和客户之间较易形成稳定的伙伴关系和信用关系，这样交易就容易实现，并且由过去逐次逐项的谈判交易发展成为例行的程序化交易，从而大大降低搜寻成本、谈判成本和履约成本，最终降低企业与客户的整体交易成本。

3. 促进增量购买和交叉购买

客户关系管理可以增加客户对企业的信任度，因而客户增量购买（即客户增加购买产品的数量）的可能性就会增大；反之，客户可能缩减其购买量。例如，一位客户在银行办理了活期存款账户，而活期存款账户通常是不赚钱的，但银行仍然为他提供了良好的服务。后来，这位客户申请了一个定期存款账户，不久又申请了汽车消费贷款，再后来又申请了购房贷款……显然，促使其增量购买银行服务的原因是银行与这位客户建立的良好关系。

此外，客户关系管理还可以使客户交叉购买（即客户购买该企业生产的其他产品或拓展与企业的业务范围）的可能性增大。比如，购买海尔冰箱的客户，如果与海尔公司的关系好，当他需要购买电视、洗衣机、手机、电脑时，就比较容易接受海尔的相关产品。

4. 给企业带来源源不断的利润

传统的管理理念乃至现行的财务制度，只把厂房、设备、资金、股票、债券等视为企业的资产，后来又把技术、人才视为企业的资产。如今，人们逐渐认识到，“客户”及

“客户关系”也是企业的重要资产，能为企业带来实实在在的利润。

例如，北欧航空公司（SAS）的前首席执行官詹·卡尔森（Jan Carlson）认为，在公司资产负债表的“资产”栏记录了几十亿美元的飞机价值，这是不对的，应该在“资产”栏里记录企业拥有多少满意和忠诚的客户，因为企业唯一的资产是对企业的服务满意并且愿意再次成为客户的客户。

又如，美国柯达公司为打开南美市场，曾斥资500万美元与以色列的鸡蛋公司签订协议，要求在其出口到南美地区的鸡蛋上印上“柯达”商标。柯达看中的是以色列鸡蛋公司庞大的、忠诚的客户群，而以色列鸡蛋公司由于善于将其“客户关系”作为一项资产来经营，因此将500万美元广告费尽收腰包。

同样，国际足联也是利用了其拥有的“客户关系”——亿万球迷，而赚得盆满钵满。

可见，客户关系管理可以使企业拥有相对稳定的客户群体和客户关系，因而能够稳定销售、降低企业的经营风险，并且提高效率、促进销售、扩大市场占有率，从而给企业带来源源不断的利润。此外，好的客户关系，会使客户对企业抱有好感，那么客户就会降低对产品或服务价格的敏感度，从而使企业能够获得较高的利润。

综上所述，管理好客户关系可以降低企业维系老客户和开发新客户的成本，降低企业与客户的交易成本，促进增量购买和交叉购买，给企业带来源源不断的利润。企业的命运建立在与客户保持长远利益关系的基础之上，企业要想在激烈的市场竞争中保持优势，保持长久的竞争力，保证企业的稳定发展，就必须积极建立和培养客户关系，巩固和发展客户关系，并把良好的客户关系作为企业的宝贵资产和战略资源来进行有效的经营和管理。一句话，客户关系管理意义重大。

相反，不重视客户关系管理将阻碍企业正常经营活动的开展。例如，像IBM这样具有强大技术与经济实力的公司，当年推出业界期待已久的家用电脑PC junior时，尽管花去几千万美元的广告与促销费用，但由于没有得到零售商客户的支持，不得不宣布停产。

知识扩展1-1　客户资产与客户终生价值

客户资产（customer equity）就是将企业与客户的关系视作企业的一项可经营的资产。企业的客户资产也可以理解为企业所有客户终生价值的折现价值的总和。客户资产还包括公司与客户、分销商和合作伙伴所形成的相互信任、合作的关系，是一种能为公司运用、产生长期现金流量的风险资产。

客户终生价值（customer lifetime value，CLV）是指一个客户一生所能给企业带来的价值，它是以客户带来的收益减去企业为吸引、服务和维系该客户所产生的成本来计算的，并且要将这个现金量折为现值。

客户带来的收益包括客户初期购买给企业带来的收益、客户重复购买带来的收益、客户增量购买及交叉购买给企业带来的收益、由于获取与保持客户的成本降低及营销效率提高给企业带来的收益、客户向朋友或家人推荐企业的产品或服务给企业带来的收益、客户对价格的敏感度降低而给企业带来的收益等。例如，可口可乐公司预测其一位忠诚客户50年能给公司带来的收益是1.1万美元，万宝路公司预测其一个忠诚的烟民30年能给公司带来的收益是2.5万美元，美国电话电报公司（AT&T）预测其一位忠诚客户30年能给公司带来的收益是7.2万美元，等等。

客户终生价值既包括历史价值，又包括未来价值，它随着时间的推移而增长。因此，企业千万别在意客户一次花多少钱，购买了多少产品或者服务，而应该考虑他们一生可能给企业带来多少财富。现实中客户往往因为一个心愿没有得到企业的满足，从此不再光顾该企业，暂且不论一位客户离去的各种负面效应或其他间接损失，单就失去一位老客户的直接损失就非常大。正因为如此，某企业评估其一位忠诚客户10年的终生价值是8 000美元，并以此来教育员工失误一次很可能会失去全部，要以对待8 000美元的价值而不是一次20美元的营业额的态度来接待每一位客户。该企业提醒员工只有时时刻刻让客户满意，才能确保企业得到客户的终生价值。

二、技术的推动

客户关系管理的产生还源于信息技术的迅猛发展，这使企业得以借助先进的技术手段去充分了解和掌握客户信息、发现与挖掘市场机会、规避风险，进而提高客户满意度与忠诚度。

客户关系管理起源于20世纪80年代初的“接触管理”，即专门收集并整理客户与企业相互联系的所有信息，借以改进企业经营管理，提高企业营销效益。后来，企业在处理与外部客户的关系时，越来越感觉到没有信息技术支持的客户关系管理起来力不从心。因而自20世纪90年代以来，美国许多企业为了适应市场竞争的需要，相继开发了诸如销售自动化系统（SFA）、客户服务系统（CSS）等软件系统。

到20世纪90年代中期，接触管理逐渐演变为包括呼叫中心和数据分析在内的“客户服务”。1996年后，一些公司开始把SFA和CSS两个系统合并，并加入营销策划和现场服务的思想，合并后的系统不仅包括软件，还包括硬件、专业服务和培训，它为公司雇员提供全面、及时的数据，让他们清楚地了解每位客户的需求和购买历史，从而提供相应的服务。

为了抓住商机，许多软件公司及时推出了客户关系管理的软件，这在一定程度上促进了客户关系管理的推广。但由于企业一度对客户关系管理的过度投资和过高的预期，而成功率和回报率非常低，理论界和企业界开始更为理性地思考客户关系管理的适用性。这就促使客户关系管理研究更为深入、务实，研究的侧重点放在客户关系管理的实施策略以及客户关系管理系统的分析功能上。

20世纪90年代末，由于信息技术的引入，客户关系管理的营销模式在技术解决方案方面得到了很大的充实和快速的发展，企业能够有效地分析客户数据，积累和共享客户信息，根据不同客户的偏好和特性，提供相应的服务，从而提高客户价值。同时，借助信息技术，企业可以识别不同的客户关系，针对不同的客户关系采用不同的策略。信息技术的突飞猛进为客户关系管理的实现和功能的扩张提供了前所未有的手段，如数据挖掘、数据库、商业智能、知识发现、基于浏览器的个性化服务系统等技术的发展使收集、整理、加工和利用客户信息的质量大大提高，也使企业与客户之间进行交流的渠道越来越多。

信息技术对客户关系管理的影响分为自动化、信息化和理念变革三个层次。自动化层次是指用计算机技术替代手工劳动，主要是为了提高客服人员的工作效率，如用一些管理软件自动进行数据统计、自动生成数据分析报表等。信息化层次是指利用现代信息技术，将数据、知识、经验和软件整合起来，为客服人员提供及时的决策信息，以支持营销决策，这个过程称为营销工程。理念变革层次是指应用信息技术促进客户关系管理的理念和实践的创新，如数据库营销、网络营销、关系营销等，这些营销理念已日益为企业所接受和应用。

此外，由于互联网是非常好的信息平台和互动手段，它提供了一个低成本的信息获取工具，同时也实现了供应商和客户的无缝连接，因此，互联网推动了客户关系管理的发展。

总之，在需求拉动和技术推动下，客户关系管理不断演变发展，逐渐形成了一套管理理论体系和应用技术体系。

第二节 客户关系管理的理论基础

一、关系营销

（一）关系营销的概念

关系营销的概念最早由学者伦纳德·L. 贝瑞（Leonard L. Berry）于 1983 年提出，他将其界定为“吸引、保持以及加强客户关系”。这一概念的提出促使企业纷纷从简单的交易营销转向关系营销，即在企业与客户和其他利益相关者之间，建立、保持并稳固一种长远的关系，进而实现信息及其他价值的相互交换。1996 年他又进一步把关系营销定义为“通过满足客户的想法和需求进而赢得客户的偏爱和忠诚”。

随着理论界对关系营销研究的不断深入，越来越多的学者提出了自己的定义，比较有代表性的有：麦肯纳（McKenna）将关系营销的宗旨归纳为“将客户、供应商和其他合作伙伴整合到企业的发展和营销活动中”。艾德里安·佩恩（Adrian Payne）提出了著名的“六市场模型”，认为企业面临六个市场，即内部市场、客户市场、供应商市场、影响者市场、员工市场和推荐者市场。因此，企业要想维持与延续客户价值，仅仅重视客户还不够，必须全面构筑与供应商、内部员工以及其他利益相关者之间的良性关系。顾曼森（Gummesson）认为关系营销是关系、网络与互动的统一体。沙尼（Shani）和卡拉萨尼（Chalasani）把关系营销定义为一种整合的应用，旨在识别、保持个体的客户并与他们建立一种关系网络，通过长期的、个性化的互动以及增值业务不断增强这个关系网络。摩根（Morgan）和亨特（Hunt）指出关系营销是指所有旨在建立、发展与保持成功的交流关系的营销活动。克里斯廷·格罗鲁斯（Christian Gronroos）指出关系营销就是在保证利润的前提下，识别与建立、保持与提升，以及必要时终止与客户及其他利益相关者的关系。罗杰斯（Rogers）指出关系营销就是与客户建立单独的或一对一的关系，把数据库同长期的客户保持与增长战略整合在一起。

（二）关系营销的内涵

关系营销理论认为，企业营销是一个与消费者、竞争者、供应商、分销商、政府机构和社会组织发生互动作用的过程，正确处理与这些个人和组织的关系是企业营销的核心，是企业成功的关键。

关系营销的核心是合作，旨在找出高价值客户和潜在客户，并通过人性化的关怀使他们与企业产生“合作伙伴”式的密切关系，通过合作实现双赢或多赢，增加关联方的利益，而不是通过损害其中一方或多方的利益来增加己方的利益。

关系营销强调关系的重要性，即企业通过客户服务、紧密的客户联系、高度的客户参与、对客户高度承诺等方面来建立双方良好的合作关系，视客户为永久性的伙伴、朋友，并与之建立互惠互利的伙伴关系，其目的在于获得新客户的同时保持住老客户，并在企业与客户结成的长期关系中获得收益。这种关系超越了简单的物质利益的互惠而形成了一种情感上的满足，企业通过维系这种情感来保持客户，从而形成一种长久的利益机制。

（三）关系营销与交易营销的区别

关系营销和交易营销有以下几方面的区别。

首先，交易营销关注一次性的交易，较少强调客户服务，对客户的承诺有限，适度地与客户联系，只有生产部门关心质量；关系营销则关注客户保持，高度重视客户服务、客户承诺、客户联系，所有部门都关心质量。

其次，交易营销认为市场中交易双方的主动性不同，即存在“积极的卖方”和“消极的买方”，买卖双方是各自独立的因素，市场营销就是卖方的单方行为，卖方用产品、价格和促销等营销组合手段刺激客户购买；关系营销则认为具有特定需求的买方也存在积极寻找合适的供应商的过程，双方是互动的关系。

再次，在交易营销的观念中，市场是由同质的无差别的个体客户构成的，市场细分是在庞大的消费群中划分出同质性较高的目标受众；关系营销则认为市场中每个个体客户的需求和欲望、购买能力有着很大的差异，所以每个客户对于企业的价值是不同的，不能将每个客户同等对待，应采取客户分级的方法来区别对待处于不同层级的客户。

最后，交易营销注重结果和以产品为中心的价值传播，关系营销则倾向于以服务过程和价值创造为重心。

（四）关系营销的意义

关系营销是市场营销学理论的重大突破，它首次强调了客户关系在企业战略和营销中的地位与作用。关系营销的目的从获取短期利润转向与各方建立和谐的关系，关系营销的核心思想是保持企业与客户之间的长期关系。

关系营销吸收了以往各种营销方式的优点，又注重与新技术的结合，其理念是运用各种工具和手段，培养、发展和维持与客户的亲密关系，实现有效的客户挽留。所以，很多学者认为关系营销是客户关系管理的理念基石，是客户关系管理的雏形，关系营销直接推动了客户关系管理的产生。

二、客户细分

（一）客户细分的概念

市场细分是美国营销学家温德尔·史密斯（Wendell Smith）于1956年提出来的，是指根据客户的需要与欲望，以及购买行为和购买习惯等方面的明显差异，把某一产品或服务的市场划分成若干个由相似需求构成的消费群（即若干个子市场）的过程。

市场是一个多层次、多元化消费需求的综合体，任何企业都无法满足所有的需求。借助市场细分，企业可以识别最能盈利的细分市场，找到最有价值的客户，把主要资源放在这些能产生最大投资回报的客户身上，从而更好地满足他们的需要。

但是，到目前为止，还没有对客户细分形成一致的定义。李（Lee）等人将客户细分称为客户区隔，是指将客户分为具有不同需要、特征或行为的不同购买者的过程。胡少东认为客户细分是指按照一定的标准将企业的现有客户划分为不同的客户群。杨路明等人认为客户细分是指在明确的战略业务模式和专注的市场中，根据客户的价值、需求和兴趣等综合因素对客户进行分类。

（二）客户细分的意义

客户细分的意义如下。

首先，客户天生就存在差异，不同的客户有不同的需求，不同的客户其价值也不相同。通过客户细分，企业可以更好地识别不同客户群体对企业的需求，以此指导企业的客户关系管理，就可以达到吸引客户、保持客户、建立客户忠诚的目的。对企业而言，不同的客户群具有不同的价值，因此，企业要识别每个客户群的价值，并根据价值的不同采取有效方法对客户进行细分。企业通过客户细分，判断哪些客户是能为企业带来利润的，哪些客户不能，并锁定那些高价值的客户。只有这样，企业才能保证所投入的资源得到回报，企业的长期利润和持续发展才能得到保证。

其次，合理利用企业有限的资源。在现有的客户群体中，并不是所有的客户都会同企业建立并发展长期合作关系，对企业而言，也并非所有的客户都有价值同其建立并发展长期合作关系，因而如果对所有客户不加区别地开展营销活动，势必会造成企业资源的浪费。但是，如果首先通过客户细分，识别出具有较大概率同企业保持密切关系的客户或对企业具有较高价值的客户，并有区别地开展目标营销，就会起到事半功倍的效果，大大节约企业有限的资源。

总之，客户细分是实施客户关系管理战略的重要步骤，也是企业了解客户的重要手段。

（三）客户细分的原则

企业在进行客户细分时，应该注意以下几个细分原则。

首先，细分后的客户子群体必须具有不同的特点并且保持相对的稳定性，以便企业实施长期的营销策略，有效地开拓并占领目标市场。相反，如果细分后客户群的特点变化过快，则营销风险会随之增加。

其次，每一个细分后的客户群体要具有可衡量的特征，即各子群体都要有明确的组成，具有共同的需求特征，表现出类似的购买行为。

再次，在客户细分中，企业对所选的目标客户要根据企业的实力量力而行，充分发挥企业的人力、物力、财力，以及生产、技术、营销能力的作用。反之，那些不能充分发挥企业资源的作用、难以被企业占领的子群体，则不能作为目标客户，否则会浪费企业资源。

最后，细分后的客户群规模必须使企业有利可图，而且有相当的发展潜力。一个细分群体能否实现具有经济效益的营销目标取决于这个市场的容量大小，如果容量过小，该目标客户群体就不值得企业去实施相关营销计划。

三、客户关系生命周期

任何关系都可能有一个生命周期，即从关系建立、关系发展、关系破裂、关系恢复到关系结束，客户关系也不例外。

客户关系生命周期是指从企业与客户建立关系到完全终止关系的全过程，是客户关系水平随时间变化的发展轨迹，它动态地描述了客户关系在不同阶段的总体特征。

阶段划分是客户关系生命周期研究的基础，目前这方面已有较多的研究。

我国学者陈明亮将客户关系生命周期划分为考察期、形成期、稳定期、退化期等四个阶段。

（一）考察期

考察期是客户关系的孕育阶段。客户第一次接触企业，需要花费大量成本和精力来寻求信息并做出决策，然后尝试性下单，一般交易量较小。企业则需要花费大量人力和物力进行调研，确定其是否为目标客户，此时企业对客户投入较多，但客户尚未对企业做出贡献。

（二）形成期

形成期是客户关系的发展阶段。此时双方已经建立了一定的相互信任和相互依赖，客户愿意承担部分风险，对价格的忍耐力有所增加，需求进一步扩大。企业从客户交易获得的收入已经大于投入，开始盈利。但是，这一时期客户关系没有固化沉淀，客户在做购买决策前，还会对相关竞争性产品进行评价和对比。因此，客户群体的特征表现为稳定性较差、需求的波动性较大，容易受外界影响等。针对形成期客户关系的特点，企业要建立和完善客户档案信息，通过恰当的方式与客户保持沟通，了解客户的真实需求和感受，同时向客户传递企业的价值观，通过“承诺和兑现承诺”使客户建立对企业的信任；在满足客户基本预期的基础上，努力实现和超越客户的预期，以帮助客户抵制竞争对手的促销和诱惑。

（三）稳定期

稳定期是客户关系发展的最高阶段。此时双方已经建立了持续长期合作关系，客户对产品或服务的数量和质量需求稳定，对价格的敏感度降低，价格忍耐力达到最大值，交易量增大，客户对企业的产品和服务有信心，愿意试用新产品和新服务，并主动为企业传递良好的口碑和推荐客户，形成外部效应。稳定期客户关系管理的任务是“保持”，即将客户关系保持在一个较高的水平，并且保持尽可能长的时间。保持策略是通过恰当的客户接触渠道和有效的客户沟通，传递企业价值观，建立双方信息共享机制和深度合作的平台，提高客户的参与程度，通过企业和客户之间的互动创造价值；构建客户学习曲线，使客户感受到和企业保持现有关系所带来的附加价值和成本节约，培养客户的“主动忠诚”，同时提高客户转移成本，培养客户的“被动忠诚”。

（四）退化期

退化期是客户关系发展过程中的逆转阶段。在此阶段，客户的特征表现为购买水平下降，这种下降可能骤然发生，也可能缓慢出现。原因很可能是客户对产品或服务的抱怨增加，客户满意度下降，客户开始与企业的竞争者来往。退化期并不总是处在稳定期之后的第四阶段，而是在任一阶段中都有可能发生。如果客户关系没有存在的必要，就可以采取客户关系终止策略。如果客户关系仍然有存在的必要，就应该采取关系恢复策略，并且注意：认真倾听客户的心声、了解客户的真实需求，分析客户流失的原因；制订重建信任的关系恢复计划，并且保证承诺的计划能够兑现；即使客户拒绝恢复关系也要表现得大度。

四、客户感知价值

泽丝曼尔（Zaithaml）在1988年首先从客户角度提出了客户感知价值理论，她将客户感知价值定义为：客户将其所能感知到的利得与其在获取产品或服务中所付出的成本进行权衡后对产品或服务效用的整体评价。该理论的贡献在于提出了研究客户价值的两个重要因素：一是客户对所获取的价值的感知，二是客户对所付出成本的感知。但该理论没有明确分析因素的具体内容、如何权衡等问题。

菲利普·科特勒在泽丝曼尔的客户感知价值理论基础上于1994年进一步提出了客户让渡价值理论。客户让渡价值是指客户总价值与客户总成本之差。客户总价值是指客户从某一特定产品或服务中获得的一系列利益，包括产品价值、服务价值、人员价值和形象价值等。客户总成本是指客户为了购买一件产品或服务所耗费的成本，包括货币成本、时间成本、精神成本和体力成本等。他认为，客户是以客户让渡价值作为购买价值取向，决定购买及影响以后再购买决策的。客户让渡价值越大，客户满意度就越高；当客户让渡价值为负时，客户不满意就发生了。因此，企业只有努力提高客户让渡价值，才能提高客户的满意度。

第三节　客户关系管理的学说、认识误区、再认识、内涵与目标

一、关于客户关系管理的各种学说

究竟什么是客户关系管理，理论界与企业界众说纷纭，从不同的角度提出各自对客户关系管理的理解，主要有以下各种学说。

（一）客户关系管理的战略说

高德纳咨询公司最早对客户关系管理给出了定义：“客户关系管理是为提升盈利能力、销售收入和客户满意度而设计的企业范围的商业战略。”高德纳咨询公司强调客户关系管理是一种商业战略而不是一套系统，它涉及的范围是整个企业而不是一个部门，它的战略目标是提升盈利能力、销售收入和客户满意度。

（二）客户关系管理的策略说

高德纳咨询公司认为，客户关系管理是为企业提供全方位的管理视角，赋予企业更完善的客户交流能力，最大化客户的收益率，与客户建立长期、稳定、相互信任、互惠互利的密切关系的动态过程和经营策略；信息技术是实现客户关系管理的一种手段，信息技术对于客户关系管理不是全部，也不是必要条件。

卡森市场营销集团（Carson Marketing Group）对客户关系管理的定义是：“通过培养公司的每一名员工、经销商和客户对该公司更积极的偏爱或偏好，留住他们并以此提升

公司业绩的一种营销策略。”客户关系管理的目的是形成忠诚的客户，从客户价值和企业利润两方面实现客户关系的价值最大化。

还有学者跳出单纯的IT技术范畴，将客户关系管理视为一种经营策略，实施以客户为中心的经营业务流程，通过应用信息技术将企业的客户资料整理出来，通过向企业的销售、市场和客户服务的专业人员提供全面的、个性化的客户资料，强化其跟踪服务、信息分析的能力，帮助他们建立和维护与客户之间的亲密信任关系，为客户提供更快捷和周到的服务，并以此为手段提高企业的盈利能力、利润和客户满意度。

（三）客户关系管理的理念说

格雷厄姆（Graham）认为，客户关系管理是企业处理其经营业务及客户关系的一种态度、倾向和价值观。

也有学者认为，客户关系管理是一种经营理念，其核心是以客户为中心，这一理念的主要来源是现代营销理论。

还有学者认为，客户关系管理是一种管理理念，其核心思想是将客户视为最重要的企业资产，通过完善的客户服务和深入的客户分析，发现并满足客户的个性化需求，不断增加企业带给客户的价值，提高客户满意度和忠诚度，以此建立和巩固企业与客户的长期稳定关系，使企业获得可持续发展的动力。

（四）客户关系管理的制度说

客户关系管理的制度说认为客户关系管理是一套原则制度，在整个客户生命周期都以客户为中心，其目标是缩减销售周期和销售成本，增加收入，寻找扩展业务所需的新的市场和渠道，以及提高客户满意度和忠诚度。

也有学者认为，客户关系管理，从管理科学的角度来考察，它源于“以客户为中心”的市场营销理论，是一种旨在改善企业与客户之间关系的管理机制。

（五）客户关系管理的目的说

赫尔维茨集团（Hurwitz Group）认为，客户关系管理的焦点是改善销售、市场营销、客户服务和支持等领域与客户关系有关的商业流程并且实现自动化。

客户关系管理在方式和内容上，通过对市场营销、销售和服务等前台工作导入流程管理的概念，让每一类客户的需求通过一系列规范的流程可以得到快速、妥善的处理，并且让服务同一个客户的销售、市场营销、服务与管理人员能够紧密协作，从而大幅度提高销售业绩与客户满意度，使客户不断重复购买本企业的产品或服务。

客户关系管理通过对信息、资源、流程、渠道、管理、技术等进行合理高效的整合利用，使企业能够获得较高的利润回报，并从长远的角度在赢得与巩固客户和市场等方面获得利益。

（六）客户关系管理的行动说

客户关系管理的行动说认为，客户关系管理是指企业通过富有意义的交流沟通，理解并影响客户行为，最终实现客户获得、客户保留、客户忠诚和客户创利的目的。

客户关系管理的行动说强调企业与客户的互动沟通，而且这种沟通是富有意义的，能够基于此来了解客户，并在了解客户的基础上影响客户的行为，通过这样的努力最终可以获得更多的客户并留住老客户，从而达到让客户创造价值的目的。

（七）客户关系管理的技术说

莱因霍尔德·拉普（Reinhold Rapp）博士指出，客户关系管理是一套管理软件和技术，目的是通过分析客户的兴趣爱好为客户提供更好的服务，它由三部分组成，即网络化销售管理系统、客户服务管理系统、企业决策信息系统。他将客户关系管理视为对客户数据的管理，客户数据库是企业最重要的数据中心，记录了企业在整个市场营销过程中与客户发生的各种交互行为、各类相关活动的状态。

SAS公司是全球著名的统计软件提供商，该公司认为，"客户关系管理是一个过程，通过这个过程，企业最大化地掌握并利用客户信息，以提高客户的忠诚度，实现客户的终生挽留"。该定义强调对客户信息的有效掌握和利用，强调技术如数据库、决策支持工具等在收集和分析客户数据中的作用。

Gum Group也提出了客户关系管理的技术说，认为客户关系管理是企业在营销、销售和服务范围内，对现实的和潜在的客户关系及业务伙伴关系进行多渠道管理的一系列过程和技术。

SAP公司认为，客户关系管理是对客户数据的管理，它记录了企业在整个营销与销售过程中和客户发生的各种交互行为，以及各类相关活动的状态，并提供各种数据库的统计模型，为后期的分析与决策提供支持。

乔恩·安东（Jon Anton）认为，客户关系管理是一种客户接入的整合技术系统。它将公司内部与外部客户对公司重要的信息无缝接入，促进公司电话系统、网站以及电子邮件接触点的整合，形成电脑电话集成和呼叫中心，使客户通过自助服务就能实现购买重要产品的目的，最终提高客户忠诚度、客户价值和客户利润率。

IBM公司认为，客户关系管理是企业用来管理客户关系的一套方法和技术，企业通过提高产品性能，增强客户服务，提高客户交互价值和客户满意度，与客户建立长期、稳定、相互信任的密切关系，从而为企业吸引新客户，维系老客户，提高效益和竞争优势。

IBM对客户关系管理的定义包括两个层面：第一个层面，企业实施客户关系管理的目的是通过一系列的技术手段了解客户目前的需求和潜在的需求，适时地为客户提供产品和服务；第二个层面，企业要整合各方面的信息，使企业对某一个客户的了解达到完整性和一致性。也就是说，企业内部相关部门实时地输入、共享、查询、处理和更新这些信息，并且对客户信息进行分析和挖掘，分析客户的所有行为，预测客户下一步对产品和服务的需求，根据客户的需求进行一对一的个性化服务。

IBM 还把客户关系管理分为三类：关系管理、接入管理和流程管理，涉及企业识别、挑选、获取、保持和发展客户的整个商业过程。关系管理是与销售、服务、支持和市场相关的业务流程的自动化历程管理，利用数据挖掘技术或数据库分析客户行为、预期、需要、历史，并具有全面的客户观念和客户忠诚度衡量标准与条件。接入管理主要是用来管理客户和企业进行交互的方式，如计算机电话集成（CTI）、电子资源管理系统（ERMS）等，包括行政管理、服务水平管理和资源分配功能。流程管理是客户关系管理成功实施的关键，所有的业务流程必须灵活，要随商业条件或竞争压力的变化做出相应改变。

（八）客户关系管理的工具说

客户关系管理的工具说认为，客户关系管理是一个“聚焦客户”的工具，网络时代的客户关系管理应该是利用现代信息技术手段，在企业与客户之间建立一种数字的、实时的、互动的交流管理系统。

客户关系管理系统是通过应用现代信息技术，使企业市场营销、销售管理、客户服务和支持等经营流程信息化，实现客户资源有效利用的软件系统，其核心是“以客户为中心”。

客户关系管理应用软件简化和协调了销售、市场营销、服务和支持等各类业务功能的过程。同时，它还将多种与客户交流的渠道，如面对面沟通、电话沟通及 Web 访问等集合为一体，以方便企业按客户的喜好使用适当的渠道与之进行交流。

（九）客户关系管理的方案说

客户关系管理的方案说认为，客户关系管理是信息技术、软硬件系统集成的管理办法和解决方案的总和。

作为一种专门的管理软件和管理方法，客户关系管理是一套基于当代最新技术的企业问题解决方案，它将市场营销的科学管理理念通过信息技术集成在软件上，将互联网、电子商务、多媒体、数据库与数据挖掘、智能系统、呼叫中心等技术因素与营销等管理要素结合，为企业的销售、客户服务及营销决策提供了一个系统的、集成的、智能化的解决方案。

客户关系管理既是帮助企业管理客户关系的方法和手段，又是一系列实现销售、营销、客户服务流程自动化的软件乃至硬件系统，强调客户关系管理系统首先是一种管理信息系统。

二、关于客户关系管理的认识误区

有许多人认为“关系”是个令人费解、难以言传甚至难以启齿的词语，因而不屑于讨论“关系”，而更愿意讨论战略、创新这样的话题。之所以这样，是因为他们将“关系”简单地理解为“搞关系”“走后门”，认为只要多“献殷勤”就可以建立客户关系、维护客户关系。这是对客户关系管理的误解。

其实，正常的客户关系的本质是买卖关系、交易关系、服务关系、利益关系。因此，客户关系管理不可以“务虚”，必须“务实”，必须是建立在为客户提供坚实的利益基础之上的，必须是能够为客户创造价值的。如果企业提供的产品与服务不能满足客户的需要，那么不论怎么“请客”“送礼”“赔笑脸”“走后门”“搞关系”“献殷勤”都无济于事。

还有不少人认为，客户关系管理就是安装客户关系管理软件，或者客户关系管理就是数据库管理，这也是对客户关系管理的误解。由于我们最初看到的客户关系管理是与客户关系管理软件、数据库联系在一起的，所以给人们造成一个错觉，似乎引进了客户关系管理软件、建立了客户数据库就是在进行客户关系管理。事实上，客户关系管理可能需要客户关系管理软件，但它只是为企业进行客户关系管理提供了一种手段，并不能代表客户关系管理。数据库也只是帮助我们更有效地管理客户信息的工具，它同样不能替代客户关系管理。

从根本上说，企业与客户是利益关系、协作关系、双赢关系，它们是超越了技术系统能力之外的利益、温暖、友善、信任，只有双方都愿意交往、愿意合作，这种关系才能建立、提升与保持。

总之，企业与客户间关系的建立与维护靠的是企业为客户创造的利益、情感和价值，而这些仅凭人际交往、计算机软件或数据库技术是无法达成的。此外，从本质上说，客户关系管理还应当是一种企业文化，企业不能把客户关系管理变成“个别人”的事情，只有所有部门和所有员工都认识到自己与客户之间的利益关系、利害关系，他们才能更好地贯彻客户关系管理思想。

案例 1-2　泰国东方饭店的客户关系管理

泰国的东方饭店堪称亚洲饭店之最，几乎天天客满，客户不提前一个月预订很难有入住的机会，而且客户大都来自西方发达国家。泰国在亚洲算不上发达，但为什么会有如此诱人的饭店呢？大家往往会以为泰国是一个旅游国家，而且又有世界上独有的人妖表演，是不是他们在这方面下了功夫？错了，他们靠的是“真功夫”，是非同寻常的客户关系管理，我们不妨通过实例来看一下。

于先生因公务经常到泰国出差，并下榻东方饭店。第一次入住时，东方饭店良好的环境和服务就给他留下了深刻的印象，第二次入住时的几个细节更使他对饭店的好感迅速升级。

那天早上，在他走出房门准备去餐厅的时候，楼层服务生恭敬地问道：“于先生是要用早餐吗？”他很奇怪，反问：“你怎么知道我姓于？”服务生说：“我们饭店规定，晚上要背熟所有客人的姓名。”这令于先生大吃一惊，因为他频繁往返于世界各地，入住过无数高级酒店，但这种情况还是第一次碰到。

于先生高兴地乘电梯到餐厅所在的楼层，刚刚走出电梯门，餐厅的服务生说：“于先生，里面请！”他更加疑惑，因为服务生并没有看到他的房卡，就问：“你知道我姓于？”服务生答：“上面的电话刚刚打下来，说您已经下楼了。”如此高的效率让于先生再次大吃一惊。

于先生刚走进餐厅，服务小姐微笑着问：“于先生还要老位子吗？”于先生的惊讶再次升级，心想：“虽然我不是第一次在这里吃饭，但最近的一次距离现在也有一年多了，难道这里的服务小姐记忆力那么好？”看到于先生惊讶的表情，服务小姐主动解释说：“我刚刚查过电脑记录，您于去年的6月8日在靠近第二个窗口的座位上用过早餐。”于先生听后兴奋地说：“老位置！老位置！”服务小姐接着问：“老菜单？一个三明治，一杯咖啡，一个鸡蛋？”现在于先生已经不再惊讶，说：“老菜单，就要老菜单！”于先生已经兴奋到了极点。

餐厅赠送了一碟小菜，由于这种小菜于先生是第一次看到，他问：“这是什么？”服务生后退两步说：“这是我们特有的××小菜。”服务生为什么要先后退两步呢？服务生是怕自己说话时口水不小心落在客人的食物上，这种细致的服务不要说在一般的饭店，就是在美国最好的饭店都没有见过。这一次早餐给于先生留下了终生难忘的印象。

后来，由于业务调整，于先生有3年的时间没有再到泰国，在于先生生日的时候，他突然收到了一封来自东方饭店的生日贺卡，里面还附了一封短信，内容是：“亲爱的于先生，您已经有3年没有来过我们这里了，我们全体人员都非常想念您，希望能再次见到您！今天是您的生日，祝您生日愉快！”于先生顿时激动得热泪盈眶，发誓如果再去泰国，绝对不会到任何其他饭店，一定要住东方饭店，而且要说服所有的朋友也住到东方饭店。就这样，一封贴着6泰铢邮票的信买到了一颗心。这就是客户关系管理的魔力。

东方饭店非常重视培养忠实的客户，并且建立了一套完善的客户关系管理体系，使客户入住后可以得到无微不至的人性化服务。迄今为止，世界各国大约20万人曾经入住过东方饭店，用东方饭店经营者的话说，只要每年有1/10的老客户光顾，饭店就会永远客满，这就是东方饭店成功的秘诀。

三、关于客户关系管理的再认识

（一）客户关系管理首先是一种“管理”

“管理”是指有目的的活动，是计划、组织、指挥、协调、控制。那么，客户关系管理就是企业对客户关系进行计划、组织、指挥、协调、控制，这就意味着客户关系管理绝不仅仅是使用一套软件、建立一个数据库那么简单，而是涉及企业的定位、战略、业务、流程、管理、营销、文化等一系列问题。

（二）客户关系管理是关于“关系”的管理

《现代汉语词典》对“关系”的解释有：事物之间相互作用、相互影响的状态，人和人或人和事物之间的某种性质的联系、关联或牵涉，等等。此外，“关系”是有生命周期的，即关系的建立、发展、保持、破裂。

由此可见，客户关系是企业与客户之间的相互作用、相互影响、相互联系的状态。当然，客户关系也是有生命周期的，即客户关系的建立、发展、保持、破裂。

（三）客户关系管理是关于“客户关系”的管理

企业与客户之间的关系既是买卖关系，又是利益关系，还是伙伴关系。企业的销售和客户的购买使企业赢得利润，客户获得价值，企业与客户都能从对方获得利益，只要关系不断，这种交换就可以持续下去。可见，客户关系管理要注重研究客户关系的建立、维护、挽回等问题。从关系的持久性来看，企业实施客户关系管理必须实现客户与企业的“双赢”，实现客户价值最大化和企业收益最大化之间的平衡。

此外，社会关系的一些基本准则大多适用于客户关系管理，因为从本质上说，企业、客户的背后都是人，客户关系本质上是人与人的关系，当然，客户关系侧重于社会关系与人际关系中的商业关系，因而客户关系管理的一些做法并不都适合管理社会关系与人际关系。

知识扩展 1-2

客户的状态

按照客户的状态，客户可划分为：潜在客户、目标客户、现实客户、流失客户、非客户。

1. 潜在客户

潜在客户是指对企业的产品或服务有需求和购买动机，有可能购买但还没有产生购买的人群。例如，已经怀孕的母亲很可能就是婴幼儿产品的潜在客户。

2. 目标客户

目标客户是企业经过挑选后确定的，力图开发为现实客户的人群。例如，劳斯莱斯把具有很高地位的社会名流或取得巨大成就的人士作为自己的目标客户。

潜在客户与目标客户的区别在于，潜在客户是指有可能购买但还没有购买的客户，目标客户则是企业主动“瞄上”的尚未有购买行动的客户，属于企业“单相思”的对象。当然，客户与企业可以一见钟情、相互欣赏、两情相悦，也就是说，潜在客户和目标客户是可以重叠或部分重叠的。

3. 现实客户

现实客户是指已经购买了企业的产品或者服务的人群。

按照客户与企业之间关系的疏密，“现实客户”可以分为：初次购买客户（新客户）、重复购买客户和忠诚客户三类。

（1）初次购买客户（新客户）是对企业的产品或服务进行第一次尝试性购买的客户。

（2）重复购买客户是对企业的产品或服务进行了两次及以上购买的客户。

（3）忠诚客户是对企业的产品或服务持续地、指向性地重复购买的客户。忠诚的客户是企业最可以信赖的客户，他们是企业的产品或服务的长期、持续、重复的购买者，他们的忠诚也表明企业现有的产品或服务对他们是有价值的。

4. 流失客户

流失客户是指曾经是企业的客户，但出于种种原因，现在不再购买企业的产品或服务的客户。

以上几种客户状态之间是可以相互转化的。例如，潜在客户或目标客户一旦采取购买行动，就变成企业的初次购买客户，初次购买客户如果经常购买同一企业的产品或服务，就可能发展成为企业的重复购买客户，甚至成为忠诚客户；但是，初次购买客户、重复购买客户、忠诚客户也会因其他企业更有诱惑的条件或因为对企业不满而成为流失客户，而流失客户如果被成功挽回，又可以直接成为现实客户。

5. 非客户

非客户是指那些与企业的产品或服务无关，或者出于种种原因不可能购买企业的产品或服务的人群。

客户的状态及转化如图 1-1 所示。

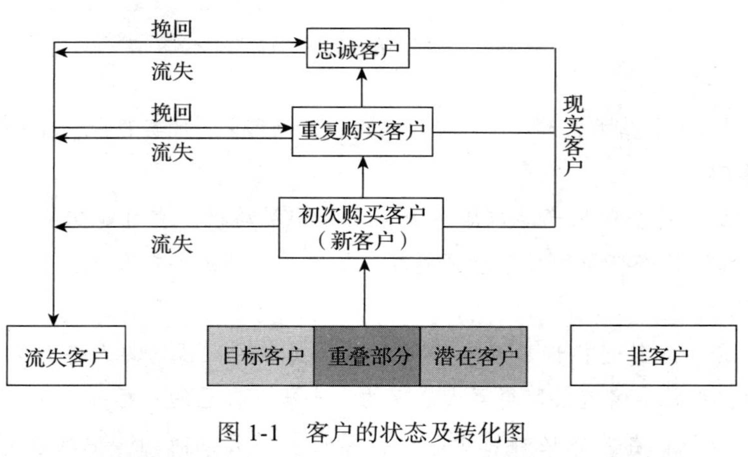

图 1-1 客户的状态及转化图

四、客户关系管理的内涵与目标

客户关系管理是建立在营销思想和信息技术基础之上的先进的管理理念与策略，是专门研究如何建立、维护、挽救客户关系的科学，它将管理的视野从企业的内部延伸、扩展到企业的外部，是企业管理理念的新领域。

客户关系管理的任务与目标是通过建立、维护、挽救客户关系来帮助企业拥有大量的、优质的、忠诚的客户。

第四节　客户关系管理的思路

一、必须以营销思想与信息技术为两翼

首先，客户关系管理必须以营销思想为支撑。不论时代怎么发展、科学技术如何进步，客户关系管理都必须以客户为中心，以营销思想为支撑，通过了解和掌握客户需求，为客户提供个性化的优质服务以满足客户需求，并且不断提高客户的满意度和忠诚度，从而提高企业的经营效率，实现销售收入的增长、市场份额的增加，以及企业盈利能力和竞争能力的提升。

其次，客户关系管理必须以信息技术为支撑。虽然过去传统的客户关系管理可以不依赖信息技术，但在信息技术如此发达和重要的今天，客户关系管理必须以信息技术等现代科技为支撑，充分利用数据库、数据挖掘、人工智能技术、应用集成技术、移动与互联网技术等现代技术手段，不断改进和优化与客户相关的全部业务流程，实现电子化、自动化运营。

二、主动地、有选择地建立客户关系

首先，当没有客户关系时，企业就要主动、努力地去建立关系，守株待兔的思想是要不得的。客户关系的建立就是要让潜在客户和目标客户产生购买欲望并付诸行动，促使他们尽快成为企业的现实客户。

其次，为了使建立客户关系不太难，也为了使日后维护客户关系不太难，企业必须有选择地建立关系，而不能盲目地建立客户关系。

三、积极维护客户关系

在建立客户关系之后，企业还必须维护好客户关系。

俗话说："打江山易，守江山难。"同样，虽说建立客户关系也不易，但维护客户关系更难。这是因为，随着科学技术的发展，企业生产技术和生产效率得到了很大的提高，产品和服务得到极大丰富的同时，其相互之间的差别也越来越小，市场已开始由卖方市场向买方市场发展，所以客户的选择余地越来越大，客户的流失成本越来越小，客户转向其他企业也变得越来越容易，因而留住客户越来越难。

客户关系的维护是企业通过努力来巩固及进一步发展与客户长期、稳定关系的动态

过程和策略。客户关系维护的目标，就是要实现客户的忠诚，特别是要实现优质客户的忠诚，避免优质客户的流失。

案例 1-3 出租车司机的客户关系管理

台湾出租车司机周春明开的是一辆车龄已经三年半的福特，内饰有些陈旧，比不上配备 GPS、液晶电视的同行。一般的个人出租车司机，每天至少开 12 小时，一个月平均做 6 万元的生意。但是没有华丽的配备、每天工作 8～10 小时的周春明，每月能做超过 12 万元的生意！

他的秘诀在哪里呢？

周春明将自己定位为“一群人的私家司机”，以形成差异化。

周春明有一张密密麻麻的熟客名单，包括 200 多位教授和中小企业老板。客户要坐周春明的车，至少提前一星期预订。在 3 月底，他的预约已经排到 5 月。当其他出租车司机还在路上急急寻找下一个客人时，他烦恼的却是挪不出时间照顾老客户。

周春明做的第一件和别人不同的事，是不计成本做长途载客业务。对一般的出租车司机来说，载客人到新竹、台中，要冒开空车回来的风险，等于跑两趟赚一趟钱。于是一般的出租车司机约定俗成地将成本转嫁给客户，计价比跳表高 50%。但周春明观察到，这群需要长途服务的客人才是含金量最高的商务旅客，为了稳住他们，他只加价 17%。表面上，他因此每趟收入比同业低，但实际上他也因此赢得客户的好感与信任，开始接到许多长途订单。

在他开车的第四年，他从科学园区载了一家企管顾问公司的经理，对方被他贴心的服务打动，把载企管顾问公司讲师到外市（县）的长途生意全包给他，他因而打开一条关键性的长途客源。从那年起，他的客户由街头散客逐渐转为可预期的长途商务客户，空车率大为降低。

逐渐地，周春明总结出出租车行业的客户关系管理方法。

在每个客人上车前，周春明要先了解他是谁，关心的是什么，打听这个客人的专长、个性，甚至把早餐常吃什么、喜好都问清楚。隔天早上，周春明会穿着西装，提早十分钟在楼下等客人，像随从一样，扶着车顶，协助客人上车，后座保温袋里已放着周春明自掏腰包买来的早餐。

如果是生客，周春明不随便搭讪，等客人用完餐后，才会问对方是要小睡一下、听音乐，还是聊天，从客人的选择了解客人今天心情如何。如果对方选择聊天，周春明就会按照事前准备，端出跟客人专长相关的有趣话题。如果是送讲师到外市（县）讲课，客人一上车，也可以享用当地名产和润喉的金橘、柠檬茶，这些都是周春明自掏腰包准备的。

周春明还有一本客户关系管理的秘籍，里面详细记录了所有熟客的喜好。通过系统的管理，每个客户爱听什么音乐、爱吃什么小吃、关心什么，一旦客户坐上他的车，他都尽力量身服务，就像是客户专属的私人司机，而一般的租车公司是无法提供这样的定制化服务的。

慢慢地，越来越多的人指名周春明来服务，他越来越忙，开始把服务的标准作业流程复制到其他司机身上，用企业化的方法经营车队服务。一旦周春明有约不能提供服务，他会推荐一个司机朋友来载客户。虽然换了司机，但是该准备什么、客户喜欢什么，周春明服务的方法，都一丝不差地重现在新司机身上。

现在，周春明的客户多到有七八辆合作的出租车才跑得完。他不只是一个载客的司机，更慢慢变成掌控服务质量的车队老板。

周春明的故事，是客户关系管理在出租车行业的实践应用。周春明不把自己定位成普通司机，而是解决方案提供者（solution provider）。当出租车这项服务早已供给过剩时，他却重新定位，把自己定位成一群人的私家司机，提供具有更高附加价值的服务。在出租车这个充满高油价、罚单、停车费的行业，周春明向人们证明，服务业是个软件重于硬件的产业，灵活运用客户关系管理仍然会创造崭新的机会和高额的回报。

四、及时挽救客户关系

应当看到，在客户关系的建立阶段、维护阶段随时都可能发生客户关系的破裂，也就是出现客户关系的夭折或终止。如果企业没有及时地恢复客户关系，就可能造成客户的永远流失。相反，如果企业能够及时地采取有效措施，就有可能使破裂的关系得到恢复，挽回已经流失的客户，促使他们重新购买企业的产品或服务，这样才能使他们继续为企业创造价值。

总之，客户关系管理是一个系统工程，客户关系管理的流程可以从图 1-2 中直观反映出来。

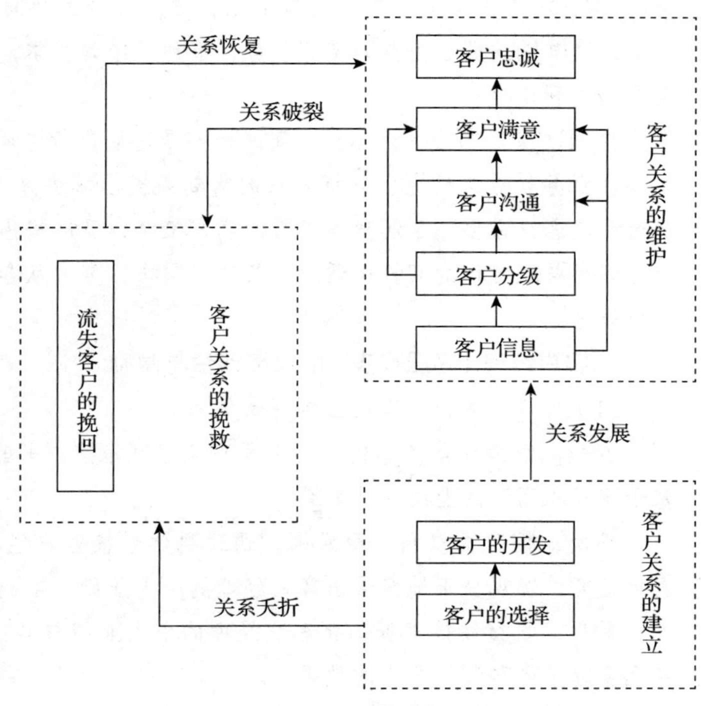

图 1-2　客户关系管理流程图

知识扩展 1-3

客户经理（客服代表）制

客户经理（客服代表）制是柜台服务的延伸，是企业为了方便客户而提供的一系列套餐式服务的一项制度，它打破了传统的以产品为导向、业务部门各自为政的组织形式，变“等客服务”为“上门服务”，体现了“以市场为导向，以客户为中心”的服务理念，是一种科学的营销组织形式和服务创新模式。

1. 客户经理（客服代表）的职责与作用

一是开发、发展和巩固客户关系，推广企业的产品或服务，进行销售谈判，把握合同要点，为客户提供优质的服务。

二是采集市场、客户和竞争对手的信息，及时反馈市场需求，帮助企业以最快的速度捕捉商机，并抓紧新产品的研制、开发和推出，为客户提供综合化、个性化的服务。

三是利用客户数据库分析客户的交易历史，了解客户的需求和采购情况，关注客户的动态，并强化跟踪管理，对已发生风险的客户实施保全措施，化解经营风险。

四是整合企业对客户服务的各种资源，根据客户的不同要求设计不同的产品和服务方案，为客户提供全方位、方便快捷的服务，使客户只要找到了客户经理，即可得到针对其需求的一揽子服务及解决方案。

五是客户经理集“推销员”“采购员”和“服务员”于一身，“出门一把抓，回来再分家”，即先把客户的所有需求采集回来，通过后台的协同工作，再把企业的所有产品推广出去，这样既发挥了企业的整体优势，节约了经营成本，又提高了工作效率，从而增强了企业的盈利能力。

例如，在汇丰银行，客户经理的任务是建立银行与客户之间的各种关系；作为客户的策略及财务参谋；研究、分析客户的需要并提出解决办法，协调和争取银行的各项资源，及时解决客户需要；了解竞争银行的客户策略，及时提出对策、建议；通过管理、服务客户为银行赚取合理的回报；通过分析客户需求，努力从各个角度、各个层面为客户提供全方位服务。

2. 客户经理（客服代表）的业绩评估与激励

（1）要建立客户经理的业绩评估体系。

首先，绩效评估指标的设计要反映企业获取客户长期价值的需求，建立一套有效的、基于流程和团队的业绩评估体系。

其次，按照责权利匹配原则，通过科学考核客户经理的工作量及工作难度大小、个人贡献度，客观公正地衡量出客户经理的个人业绩，由此评定出不同等级的客户经理。

最后，推行绩效工资，将客户经理的个人业绩与其经济收入、职务升降联系在一起，实现多劳多得和奖优罚劣的效果。

（2）要对客户经理进行持续有效的激励。

目前，企业对客户经理的激励存在两个缺陷：一是短期的奖金激励导致客户经理忽视对客户关系的提升；二是重视个体激励而忽视对团队的奖励，导致客户经理无法从企业其他部门获得更多的支持。所以，企业要建立长期的激励制度，要承认客户经理以外的其他相关部门和人员所做的贡献。

（3）要提升客户经理在组织中的地位。

客户经理在组织中要有一定的权威，否则他将无法调动企业资源去满足客户需求。如果客户认为客户经理在组织中没有话语权，就很难与客户经理建立一种信任关系。因此，要不断完善客户经理制度，要把客户经理从“救火队长”“大业务员”转化为团队的领导者与管理者。

课后练习

一、选择题（可能不止一个正确选项）

1. 以下（　　）不属于根据客户的状态进行的分类。

A. 新客户　B. 忠诚客户　C. 流失客户　D. 中小商户

2. 客户关系建立阶段需要经过（　　）环节。

A. 客户沟通　B. 客户的选择　C. 客户的开发　D. 客户分级

3. 客户关系维护阶段需要经过（　　）环节。

A. 客户沟通　B. 客户满意　C. 客户的开发　D. 客户忠诚

4.（　　）是指对企业的产品或服务有需求和购买动机，有可能但还没有产生购买的人群。

A. 潜在客户　B. 目标客户　C. 现实客户　D. 流失客户

二、判断题

1. 客户就是指最终消费者。
2. 客户关系管理必须以营销思想与信息技术为支撑。
3. 企业必须有选择地建立客户关系。
4. 实施客户关系管理就是要购买一个客户关系管理软件，并且在企业全面使用。
5. 现实客户是指已经购买了企业的产品或者服务的人群。

三、名词解释

目标客户　潜在客户　现实客户　流失客户

客户终生价值　客户关系管理

四、思考题

1. 简述客户关系管理产生的背景。
2. 客户关系管理的重要性是什么？
3. 如何认识客户关系管理？
4. 客户关系管理的思路是什么？

五、案例分析题

星巴克的客户关系

星巴克是世界上增长最快的品牌之一，也是《商业周刊》“全球品牌100强”最佳品牌之一。

不过，星巴克品牌引人注目的并不是它的增长速度，而是它的广告支出之少。星巴克每年的广告支出仅为3 000万美元，约为营业收入的1%，这些广告费通常用于推广新口味的咖啡饮品和店内的新服务，譬如店内无线上网服务等。与之形成鲜明对比的是，同等规模的消费品公司的广告支出通常高达3亿美元。

星巴克成功的重要因素是它视“关系”为关键资产。霍华德·舒尔茨（Howard Schultz）一再强调，星巴克的产品不是咖啡，而是“咖啡体验”。与客户建立关系是星巴克战略的核心部分，它特别强调客户与“咖啡大师”的关系。

舒尔茨认识到“咖啡大师”在为客户创造舒适、稳定和轻松的环境过程中的关键角色，那些站在咖啡店吧台后面直接与每一位客户交流的吧台师决定了咖啡店的氛围。为此，每个“咖啡大师”都要接受培训，培训内容包括客户服务、零售基本技巧以及咖啡知识等。“咖啡大师”还要预测客户的需求，并在解释不同的咖啡风味时与客户进行目光交流。

因为认识到员工是向客户推广品牌的关键，星巴克采取与市场营销基本原理完全不同的品牌管理方式。星巴克将在其他公司可能被用于广告的费用投资于员工福利和培训。1988年，星巴克成为第一家为兼职员工提供完全医疗保险的公司。1991年，它又成为第一家为兼职员工提供股票期权的公司，星巴克的股票期权被称为“豆股票”（bean stock）。在舒尔茨的自传《星巴克咖啡王国传奇》中，他写道：“‘豆股票’及信任感使得职员自动、自发地以最大热忱对待客人，这就是星巴克的竞争优势。”星巴克的所有员工，不论职位高低，都被称为“合伙人”，因为他们都拥有公司的股份。

星巴克鼓励授权、沟通和合作。星巴克公司总部的名字为“星巴克支持中心”，这表示对于那些在星巴克店里工作的“咖啡大师”来说，公司管理层的角色是为他们提供信息与支持。星巴克鼓励分散化决策，并将大量的决策放到地区层面，这给员工很大的激励。许多关键决策都是在地区层面完成的，每个地区的员工就新店开发与总部密切合作，帮助识别和选定目标人群，他们与总部一起完成最终的新店计划，保证新店设计能与当地社区文化一致。星巴克的经验显示，在公司范围内沟通文化、价值和最佳实践是建立关系资产的关键部分。

另外，客户在星巴克消费的时候，收银员除了品名、价格以外，还要在收银机中输入客户的性别和年龄段，否则收银机就打不开。所以公司可以很快知道客户的消费时间、消费了什么、金额多少、客户的性别和年龄段等，除此之外，公司每年还会请专业公司做市场调查。

星巴克也通过反馈来增强与客户的关系。每周，星巴克的管理团队都要阅读原始的、未经任何处理的客户意见卡。一位主管说：“有些时候我们会被客户所说的吓一跳，但是这使得我们能够与客户进行直接的交流。在公司层面上，我们非常容易失去与客户的联系。”

星巴克将其关系模型拓展到供应商环节。现在，许多公司都将非核心业务剥离，这使得它们与供应商的关系变得极其关键，特别是涉及关键部件的供应商。有些公司把所有完成的交易都视为关系，但是真正优秀的公司都认识到，在商业交易和真正的关系之间存在巨大的差别，即是否存在信任，它们都投入大量的资源去培养与供应链上的合作伙伴之间的信任。

星巴克倾向于建立长期关系，它愿意通过与供应商一起合作来控制价格，而不仅仅是从外部监控价格，它投入大量的时间与金钱来培育供应商。在星巴克看来，失去一个供应商就像失去一个员工，因为你损失了培育他们的投资。星巴克对合作伙伴的选择可以说非常挑剔，但是一旦选择过程结束，星巴克就会非常努力地与供应商建立良好的合作关系。第一年，两家公司的高层主管代表通常会进行三四次会面，之后，每年或每半年进行战略性业务回顾，以评估这种合作关系。产品和产品的领域越重要，参与的主管级别就越高。

案例思考题：

1. 星巴克的客户理念是怎样的？
2. 星巴克是怎样管理客户关系的？

第二章 客户关系管理技术

引例

App 技术在客户关系管理中的优势

App 技术在客户关系管理中有以下几方面的优势。一是 App 用户的增长速度极快，且经济能力较强；二是 App 能够整合 AR、LBS 等新技术，会带给用户更好的体验；三是 App 是手机上的应用，因此其随身性与互动性较强，通过微博、SNS 等进行传播后，能够实现快速增长；四是与传统客户关系管理手段相比，App 的开发成本较低；五是通过新技术和数据分析，App 能够定位企业潜在客户；六是客户安装 App 以后，有利于企业和客户的良好沟通。

启示：企业在进行客户关系管理时应当积极应用先进技术来改善客户体验，提高服务效率。

现代客户关系管理离不开信息技术的支撑，客户关系管理系统、互联网、大数据、人工智能等已被广泛地运用到企业的客户关系管理中。

第一节　客户关系管理系统

当企业的客户群相对较大时，客户信息的调查、收集、登记、更新、分析、分类、营销等需要建立一个平台和相应的软件系统来完成。也就是说，企业有必要建立快速、准确、动态的客户关系管理系统，来满足日益复杂的管理客户关系的需要。

一、客户关系管理系统的定义、特点

（一）客户关系管理系统的定义

客户关系管理系统是以客户数据的管理为核心，利用现代信息技术、网络技术、电子商务、智能管理、系统集成等多种技术，记录企业在市场营销与销售过程中和客户发

生的各种交互行为，以及各类有关活动的状态，提供各类数据模型，从而建立一个客户信息的收集、管理、分析、利用的系统，帮助企业实现以客户为中心的管理模式。

客户关系管理系统的主要工作是：帮助记录、管理所有企业与客户交易和交往的记录，并通过分析，辨别哪些客户是有价值的，以及这些客户的特征等；实现自动化管理，动态地跟踪客户需求、客户状态变化及客户订单，记录客户意见；通过自动的电子渠道，如短信、邮箱、网站等，承担对客户进行的某些自动化管理的任务。

（二）客户关系管理系统的特点

1. 综合性

客户关系管理系统综合了绝大多数企业有关客户服务、销售和营销管理系统自动化和优化的需要，通过具有多媒体、多渠道的联络中心实现了营销与客户服务的功能，同时通过系统具备的为现场销售和远程销售提供的各种服务实现其销售功能。客户关系管理系统使企业拥有了畅通高效的客户交流途径、综合面对客户的业务工具和竞争能力，从而使企业顺利实现从传统的企业模式向以电子商务为基础的现代企业模式的转变。

2. 集成性

客户关系管理不但要有效发挥作用，还要与企业的后台系统进行集成。在电子商务背景下，客户关系管理系统与企业资源计划、供应链管理、计算机集成制造、财务等系统的集成，将彻底改革企业的管理方式和业务流程，确保各部门各系统的任务能够动态协调和无缝连接。

3. 智能化

客户关系管理系统还具有商业智能的决策和分析能力。客户关系管理系统中获得并深化了大量的客户信息，通过加强对数据库的建设和数据挖掘工作，可以对市场和客户的需求展开智能性分析，从而为管理者提供决策依据或参考。客户关系管理的商业智能还可以改变产品的定价方式、产品组合方式，提高市场占有率，提高客户忠诚度并发现新的商业机会。

4. 高技术

客户关系管理系统涉及种类繁多的信息技术，如数据库、数据挖掘、多媒体技术等，同时为实现与客户的全方位交流，在方案部署中要求实现呼叫中心、销售平台、远程销售、移动设备，以及基于互联网的电子商务站点的有机结合，这些不同的技术、不同规则的功能模块和方案要结合在一起，最终形成一个统一的客户关系管理环境。

二、客户关系管理系统的主要功能

（一）接触功能

客户关系管理系统应当能使客户以各种方式与企业接触，典型的方式有呼叫中心、面对面的直接沟通、传真、移动销售、电子邮件、互联网及其他营销渠道，如中介或经纪人等。

客户关系管理系统应当能够或多或少地支持各种各样的接触活动。企业必须协调这些沟通渠道，保证客户能够按其方便或偏好的形式随时与企业交流，并且保证来自不同渠道的信息完整、准确和一致。

（二）业务功能

企业中的每个部门必须能够通过上述接触方式与客户进行沟通，而营销、销售和服务部门与客户的接触和交流最为频繁，因此，客户关系管理系统主要应对这些部门给予支持。

1. 营销自动化

营销自动化也称作技术辅助式营销，主要是通过设计、执行和评估营销行动和相关活动的全面框架，赋予市场营销人员更多的工作手段及能力，使其能够对营销活动的有效性进行计划、执行、监视和分析，并能够运用工作流技术来优化营销流程，从而使营销任务自动化完成。其目的在于使企业能够在活动、渠道和媒体选择上合理分配营销资源，以达到收益最大化和客户关系最优化的效果。

2. 销售自动化

所谓销售自动化是以自动化方法替代原有的销售过程，这种方法主要是基于信息技术形成的。销售自动化的实施可以帮助企业的销售机构及销售人员高质量地完成日程安排，进行有效的客户管理，进行销售预测，制作和提交销售建议书，制定定价与折扣策略，分配和管理销售地域，以及建立与完善报销报告制度等。

3. 服务自动化

服务自动化是企业依靠信息技术与手段，根据客户的背景资料及可能的需求，与客户进行的多种交流与沟通，并且在特定的时机提示客服人员有效、快捷、准确地满足客户的需求，从而进一步发展、维系企业与客户的关系。例如，对于民航巨头来说，客户关系管理系统中最有用的功能莫过于能够在航班延误或取消的时候自动联系旅客了。在飞行前，旅客能在航空公司的主页上定制参与管理的策略，当航班延迟时，民航可以通过旅客所选择的方式与他们联系，并且给他们提供几种替代的路线，然后旅客可以根据这些信息决定下一步的行动。

（三）技术功能

赫尔维茨集团给出了客户关系管理系统的 6 个主要技术功能，即信息分析的功能、对客户互动渠道进行集成的功能、支持网络应用的功能、建设集中的客户信息仓库的功能、对工作流进行集成的功能、与企业资源计划集成的功能。

（四）数据库功能

数据库管理系统是客户关系管理系统的重要组成部分，是客户关系管理思想和信息技术的有机结合，是企业前台各部门开展各种业务活动的基础。

从某种角度说，数据库甚至比各种业务功能更为重要，其功能体现在：帮助企业根据客户终生价值来区分各种现有客户；帮助企业准确地找到目标客户群；帮助企业在最合适的时机以最合适的产品满足客户需求，降低成本，提高效率；帮助企业结合最新信息和结果制定出新策略，提升客户忠诚度。

运用数据库这一强大的工具，企业可以与客户进行高效的、可衡量的、双向的沟通，真正体现了以客户为导向的管理思想。

三、客户关系管理系统的类型

美国的调研机构美塔集团（Meta Group）将客户关系管理系统分为操作型、分析型、协作型，如图 2-1 所示。

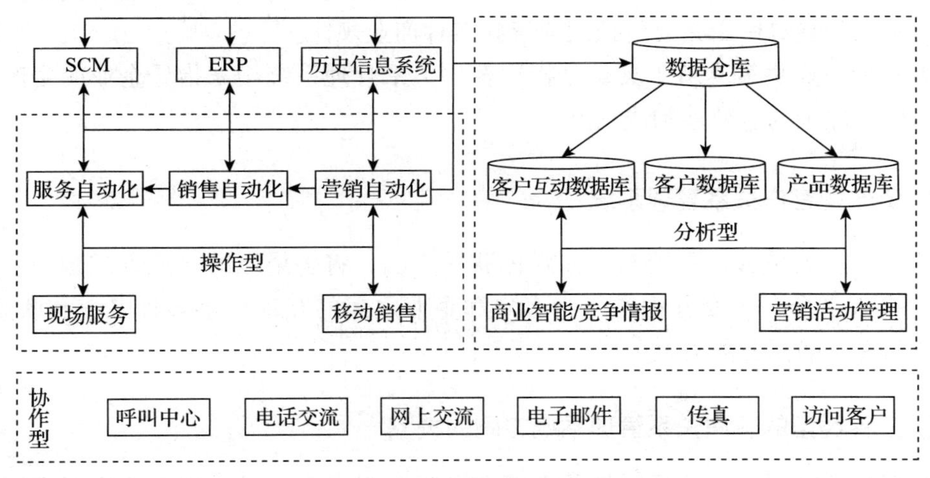

图 2-1　客户关系管理系统的类型

（一）操作型客户关系管理系统

操作型客户关系管理系统有时也称为“前台”客户关系管理系统，它包括与客户直接发生接触的各个方面，通过为客户服务的自动化来改善与客户接触的流程，进而提高工作效率，使客户满意。

这种系统的设计理念在于：客户管理在企业经营中的地位越来越重要，它要求所有的业务流程流线化与自动化，包括经由各种渠道的客户接触点即可接触的机会的整合，使前台与后台在管理上保持平滑的无缝连接。其目的是企业直接面对客户时能够提供自动化的业务流程，为各个部门的业务人员的日常工作提供客户资源共享，减少信息流动滞留点，为客户提供高质的服务，使客户就像在和一个虚拟个人做交易一样。

操作型客户关系管理系统面向的是营销、销售、客户服务等一线、前台的工作，它主要是运用现代技术手段解决“以客户为中心”带来的一系列问题，包括：销售信息管理、销售信息分析、销售过程定制、销售过程监控、销售预测功能、营销活动的环境分析、信息管理、计划预算、项目追踪、成本核算、回报预测、营销效果评估、客户服务请求，以及投诉反应机制的建立、分配、解决、跟踪、反馈、回访等。

（二）分析型客户关系管理系统

分析型客户关系管理系统通常也称“后台”客户关系管理，它不需要直接同客户打交道，其作用是分析、理解发生在前台的客户活动，从操作型客户关系管理系统应用所产生的大量交易数据中提取有价值的各种信息，为企业的经营管理和决策提供有效的量化依据。

分析型客户关系管理系统主要面向客户数据分析，针对企业一定的业务主题，设计相应的数据库和数据集市，利用各种预测模型和数据挖掘技术，对大量的交易数据进行分析，对将来的趋势做出必要的预测或寻找某种商业规律。

作为一种企业决策支持工具，分析型客户关系管理系统用来指导企业的生产经营活动，提高经营决策的有效性和成功度。

（三）协作型客户关系管理系统

协作型客户关系管理系统基于多媒体联系中心，将多渠道的交流方式融为一体，建立统一的接入平台——交互中心，为客户和企业之间的互动提供多种渠道和联系方式，提高企业与客户的沟通能力。

（四）三种类型的客户关系管理系统之间的关系

从上面三类客户关系管理系统的介绍和分析可以发现，操作型和协作型应用主要解决内部工作效率和交易数据的采集问题，并不具备信息分析的能力，只有分析型客户关系管理系统最具价值。

此外，这三种类型的客户关系管理系统都只侧重某一个方面的问题，因此是不完整的。要实现企业与客户之间的联动机制，就需要将三种类型的客户关系管理系统结合在一起。在客户关系管理系统实际项目中，三种类型的客户关系管理系统往往是相互补充的关系。一个完整的、典型的客户关系管理系统在实际应用中其实并没有严格意义的操作型、协作性和分析型的界限。

如果将客户关系管理系统比作一个人，分析型是人的大脑，操作型是人的手和脚，而协作型有点像人的感觉器官，虽然不完全贴切，但它们的确有一定的相似性，三者共居于一个系统之中，共同完成同一个企业目标，即为目标客户服务。

企业是先上分析型，还是先上操作型或者协作型，完全取决于企业的现状。不论怎样，一定要整体设计，先从最紧迫的需求做起，这样投资小、见效快、风险少，是非常切合实际的做法。

第二节　互联网在客户关系管理中的应用

一、互联网在客户关系管理中的功能

互联网能够突破时空限制，让用户随时随地进行信息的发布与获取，是当今最先进的信息载体。互联网技术是建立在计算机技术基础上的信息技术，能够实现信息的存储、处理、传输，互联网技术的数字化、网络化、高速化能够让客户享受方便快捷的服务。

在网络环境下，客户可以通过互联网向企业定制产品，发送订单，提出服务请求和服务类型，查询常见的问题，检查订单状态，实现网上的自助服务。企业可以利用网络建立属于本企业的站点，将大量的产品信息和与之相关的信息放在网站的主页上，客户可以随时上网了解这些信息。对企业而言，通过网络获得潜在的客户也变得更为快捷、简单。当浏览者在浏览企业产品信息并产生兴趣、想进一步了解更多的信息时，企业可以要求浏览者注册，填写有关的资料，这些注册的人极有可能成为企业的潜在客户，而他们浏览过的信息也是极有价值的，企业中的销售人员可以有目的地向他们宣传和推销这些产品，使他们最终成为企业的客户。在利用网络发布产品信息的同时，企业还可以在网上开展问卷调查，了解当前客户对产品的意见并发现客户的诸多个性化需求，从而使产品的设计和服务更接近客户的需求，提高客户的满意度。

案例 2-1　**强生公司的网上客户关系管理**

强生公司选择婴儿护理品为公司网站的形象产品，将企业网站变成了一部“个性化的、记录孩子出生与成长历程的电子手册”，增强了强生品牌的感召力。由于企业网站变成了一部从孩子出生到成长的电子相册，所以强生这个名字，必然成为最先占据新生儿和幼儿脑海的第一品牌，该品牌可能将从其记事起，伴随其度过一生。

在网站上，强生时刻提醒年轻的父母们关注宝宝的睡眠、饮食、哭闹、体温等，并且有相关的栏目帮助人们解答育儿疑问。随着孩子一天天地成长，强生会时时递来“强生沐浴露”“强生安全棉”“强生尿片”“强生围嘴”“强生二合一爽身粉”等孩子所需的公司产品。强生网站这份育儿宝典会告诉父母哪些产品是孩子现在所必需的。年轻的父母们会突然发现，孩子的成长离不开这个育儿宝典。

二、移动互联网在客户关系管理中的应用

移动互联网时代，人们追求更加方便快捷的生活方式，其中，传统的沟通方式日益不适应现代快节奏的生活，移动社交软件的出现带来了沟通方式和生活方式的变革，其中以QQ、微博、微信、陌陌、抖音等应用软件为主要代表。这些应用软件都具有移动互联网时代全新的技术特征，它们带来了沟通方式的转变，实现了人们沟通交流的无距离感、无阻碍性，以更加直接的语音通话和在线视频方式打破了传统沟通方式的局限性，以更加简单的认识渠道和沟通方式打破了忙碌生活状态下都市人群的交流壁垒。

案例 2-2　　移动互联网在商业银行客户关系管理中的应用

商业银行可以通过微信公众号、手机银行、网上银行客户端推送软文、优惠信息、积分信息、新产品以及产品的使用方式等信息，其目的在于，一是向潜在客户进行信息推送吸引新客户，二是向老客户推送信息维护其与老客户的关系。

在软文方面，商业银行可以根据最新发生的新鲜事、节日等热点来撰写软文，借助这些热点来营销产品，促进客户了解甚至购买和使用产品。

优惠信息主要包括信用卡使用时的优惠、商业银行网上商城的折扣商品等，商业银行通过推送优惠信息提醒客户使用信用卡或购买优惠产品，以提高客户的满意度和黏度。

手机银行是商业银行线上的主要流量入口，商业银行根据客户需求在手机银行上设置支付、交易、理财融资、消费四大功能，结合营销活动来引导客户使用移动端渠道。

随着移动互联网的发展，网络社交购物市场越来越受到各方平台和资本的青睐，是未来发展的一片蓝海。社交网络具有三大特性。一是传播速度快。以微博、微信为代表。二是情感共鸣强。一则消息一旦抓住用户的痛点，引发其共鸣后便会产生如病毒般蔓延传播的效果；一个话题性事件引爆网络后很可能引起全民讨论，瞬间点燃整个网络。三是黏性强。以微信、微博、直播等主导的社交网络平台将目标客户群聚集在一起，通过互动运营、情感营销增加客户对企业的好感，这种好感不仅影响到社群成员本身，还会通过社交网络发散性影响到社群成员周围的人。

社群营销是基于社群形成的一种新的营销模式，通过互联网超强的传播效应，利用群体失智、情绪化的特点，借助社群成员对社群的归属感和认可度而建立良好的互动体验，增加社群成员之间的黏合度和归属感，从而让社群成员自觉传播品牌甚至是直接销售产品，达到企业的营销目的。

案例 2-3　　代表性的知名品牌开展社群营销

小米让粉丝通过微博、微信、论坛等多个小米社群来参与讨论，让粉丝参与产品开发和传播，不断激发和满足粉丝的需求，不断升级产品，保持粉丝参与热度并实时响应粉丝反馈，打造极致的服务体验，将粉丝的需求落实到位。同时，小米让粉丝觉得自己是主人，给他们家的感觉，使他们有更强的归属感，这些做法让小米在短短几年内获得巨大的成功。

江小白在电视剧、电影、综艺节目中植入广告，设计文艺范的文案并印在酒瓶上，线上与网红合作并通过微博大 V 及微信公众号宣传，线下举办“约酒大会”等系列活动，即线上宣传与线下活动相结合，使消费者主动传播。

故宫线下开设景点周边纪念店，线上开设淘宝店，利用微信、微博等新媒体手段进行宣传，传播率高，互动性强，粉丝增长快且宣传成本低。另外，故宫紧跟热点设计创意产品，风趣幽默，吸引眼球，甚至还开发了故宫相关 App。

年糕妈妈是基于微信公众号进行社群营销的典型母婴类内容 + 精选特卖的平台，目前公众号总粉丝量已超过 1 000 万，年糕妈妈已成为优质母婴商品集合地。

三、新媒体在客户关系管理中的应用

新媒体最早出现在美国，这一概念是一个相对动态的概念，是和传统报纸、广播、电视等传统媒体相区别的，主要依赖现代化的数学及网络技术和通信技术，如通过无线通信网、宽带网络、互联网、卫星等方式，借助电脑、手机、iPad 等用户终端，实现实时、快速、便捷的视频、文字、图片、语音等多种数字化信息的传输及娱乐的功能，是一种全新的传播方式和手段。

新媒体时代，信息内容不仅有媒体方面的参与，同时还有受众方面的参与。受众既是信息的接收者同时也是信息的创造者，可以随时随地将自己看到的内容通过视频、图片等方式，借助网站、论坛、微信、微博、QQ、抖音等这些新的传播方式进行迅速的发布和传播甚至评价及建议，而不受制于传统的制度、格式及内容方面的要求，体现出更强的自主性。受众还能够根据自己的需求自由创建网站、论坛、微信、微博、QQ、抖音等的账号并加入相关组、群，实现充分的个性化交流，范围更广，互动更深。

新媒体时代，信息传播更加碎片化，传播速度更快，发布范围更广。一些手机视频等能够将一些新闻媒体事件借助微信、微博、QQ、抖音等新的传播平台迅速传播，引起广泛关注，甚至成为人人都在关注的重大事件，体现出的传播性、宣传性、针对性更强，而且这些信息的发布者会根据受众自己的喜好和需求，提供具有较强针对性的信息内容，打破了传统媒体在信息传播方面的滞后性等缺点。

2003 年 7 月美国媒体人谢因 · 波曼和克里斯 · 威理斯首次对自媒体进行了定义，认为自媒体是普通大众经由数字科技强化，与全球知识体系相连之后，形成的一种普通大众提供与分享他们自身的事实、新闻的途径。自媒体平台包括微信、博客、微博、论坛、BBS 等。微信公众号就是最典型的自媒体形态。进入自媒体时代后，人和人之间的交流、沟通更加快捷和方便，人们更习惯使用手机来进行网上购物、网上付款等，而商家可以利用网络平台及时发布相关的信息，通过自媒体平台提高销售的针对性，建立起自己的消费群体，从而更好地开展客户关系管理活动。

随着网络的普及，智能手机及智能电视、互联网、微信等被广泛应用，使得企业在借助新媒体实施客户关系管理时有了更加广泛的群众基础。如现在的青少年群体、上班群体、中老年群体等，新媒体在不同的消费群体中得到广泛应用。新媒体为企业开展客户关系管理提供了新的传播平台，企业可以对用户信息开展分类汇总，根据用户的需求和消费喜好开发潜在客户，针对产品进行文字描述并配备相应的图片以及视频，更好地实施网络推广、广告植入等，从而扩大产品宣传的范围，促进产品宣传的有效性和时效性。基于新媒体平台的用户较为广泛，企业能够借助一些门户网站及搜索引擎进行广告定制，同时能够根据消费者的消费习惯等定制所需的关键词，还可以提高产品被检索的针对性，从而有效地促进产品的销售。

延伸阅读 2-1

微信营销的优势

微信营销有以下几点优势。

第一，微信客户群非常庞大。微信诞生两年后我国的微信客户就已经突破 3 亿，而且客户量在逐步增加。微信添加好友的功能不受地域和时间限制，添加的方式和渠道也得到了有效的扩大，客户通过手机通讯录、QQ 好友以及摇一摇、查找附近的人、二维码扫描等功能都能添加好友。

第二，受众精准。传统媒介是以“一对多”的形式广而告之，信息的传播与扩散是单方面的，客户很难迅速接收到有效信息。对微博这类开放式网络社交平台来说，微信账号只有客户自己搜索并关注了才会收到信息。微信客户对群发信息通常没有抵触情绪，而且往往关注的都是自己感兴趣的信息，所以微信的信息展示具备了亲和力。利用微信可以对某一客户进行一对一、有针对性的消息推送。摇一摇、漂流瓶、查找附近的人、二维码扫描、朋友圈等微信功能都能成为新的服务方式，使服务的展开变得更加容易。

第三，客户体验性强。微信支持的传播材料形式不仅局限于文字，还有视频、图片、名片、位置、表情、视频聊天和实时对讲等功能，另外，微信还有朋友圈、公众号、建群等功能模块，能够吸引客户参与其中，极大地增强了客户体验。微信公众平台的主要功能是：互动沟通、客户管理和定制客服。

第四，营销成本低。微信从推出之日起就强调它的免费，微信上的大部分功能是免费的，比如发送即时消息、申请个人或企业微信公众号、发布微信朋友圈等；另外一些附加功能也是收费很低的，相对于电视广告每秒几十万到几百万元的费用，微信营销的运营成本极低。

第五，没有时间和空间的限制。在互联网平台下，利用网络的便利性，微信服务不仅仅局限于每周5天每天8小时，而是在一天24小时内都能够进行营销。互联网平台的存在极大地缩短了企业与客户之间的距离，企业和客户之间在沟通上没有了时间和空间的限制，通过互联网微信平台，客户能够快速地搜索到企业的产品信息，而企业也能够根据微信客户的使用习惯来针对性地提供服务。

案例 2-4

良品铺子运营微信管理客户关系

在没做微店之前，最让良品铺子头痛的是，有限的线下实体店完全无法容纳品种丰富的产品，很多情况下由于储藏位置有限，爆款产品常常断货。微信很好地解决了这一问题。良品铺子先将线下忠实客户聚集在微信公众号，之后，只在实体店中展示零食样品，客户可以在实体店中体验产品。若决定购买，则由店员指导其在微店中下单，已购产品会从仓库直接邮寄至客户指定的地点。此外，原本良品铺子得先向供应商拿货并储存在库房，再从库房调货至每个门店，然后根据每家店的销售情况定时补货。现在，良品铺子可以依据销售情况向供应商按量拿货，且产品可以从供应商那里直接邮寄到客户手中，从而为良品铺子大大节省了物流成本。

知识扩展 2-1

公域流量与私域流量

公域流量是指一个公共区域的流量，是大家共享的流量，不属于企业和个人。

私域流量是相对于公域流量来说的概念，一般是指品牌、商家或个人构建的私人流量池。其实质是不用付费，可以在任意时间、任意频次，直接触达用户的渠道，是一个社交电商领域的概念。

公域流量平台代表主要有小红书、淘宝、百度、抖音等，私域流量主要有微博、微信群、微信公众号、小程序、App、个人微信号等。商家在淘宝、京东等诸多大平台通过搜索、推荐等方式获取的流量是公域流量，而通过收藏店铺、小程序、粉丝群等方式获得的便是私域流量。

相对于日益昂贵又稀缺的公域流量，私域流量具有低成本、高黏性、自由触达等优点。私域流量运营核心是建立社群平台，微信平台的用户体量大，而且用户活跃度较高，因此深受企业青睐。当下，微信生态矩阵有微信公众号、小程序、微信社群以及最近新推出的视频号。比如，拼多多就是依靠微信社交裂变，吸引了一大批用户，从而逆袭成为互联网电商巨头。

第三节 大数据在客户关系管理中的应用

一、数据挖掘技术在客户关系管理中的应用

数据挖掘是从大型数据库中提取人们感兴趣的知识，这些知识是隐含的、未知的、有用的信息，提取的知识表现为概念、规则、规律、模式等。

（一）数据挖掘的流程

数据挖掘的主要流程如下。

首先，掌握企业内部各部门各自负责的业务及其特点，并把这些特点归纳为对现有数据进行分析的必要条件和参数。

其次，对现有数据进行详细归类整理和系统分析，对同类数据进行转换，对不符合条件和参数的数据进行清理，有时还要从数据库的多个数据源中抽取相关联的数据并加以组合。

再次，建立数据挖掘的模型，为数据挖掘打造良好的基础框架。数据库技术在客户关系管理系统中起到技术支撑平台的作用，客户关系管理系统在以数据库技术为代表的信息技术的集成作用下，基本摒弃了市场营销领域靠经验决策的做法，极大地提高了决策的科学性和准确性。

最后，对数据挖掘模型进行评估，在不同的时段让系统对已发生的情况进行预测，然后比较预测结果和实际情况以验证模型的正确性。

案例 2-5　沃尔玛对数据的挖掘

一般看来，啤酒和尿布是完全不同的商品。但是沃尔玛的数据挖掘结果显示，在居民区中，尿布卖得好的店面，其啤酒也卖得很好。原因很简单，太太让先生下楼买尿布的时候，先生们一般都会犒劳自己两听啤酒，因此啤酒和尿布一起购买的机会是最多的。这是一个现代商场智能化信息分析系统发现的秘密，这个故事被公认是商业领域数据挖掘诞生的标志。

沃尔玛的信息技术系统是全世界零售企业中最先进的，其主要特点是：投入大、功能全、速度快、智能化和全球联网。目前，沃尔玛中国公司与美国总部之间的联系和数据

都是通过卫星来传送的。沃尔玛能够跨越多个渠道收集最详细的客户信息，并且能够造就灵活、高速供应链的信息技术系统。当沃尔玛的商店规模成倍地扩大时，它们不遗余力地向市场推广新技术。通过信息共享，沃尔玛能和供应商一起增进业务的发展，能帮助供应商在业务的不断扩张和成长中掌握更多的主动权。

沃尔玛的模式已经跨越了企业内部管理（ERP）和与外界"沟通"的范畴，而是形成了以自身为链主，连接生产厂商与客户的全球供应链。沃尔玛能够参与到上游厂商的生产计划和控制中，因此能够将客户的意见迅速反映到生产中，按客户需求开发定制产品。

（二）数据挖掘技术的应用

数据挖掘技术可以应用到以下几个方面。

首先，客户画像。交互设计之父艾伦·库珀（Alan Cooper）最早提出了用户画像（persona）的概念，用户画像又称人群画像，是根据用户人口统计学信息、社交关系、偏好习惯和消费行为等信息抽象出来的标签化画像，包括客户基本属性、购买能力、行为特征、兴趣爱好、心理特征、社交网络等信息的画像。企业可以基于客户终端信息、位置信息、消费信息等丰富的数据，为每个客户打上人口统计学特征、消费行为和兴趣爱好等标签，并借助数据挖掘技术（如分类、聚类、RFM㊀等）进行客户分群，完善客户的360°画像，深入了解客户行为偏好和需求特征。

其次，精准营销和个性化推荐。企业在客户画像的基础上对客户特征深入理解，实现精准营销，为客户提供定制化的服务，优化产品和定价机制，实现个性化营销和服务，提升客户体验与感知。

最后，客户生命周期管理。客户生命周期管理包括客户获取、客户成长、客户成熟、客户衰退和客户离开等五个阶段的管理。在客户获取阶段，可以通过算法挖掘和发现高潜客户；在客户成长阶段，通过关联规则等算法进行交叉销售，提升客户人均消费额；在客户成熟阶段，可以通过大数据方法进行客户分群（RFM、聚类等）并进行精准推荐，同时对不同客户实时忠诚计划；在客户衰退阶段，需要进行流失预警，提前发现高流失风险客户，并做相应的客户关怀；在客户离开阶段，可以通过数据挖掘发现高潜回流客户。

二、数据库技术在客户关系管理中的运用

数据库是信息的中心存储库，是由一条条记录所构成的，每条记录都记载着有相互联系的一组信息，许多条记录连在一起就是一个基本的数据库。数据库是面向主题的、集成的、相对稳定的、与时间相关的数据集合，数据库能够及时反映市场的实际状况，是企业掌握市场的重要途径。难怪有营销专家说："没有数据库，就像在沙漠中迷失了方向一样，会付出惨痛的代价。"

㊀ RFM，recency 即最近一次消费，frequency 即消费频率，monetary 即消费金额。

（一）运用客户数据库可以对客户开展精准营销

客户数据是企业内部最容易收集到的营销信息，通过对客户基础信息和交易信息进行加工、提炼、挖掘、分析、处理和对比，可以在海量数据中探求客户现有及潜在的需求、模式、机会，从而直接针对目标客户进行精准营销，而无须借助大众宣传的方式，因而减少了竞争对手的注意度，可以有效避免“促销战”“价格战”等公开的对抗行为。

客户数据库是企业运用数据库技术，收集现有客户、目标客户的综合数据资料，追踪和掌握他们的情况、需求和偏好，并且进行深入的统计、分析和数据挖掘，从而使企业的营销工作更有针对性的一项技术措施，是企业维护客户关系、获取竞争优势的重要手段和有效工具。

精准营销是依托信息技术手段，对客户的相关数据进行搜集，然后对这些数据运用技术平台进行统计和分析，掌握每一个客户的消费倾向，再通过微信、邮件等传播方式进行的，并根据客户反映和市场效果不断进行修改和完善。精准营销非常适合个性化、分散化的小客户，是对小客户进行管理的一种非常好的方法。

例如，纽约大都会歌剧院设立了一个可容纳 140 万人以上的歌迷资料的数据库，歌剧院运用电脑分析各种类型消费者的特点，从中找出了潜在客户，然后用直接通信的方式宣传推销歌剧票，结果在歌剧票正式公开发售之前，70% 以上的入场券就已经利用数据库销售出去了。

蒙牛牛奶初次进入上海市场时，一开始想采取进入连锁超市的销售方式，但是这些连锁超市的“门槛”太高，于是蒙牛牛奶找到了麦德龙公司。麦德龙利用其强大的客户数据优势，将蒙牛牛奶的样品免费赠送给经过分析、精心挑选出的 4 000 个家庭品尝，随后跟踪客户的反馈信息，同时在网上及直邮单上发布蒙牛牛奶促销的消息，从而促进了蒙牛牛奶在上海的销售，蒙牛牛奶从一开始每月只有几万元的销售额一下子增加到几十万元。就这样，蒙牛牛奶没有投入大量资金进行广告宣传，也没有投入巨额的超市“入场费”，而是在仅仅投入了数千盒样品的成本后，顺利地打开了上海市场。这一切，如果没有麦德龙庞大的客户数据系统的支持是不可能做到的。

客户数据库可以帮助企业了解客户信息，了解客户过去的消费行为，而客户过去的购买行为是未来购买模式的最好指示器，因此，企业可以通过客户数据库来推测客户未来的消费行为。客户数据库还能反映出每个客户的购买频率、购买量等重要信息，并保存每次交易的记录及客户的反馈情况，通过对客户进行定期跟踪，可以使企业对客户的资料有详细全面的了解，利用“数据挖掘技术”和“智能分析”可以发现盈利机会，继而采取相应的营销策略，这就是数据库营销。

（二）运用客户数据库可以实现客户服务及管理的自动化

客户数据库还能强化企业跟踪服务和自动服务的能力，使客户得到更快捷和更周到的服务，从而有利于企业更好地保持客户。例如，通过对客户历史交易行为的监控、分析，当某一客户购买金额累计达到一定数值后，可以提示企业向该客户提供优惠或个性化服务。

案例 2-6　　澳大利亚国民银行运用客户数据库实现对客户的自动管理

澳大利亚国民银行是一家全球性的大银行，它每天都会将收集到的客户信息放在数据库中，并且设定了一些智能分析机制，对客户交易状态进行管理。例如，对一些非正常的交易金额，即大额的提款和大额的存款进行专门的处理，一旦有异常客户状态发生，客户数据库就会自动做出相关统计，并将统计的结果提交给营销部门的人员，由营销人员及时与客户接触，找出客户状态异常的原因。

一次，银行发现一位77岁的老太太提款很多，原来老太太提款是为了给女儿买房子，于是银行立即与老太太的女儿联系，表示愿意为其提供买房贷款。结果，老太太将从银行提取的款项又全部存回银行，此外，银行为老太太的女儿提供了一笔贷款，老太太的女儿也将自己在其他银行的存款转存到这家银行——一举三得，银行和客户共同受益。

（三）运用客户数据库可以实现对客户的动态管理

企业运用客户数据库还可以了解和掌握客户的需求及其变化，可以知道哪些客户何时应该更换产品。

例如，美国通用电气公司通过建立详尽的客户数据库，可以清楚地知道哪些客户何时应该更换电器，并时常赠送一些礼品以吸引他们继续购买公司的产品。

由于客户的情况总是在不断地发生变化，所以客户的资料应随之不断地进行调整。企业如果有一套好的客户数据库，就可以对客户进行长期跟踪，通过调整，剔除陈旧的或已经变化的资料，及时补充新的资料，就可以使企业对客户的管理保持动态性。

例如，富士产经公司建立了包括客户姓名、地址、电话、性别、年龄、成交记录（商品名称、成交数量、总金额）等内容的客户名址库。根据业务需要，还可以对客户名址进行重新整理，如4年前购买过婴儿用品的客户，现在成了儿童用品的潜在客户，如果向他们寄发儿童用品专题目录，订货率自然高。公司还对客户名址库实行动态管理，对于长期不购买公司商品的客户，就不再向其寄送目录。

又如，美国金佰利公司建立了一个包括全美74%的孕妇的资料库，这些准妈妈在怀孕期间就收到了公司寄来的杂志和信件。在新生儿出生后，公司带电脑条码的折价券随即送到产妇手中，她们可以获取优惠供应的纸尿布。公司凭此折价券可以记录客户的购买情况，并继续追踪客户持续使用该产品的情况。

此外，客户数据库还可以帮助企业进行客户预警管理，从而提前发现问题客户。例如以下几种情况。

外欠款预警。企业在客户资信管理方面给不同的客户设定一个不同的授信额度，当客户的欠款超过授信额度时就发出警告，使企业对此客户进行调查分析，及时回款，以避免出现真正的风险。

销售进度预警。根据客户数据库记录的销售资料，当客户的进货进度和计划进度相比有下降时就发出警告，使企业对此情况进行调查，拿出相应的解决办法，防止问题扩大。

销售费用预警。企业在客户数据库中记录每笔销售费用，当销售费用攀升或超出费用预算时就发出警告，使企业及时中止销售，防止陷入费用陷阱。

客户流失预警。根据客户数据库记录的销售资料，当客户不再进货时就发出预警，使企业及时进行调查，并采取对策，防止客户流失。

三、大数据技术在客户关系管理中的应用

大数据，具有5V特点：volume（大量）、velocity（高速）、variety（多样）、value（价值密度）、veracity（真实性）。大数据分析指的是在数据密集型环境下，对数据科学的再思考和进行新模式探索的产物。随着大数据技术的发展，企业可以得到关于客户的各种数据，比如年龄、性别、住址、收入、购物习惯等。企业可以从众多的数据中勾勒出客户的虚拟画像。

大数据的计算和运用，可以帮助企业搜集并分析消费数据，推断出客户的个人偏好、需求等，进一步预测客户将来的购物行为和需求，从而将相对应的产品信息精准地推送到客户面前，最大程度挖掘市场机会。比如，美国的一个经典案例，讲的是一个16岁的女孩因收到孕妇用品商场的促销券，她的父亲愤怒地找到商场讨公道，却没想到女儿是真的怀孕了。原因是这家商场基于大数据分析，在很小的误差范围内预测到了女孩怀孕的可能性，从而及早抢占了市场先机。

案例2-7　　大数据技术在商业银行客户服务中的应用

商业银行通过对大企业的经营管理状况、资金周转周期、竞争对手经营状况等数据进行分析，可以对大企业客户提供系统、及时的服务，满足大企业客户在资金使用上的及时性需求，从而增加客户对商业银行的黏性、满意度和忠诚度。

同样，商业银行通过大数据技术对中小企业的风险状况、信用进行评估，能够迅速对中小企业客户融资问题做出决策。同时，商业银行通过大数据可以帮助中小企业提高闲置资金的利用率，提高中小企业的还款能力，降低商业银行的风险。

对于个人客户，商业银行可以通过其账户数据、交易消费数据、电子平台操作记录数据分析出其对风险的偏好、消费习惯、消费能力等信息，从中识别出商业银行所需要的优质客户，并采取个性化的服务来满足不同客户的需求。

此外，商业银行通过大数据对已流失的客户群体的业务、行为习惯等因素进行分析，可以分析出已流失的客户群体的特点、出现流失的原因，根据实际情况采取相应的策略进行挽回。

在大数据时代，基于大数据分析，企业可以提取出背后的数据逻辑，从而准确地预测、分析市场，在此基础上制定出的相应的服务策略将更准确、更有针对性，也更实用。基于大数据分析平台，企业还可以通过购买集中度分析等，集中更多的促销资源回馈高价值、高贡献的客户。

大数据、云计算等新兴网络信息技术蓬勃发展，企业可以通过移动通信、物联网、数据分析等技术应用，及时了解用户购买偏好、购买习惯、购买频率、品牌忠诚等信息，精准把握用户的需求，提供相应的产品和服务，有利于实现个性化的定制营销。

大数据、云计算等不仅是技术的变革，还改变了人们的思维方式，即从以前对因果关系的挖掘转变为如今对相关关系的挖掘。因此，管理者通过对客户所有的数据进行相关性分析、聚类分析，可对客户群体进行偏好分类、年龄层分类、消费习惯分类等，根据类别做出相应的销售策略、服务策略以期满足客户的个性化需求。

以马蜂窝提供的旅游服务为例，当客户通过马蜂窝的网站、应用软件进行在线搜索、购买旅行服务的同时，线上相关的浏览数据如目的地、旅游时间段、机票航班、酒店住宿、游玩项目等都会传到云端，结合其他客户的个人数据，马蜂窝可以对该客户的行为偏好进行聚类分析，从而为该客户推荐相应的旅游服务项目，贴合客户的旅游服务需求。

总而言之，大数据技术的发展赋予了我们更先进的客户关系管理手段。例如，过去企业必须通过昂贵的用户调研、焦点小组等方式去了解客户的需求，而且由于种种偏差，结果往往不能令人满意。今天，企业和客户之间的触点——用户论坛、社交网络、网页浏览记录、智能硬件交互等，越来越丰富。这些触点留下了客户的蛛丝马迹，帮助企业更好地把握客户的需求，提高产品的定制化水平。通过无处不在的数字化触点，企业得以与客户展开信息互动，对需求做出快速响应。

第四节　人工智能与呼叫中心在客户关系管理中的应用

一、人工智能在客户关系管理中的应用

随着电子计算机技术和自动化技术的发展，人工智能也逐渐发展起来，越来越多的企业积极提供电子自助设备、电话语音系统等人工智能技术来降低运营成本，同时又能满足客户对服务的需求。如自动取款机、自助售货机、航空公司的自助订票系统、电信企业的自助充值系统、旅馆的自助结账系统、金融系统的网上银行等都属于人工智能。

随着互联网的全面普及，人工智能的发展空间变得更加广阔，以网络为基础的人工智能已成为电子商务的重要组成部分。从订单发放、存货管理，到实时技术支持及客户指令修订，互联网人工智能方案都可以让客户、业务伙伴及员工随时随地获取所需信息。

人工智能可以智慧化地服务客户。人工智能的语音识别技术、人脸识别技术、情感感知技术，能够识别客户并且在和客户交流的过程中熟悉客户，回答客户提出的问题、介绍产品、语音引导客户办理业务，机器人在客户输入数据办理业务的时候，可以将数

据输入后台进行分析，了解客户的需求，智能地向客户进行产品推荐。

人工智能还可以智慧化地与客户沟通。智能语音客服主要运用了语音识别功能和语音数据挖掘功能，当客户的问题简单时，语音客服可以直接回答客户的问题。如果问题比较复杂则会转接人工服务来为客户解答。智能文字客服会记录客户在网上银行和电子银行上的操作，通过后台系统智能分析客户可能遇到的问题。当客户点击客服的按钮时，文字客服会智能地为客户提供问题以及最近客户提问到的热点问题。只要客户点击问题或者提问其他内容，智能客服就会迅速进行解答。

例如，新零售是在现代移动互联技术和新兴客户群体的出现与带动下，产生并发展起来的以大数据、云计算、物联网、系统仿真、虚拟现实等人工智能技术为支撑，以线上线下物流结合为特点，以客户为中心的新型零售业态。在新零售商业模式下，企业可以利用人工智能技术更好地分析客户的需求、锁定并抓住目标客户，精准推送客户需要的购物信息、分析目标客户内在的需求。通过客户关系管理系统将消费者的信息收集起来并加以分析利用，利用现代化的通信方式向客户传递购物信息、优惠活动等。人工智能的大数据计算可以保留客户的信息，更好地对客户的购物需求及购物能力做出预测，实现客户管理的智能化。

案例 2-8　　京东无人商店

在京东无人商店购物有以下步骤及特点。首先，客户刷脸进店，商店系统自动识别客户身份，关联客户的京东账户；其次，客户随便拿，随便逛，没有导购员跟在后面热情推荐，留给客户一定程度上的私密选购空间；再次，没有收银员，客户将要买的东西放在结算台上，就能完成支付，自动识别、称重、算出价格，不用担心遇到情绪状态不佳的收银员，影响购物心情；最后，客户出店也是依靠刷脸，系统在识别之后客户即可点击“开门”按钮，完成购物。整个过程没有导购员、收银员，从进店到出店自助完成，一气呵成。

二、呼叫中心在客户关系管理中的应用

（一）呼叫中心

在日常生活中，我们常常可以足不出户，通过电话就能购买到所需的产品，享受到所需的服务。

不知道如何使用刚刚买来的笔记本？打个电话给厂家或商家，问题就解决了。

笔记本出了故障？打个电话就有人迅速上门检修。

没有时间到商场？打个电话就有人给你送货上门。

想旅游吗？打个电话就能订下航班，还能预订你到达目的地后的宾馆和餐饮。

想支付或转账吗？打个电话给银行，立马就搞定。

有时，我们还会收到陌生人的电话，热情地向我们介绍他们的产品或服务，也许他们的服务或产品正是我们所需的，也许我们自己还没有考虑到的需求，他们已经替我们想在前面了。

我们充分享受着通信技术发展带来的舒适与方便，之所以能够这样，都是因为在一个个电话号码背后运行着一个个采用先进的通信技术、计算机技术及二者集成技术的、庞大的、我们称之为呼叫中心的服务系统。

呼叫中心，又称客户服务中心，起源于20世纪30年代，最初是把用户的呼叫转接到应答台或者专家处。此后，随着要转接的呼叫和应答增多，开始建立起交互式语音应答系统，这种系统能把客户部分常见问题的应答实现由机器“自动话务员”来应答和处理。现阶段的呼叫中心是指综合利用先进的计算机及通信技术，将计算机的信息处理功能、数字程控交换机的电话接入和智能分配技术、自动语音处理技术、互联网通信技术、商业智能技术与业务系统、人工业务代表等资源紧密结合在一起，对信息和流程进行优化处理和管理，集中实现沟通、服务和生产的统一指挥的高效服务平台。此外，呼叫中心同互联网结合起来，就形成了互联网呼叫中心，它能够通过互联网实现语音呼叫、文本交谈、电子邮件和回呼等功能，给客户提供方便、快捷的个性化服务，从而增强业务代表为客户提供帮助的能力。

客户拨打的电话接入呼叫中心后，就能收到呼叫中心的语音提示，按照语音提示，客户就能接入数据库，获得所需的信息服务，并进行存储、转发、查询、交换等处理，还可以通过呼叫中心完成交易。呼叫中心根据其工作方式和工作内容的不同还有很多别名，这些别名大都力图概括和反映其特色，常见的有：客户服务中心、客户关怀中心、客户联系中心、客户接触中心、客户接触域、客户支持中心、多媒体接入中心、客户关系中心、电话销售中心、信息处理中心，等等。

（二）呼叫中心在客户关系管理中的应用

1. 协调内部管理，为客户提供一站式服务

通过呼叫中心，可以将企业内分属各职能部门的客户集中在一个统一的对外联系“窗口”，采用统一的标准服务界面，最终实现一个电话解决客户所有问题的目标，有助于进一步协调企业的内部管理，避免了企业内各部门之间相互扯皮、推诿的现象，有效地为客户提供高质量、高效率、全方位、“一站式”的服务。

2. 提高企业运作效率，降低企业成本

由于高新技术的采用，呼叫中心有效地减少了通话时间，降低了网络费用，提高了员工及业务代表完成的业务量，特别是自动语音应答系统可以将企业员工从繁杂的工作中解放出来，去管理更复杂的、直接和客户打交道的业务，提高了工作效率和服务质量。无须增加服务人员，企业便可以提高服务的等级，同时提高业务代表的利用率。在提供

新产品、新业务或增加新系统、新设备时，也能够减少业务代表的培训时间。此外，呼叫中心统一完成语音与数据的传输，用户通过语音提示即可轻易地获取数据库中的数据，可以有效地减少每个电话的时长。每位座席代表在有限的时间内可以处理更多电话，大大提高电话处理的效率及电话系统的利用率，降低企业成本。

3. 个性化服务提高客户满意度，强化客户忠诚

呼叫中心可为客户提供更好的，而且往往是普通营业网点提供不了的服务。例如，自动语音设备可不间断地提供礼貌而热情的服务，即使在晚上，客户也可以利用自动语音设备提取所需的信息，而且由于电话处理速度的提高，大大减少了客户在线等候的时间。呼叫中心的座席代表可以在接听电话时从计算机屏幕上了解到有关来电客户的基本信息，如客户的姓名、住址、个人爱好等。根据这些资料，座席代表就能为客户提供更加亲切的“个性化”服务。这就可以减少向客户提供所需信息的查询与响应的时间，因此可以提高服务质量，增加客户价值，提升客户满意度。另外，不少呼叫中心在接受客户呼叫的同时，也能主动向客户进行产品宣传，实现客户重复购买，在扩大市场份额的同时，也强化了客户忠诚。

4. 提升企业商机，优化资源配置

呼叫中心集中了企业所有的客户信息资料，并进行完善的客户信息管理、客户分析、业务分析等，从而帮助企业判断最有价值的客户，留住企业的老客户，找出客户的需要并满足他们的需要，在挖掘商机的同时，为企业的发展、决策提供事实依据。呼叫中心也为企业提供了更好地了解客户、与客户保持联系的机会，使企业能从每次呼叫中捕捉到新的商业机遇，能增加企业的收入。呼叫中心的建立还有助于企业充分掌握客户的情况，使企业能在自身资源和能力范围内，合理分配企业有限的人力、物力、财力，按业务重要性程度达到资源的最优化利用，实现资源优化配置。

课后练习

一、选择题（可能不止一个选项）

1. 客户关系管理系统的特点是（　　）。

A. 综合性　B. 集成性　C. 智能化　D. 高技术

2. 呼叫中心的功能有（　　）。

A. 无地域限制　B. 无时间限制　C. 个性化服务　D. 主动性服务

3. 微信公众平台的主要功能是（　　）。

A. 互动沟通　B. 客户管理　C. 服务定制　D. 选择客户

4. 客户数据库还可以帮助企业进行（　　），从而提前发现问题客户。

A. 外欠款预警　B. 销售进度预警　C. 销售费用预警　D. 客户流失预警

5. 在客户关系管理战略里，“流失预警”是对以下（ ）进行的管理。

A. 客户满意度 B. 客户忠诚度 C. 客户状态 D. 客户成本

二、判断题

1. 互联网呼叫中心增强了呼叫中心的专业能力。

2. 移动互联网具有可识别、可定位等特点。

3. 在客户关系管理系统的功能当中，采购管理不在客户关系管理的范畴之内。

4. 网络作为客户关系管理的接触点具有高边际成本的特点。

三、名词解释

客户关系管理系统 数据挖掘 呼叫中心 互联网呼叫中心

四、思考题

1. 客户关系管理系统的主要功能有哪些？

2. 数据库技术在客户关系管理中是如何应用的？

3. 呼叫中心技术在客户关系管理中是如何应用的？

4. 移动互联网技术在客户关系管理中是如何应用的？

五、案例分析题

联邦快递的客户关系管理

（一）联邦快递的全球运送服务

电子商务的兴起，为快递业者提供了良好的机遇。在电子商务体系中，企业间可通过网络的连接，快速传递必要信息，但对一些企业来讲，运送实体的东西是一个难解决的问题。要成为企业运送货物的管家，联邦快递需要与客户建立良好的互动与信息流通模式，使得企业能掌握自己的货物配送流程与状态。在联邦快递，所有客户可借助其网址 www.fedex.com 同步追踪货物状况，还可以免费下载应用软件，进入联邦快递协助建立的亚太经济合作组织关税资料库。它的线上交易软件 Business Link 可协助客户整合线上交易的所有环节，从订货到收款、开发票、库存管理一直到将货物交到收货人手中。这个软件能使无店铺零售企业以较低成本比较迅速地在网络上进行销售。另外，联邦快递特别强调，要与客户相配合，针对客户的特定需求，如公司大小、生产线地点、业务办公室地点、客户群科技化程度、公司未来目标等，一起制订配送方案。

联邦快递还有一些高附加值的服务，主要是三个方面：第一，提供整合式维修运送服务。联邦快递提供货物的维修运送服务，如将已坏的电脑或电子产品送修或送还所有者。第二，扮演客户的零件或备料银行。承担零售商的角色，提供诸如接受订单与客户服务处理、仓储服务等功能。第三，协助客户简化并合并销售业务。帮助客户协调数个地点之间的产品组件运送流程。过去这些作业是由客户自己设法将零件由制造商送到终端客户手中的，现在的快递业者可完全代劳。

综上所述，联邦快递的服务特点在于，协助客户节省了仓储费用，而且在交由联邦快递运送后，客户仍然能准确掌握货物的行踪，可利用联邦快递的系统来管理货物订单。

（二）联邦快递的客户服务信息系统

第一，自动运送软件，如Power Ship、FedEx Ship和FedEx Internet Ship等。为了协助客户上网，联邦快递向客户提供了自动运送软件，有三个版本：DOS（磁盘操作系统）版的Power Ship、视窗版的FedEx Ship和网络版的FedEx Internet Ship。利用这套系统，客户可以方便地安排取货日程，追踪和确认运送路线，列印条码，建立并维护寄送清单，追踪寄送记录。联邦快递则可以通过这套系统了解客户打算寄送的货物，预先得到的信息有助于运送流程的整合，货舱机位、航班的调派等。

第二，客户服务线上作业系统（Customer Operations Service Master Online System，COSMOS）。这个系统可追溯到20世纪60年代，当时航空业所用的电脑定位系统备受瞩目，联邦快递受到启发，从IBM、Avis租车公司和美国航空等处组织了专家，成立了自动化研发小组，建起了COSMOS。在1980年，系统增加了主动跟踪、状态信息显示等重要功能。1997年又推出了网络业务系统Virtual Order。联邦快递通过这些信息系统的运作，建立起全球的电子化服务网络，目前有2/3的货物量是通过Power Ship、FedEx Ship和FedEx Internet Ship进行的，主要利用它们的订单处理、包裹追踪、信息储存和账单寄送等功能。

案例思考题：

1. 联邦快递客户关系管理体系突出的特点是什么？
2. 联邦快递的客户服务信息系统有哪些内容？

PART 2
第二篇

客户关系的建立

客户关系的建立就是让目标客户和潜在客户成为现实客户的过程。

客户关系的建立包含两个根本问题：一个是企业跟谁建立关系，另一个是企业怎样才能与之建立关系。

客户关系的建立阶段好比是企业与客户的“择偶”“求婚”阶段。

第三章 客户的选择

引例

马蜂窝专注于为旅游爱好者提供服务

马蜂窝是一个旅游社区网站，创办者将网站命名为马蜂窝是希望人类能像蚂蚁、蜜蜂那样团结无私、相互协作与共同分享。马蜂窝的创办宗旨就是为所有旅游爱好者提供信息交流的平台。在马蜂窝上，旅游爱好者可以交换资讯，交流攻略、美食、摄影作品，分享旅行中的喜悦和感动。马蜂窝网站上出现的文章并没有编辑、写手来撰写，每一条发起的话题都会出现在“我的马蜂窝”里，每一个成员都是马蜂窝的主人，马蜂窝的一切都由成员共同产生和决定。

马蜂窝的创始人是两个自由行爱好者——前新浪员工陈罡和前搜狐员工吕刚。马蜂窝创办之初并不是商业项目，而纯粹是出于爱好建立起的业余平台。从2006年开始，这个简单的旅游社区网站并没有进行特意的宣传推广，仅仅依靠口碑相传积累了最初的用户。

启示：马蜂窝的核心产品是旅游攻略，攻略中的信息和感受都来自真实旅行者的反馈和评价。马蜂窝的旅游攻略覆盖了中国游客可能出行的全球90%以上的目的地，攻略内容涵盖了旅行中的吃、住、行等重要信息，还有旅行中的真实体验和评价。马蜂窝的优势在于其对旅游市场进行细分，专注于针对旅游攻略市场和追求个性化旅游的需求群体。由于定位准确，马蜂窝在同类网站中占据了领先地位。

客户的选择是指企业对服务对象的选择，即究竟选择与什么样的对象建立客户关系。

第一节 为什么要选择客户

在买方占主导地位的市场条件下，一般来说，客户可以自由选择企业，而企业是不能够选择客户的，大多数时候企业只能将客户当作上帝来看待，祈求客户的光顾与购买。

但是，我们从另外一个角度来看，即使在买方市场条件下，作为卖方的企业也应当主动去选择自己的客户，有如下原因。

一、不是所有的购买者都会是企业的客户

一方面，每个客户都有不同的需求，需求的个性化决定了不同的客户会向不同的企业购买产品。例如，劳斯莱斯是世界顶级的轿车，誉满全球，可是并不是所有人都能够买得起，对没有足够购买力的人来说，他就不需要（当然，如果不用花钱那就需要）劳斯莱斯。

另一方面，企业的资源是有限的，无论是人力、财力、物力，还是生产能力、时间都是相对有限的，这就决定了企业不可能什么都做。没有哪家企业能提供市场上需要的所有产品或者服务，没有哪家企业能把全世界的钱都挣到。例如，奔驰、宝马打的是大款的主意，而夏利、吉利关照的是老百姓。

此外，竞争者的客观存在，也决定了任何一家企业都不可能“通吃”所有的购买者，不可能为所有的购买者提供产品或服务。

总之，由于需求的差异性、企业资源的有限性以及竞争者的客观存在，每个企业能够有效服务的客户的类别和数量是有限的，市场中只有一部分购买者能成为购买本企业产品或服务的实际客户，其余则是非客户。既然如此，在那些不愿意购买或者没有购买能力的非客户身上浪费时间、精力和金钱，无异于“对牛弹琴”。相反，企业如果准确选择属于自己的客户，就可以避免花费在非客户上的成本，从而减少企业资源的浪费。

案例 3-1　**别让无效客户分流广告费**

碧波花园是位于广州郊区的一个占地超过60万平方米的大型别墅区，相比于其他的郊区盘，碧波花园的独特优势包括总体规模大、小区设计别有特色，性价比也有一定的优势，而且交通发达，与广州市区有全程高速公路直达，离香港也只需一个小时船程，至有“小香港”之称的东莞更是只有40分钟车程。

由于前期整个楼盘的许多设施尚未启用，加上广告投入少，成交量一直不理想。为了打开局面，发展商委托本地一家顶尖的广告公司制作了一辑投资巨大的电视广告片，同时准备好所有资料，准备随着电视片的播出，同时上马报纸、夹报、电台、传单、海报等宣传。在国庆黄金周到来的前一周，碧波花园的大规模广告战在广州、香港、东莞三地同时拉开帷幕，与此同时，发展商还在报上公布了碧波花园国庆七日的活动节目表。从节目表上看，发展商所提供的节目可谓繁花乱人眼：有专业歌舞表演、游园活动、魔术表演、儿童歌唱比赛、抽奖、丰富的自助餐等一系列活动，发展商铆足了劲儿来吸引客户。

或许是被发展商的“诚心”所打动，前来碧波花园的人每日都络绎不绝，趟趟看楼车都黑压压的，挤满了人，每日从广州市中心开出的十来趟看楼车仍然满足不了巨大的人

潮，发展商不得不紧急增加几趟看楼车。在售楼部中，每日都喧哗得震耳欲聋，几十个位子早早被坐满，很多后来者只能站着，不少看楼客是一家上下外加亲戚朋友十来口人一起来。如此巨大的人潮远远超出发展商的预期，售楼部十几个销售人员外加10个兼职人员根本不够应付。而且由于楼盘占地面积太大，从售楼部到样板间有好长一段距离，进出都必须坐电瓶车，碧波花园原有的几辆电瓶车根本不能满足需求。

更糟糕的是，由于样板间分散，销售人员每带一个客户参观样板间兼解说的时间最少也要1小时，许多人在售楼部等了好长时间也未能到样板间去参观，更遑论有机会咨询了解情况。到了中午自助餐时间，场面更加混乱，由于人多地方小，你挤我挤的，食物根本不够分，有些人就顾不得礼节，争抢起来了，场面险些失控。如此混乱的场面，使许多人都皱起了眉头，售楼人员不得不一遍又一遍向前来质问的客户致歉、解说。除了那些坐看楼车前来的客户外，一些自驾前来的客户也都带着怒气离去。

热闹而又混乱的7天终于结束，工作人员拖着疲惫的身体在清理完一地狼藉之后，关上门清算一下7天来的收获：一共成交了5套别墅。数百万的广告费外加几十万的表演、场地搭建、人员成本、车辆成本，最后仅仅带来了5套成交量，成交额与投入的广告费相差无几。每日数以千计熙熙攘攘而来的客户，为什么熙熙攘攘地走了，什么也没有留下？为什么这些花巨资吸引来的客户都是无效客户，问题出在哪里？

发展商在碧波花园的广告投放时，考虑的重点放在如何最大程度地让广告覆盖整个市场，所以不分渠道在全线上马广告信息，如电台、现场秀、大横幅、街头派单、几大平面媒体、数家电视台，广告费如水一样洒出去，却落地无声。这种大规模撒网式的市场推广手法只适用于大众化的楼盘，而不适合碧波花园这种相对高端的产品。

碧波花园的客户属于金字塔尖的一小部分，他们的欣赏口味、阅读习惯、接收信息的渠道必定与一般消费大众有一定的差别。碧波花园这种不分东西南北大撒网的市场推广方式，其信息能真正到达有效客户身上的概率是微乎其微的，更多的信息却被无效客户所吸收消化。

二、不是所有的客户都能够给企业带来收益

有一种流行的观点认为“客户是上帝”“客户总是对的”“客户越多越好”。在特定的条件下，在强调客户的重要性时可以这么说，但是不等于所有客户都能带来价值，因为有些客户不但没有带来收益，而且还可能会给企业带来损失。

如果一个客户拿了你的东西而不付钱，你还信守“客户是上帝”“客户总是对的”“客户越多越好”，那就可笑了。

例如，有家公司打算选择合适的地区经销商进行全国性的市场销售，张勇是该公司的业务代表，他负责选择地区经销商。他看到当地有位姓钱的经销商很有实力，与很多品牌厂家都有合作关系，且有业务员100多人，运输车辆20余台，他心想可以借助这个

经销商打开地区市场局面。于是，他找到这个姓钱的经销商，谈了合作事宜，姓钱的经销商一口答应，但仅仅半年，姓钱的经销商就让公司亏损货款 70 多万元……可见，不是所有的客户都能够给企业带来收益。

事实上，客户天生就存在差异，有优劣之分，不是每个客户都能够带来同样的收益，都能给企业带来正价值，有的客户还可能是"麻烦的制造者"，他们或者侮辱、刁难员工，或者骚扰其他客户，或者破坏经营气氛，或者提出不合理的要求，不管企业做了多大的努力，都不能令他们满意。有的客户甚至会给企业带来风险，如信用风险、资金风险、违约风险等，并且有时候这些风险可能超过其为企业带来的价值。

美国人威廉·谢登（William Sherden）的 80/20/30 法则认为：在顶部的 20% 的客户创造了企业 80% 的利润，但其中一半的利润被底部 30% 的非盈利客户消耗掉了。也就是说，一些优质客户给企业带来的超额价值，通常被许多"坏"客户给扼杀了。他们是"魔鬼"，他们不仅花费企业高额的服务费用，还可能会使企业形成呆账、死账，使企业"赔了夫人又折兵"—— 不但得不到利润，还要赔钱。可见，回避这样的客户对企业来说是万幸的，企业应将其找出来、辨别出来，并且在一开始就将这些"魔鬼"淘汰、剔除！

总之，客户数量不是衡量企业获利能力的唯一指标，客户质量的重要性已经在一定程度上高过了客户数量的重要性，客户质量在很大程度上决定着企业盈利的大小。因此，企业应当放弃任何客户对企业都是有价值的想法，注意去选择真正有价值的客户。

案例 3-2　　航空公司的黑名单

2016 年 2 月 1 日，中国国际航空、东方航空、南方航空、海南航空、春秋航空 5 家航空公司在三亚签署《关于共同营造文明乘机大环境的联合声明》，合力对不文明游客采取限制措施。按照该声明，5 家航空公司将建立"旅客不文明行为记录"，将因扰乱航空公司航空运输秩序受到行政处罚、刑事处罚，或被民航、旅游等相关行业管理机构列入"不文明记录"（业界称"黑名单"）的旅客列入其中；建立信息共享机制，航空公司将掌握的扰乱航空运输秩序受到行政处罚、刑事处罚的事件信息，通报给民航、旅游等相关行业主管部门和行业协会；在信息保存期限内，5 家航空公司对列入"旅客不文明记录"的相关当事人采取一定限制服务措施。

三、不选择客户可能造成企业定位模糊

假如企业不选择客户，那么形形色色的客户共存于同一家企业，可能会造成企业定位模糊。

例如，一个为专业人士或音乐发烧友生产高保真音响的企业，如果出击"大众音响"的细分市场无疑是危险的，因为这样会破坏它生产高档音响的专家形象。同样，五星级

酒店如果在为高消费的客户提供高档服务的同时，也为低消费的客户提供廉价的服务，就可能令人对这样的五星级酒店产生疑问。

相反，如果企业主动选择特定的客户，明确客户定位，就能够树立鲜明的企业形象。

例如，美国的“林肯”汽车定位在高档市场，“雪佛兰”定位在中档汽车市场。

又如，新加坡航空公司、德国汉莎航空公司定位在高端市场，以航线网络的全方位服务和品牌优势为商务乘客服务；美国西南航空公司和西方喷气机航空公司定位在低端市场，为价格敏感型乘客提供服务。

案例 3-3 劳斯莱斯对客户的选择

劳斯莱斯之所以成为世界公认的名车，成为显示地位和身份的象征，一个重要的原因就是它对客户的背景严加考证和遴选——只卖给国家元首、皇室成员、绅士名流、商界富豪，而且不同的客户类型，车身颜色也有区别：黑蓝色的银灵系列卖给国家元首、政府高级官员、有爵位的人；中性颜色的银羽系列卖给绅士名流；白、灰浅色的银影系列卖给一般企业家、富豪。劳斯莱斯还有一个规矩，即不会将车卖给钱财来历不明或有黑社会背景的人。想买劳斯莱斯需要提前预订并递交申请资料，在劳斯莱斯公司对申请人的背景身份、地位、文化教养及经济状况做了调查之后，如果申请人的条件符合要求，他们才会将车辆卖出。正是劳斯莱斯对客户的挑剔凸显和烘托了其珍贵，成就了劳斯莱斯“车坛太上皇”的地位。

四、选择正确的客户是成功开发客户及实现客户忠诚的前提

我们知道，饥不择食可能会消化不良，还可能会中毒，甚至可能出现更严重的后果。

我们还知道，要做成一件事，首先要选择做正确的事，其次再想办法去把它做成，否则只会越做越糟。

同样的道理，企业如果选错了客户，那么建立客户关系的难度可能就比较大、成本也可能比较高，而且在建立客户关系之后，维护客户关系的难度也比较大、成本也会比较高——一方面，企业会感到力不从心，另一方面，客户这边也不领情，不会乐意为企业买单。

例如，当年宝洁在中国内地正式推出润妍时把目标群体定在18～35岁被称为“新新人类”的年轻女性，促销也围绕这部分女性进行，产品的定位是“东方女性的黑发美”。但是，仅仅两年，润妍就因销量不佳而销声匿迹。究其原因，是宝洁相中的“新新女性”根本不买润妍的账，她们正孜孜以求改变自己的发色！而在中国市场中，对于黑发这一概念有兴趣并打算购买的人多为购买力不强的家庭妇女，她们却被宝洁抛到脑后。阴错阳差，最终润妍以失败告终。

又如，一些小企业忽视了对自身的分析与定位，没有采取更适合自身发展的战略，

如市场补缺战略等，而盲目采取进攻战略，与大企业直面争夺大客户，最终导致被动、尴尬甚至危险的局面——既失去了小客户，又没有能力为大客户提供相应的服务，而遭遇大客户的不满，同样留不住大客户，其结果是两手空空。

相反，企业如果经过认真选择，选对了目标客户，那么建立客户关系、维护客户关系的可能性就会很大，成本也会很低。

例如，美国近些年来增长最快的共同基金公司先锋集团（Vanguard Group）正是由于选择了那些喜欢成本低、波动小的指数基金的投资者作为自己的目标客户，并且专注于为其提供满意的服务，从而赢得了一大批忠诚而稳定的客户。

又如，日本 HIS 国际旅行社创始人泽田秀雄于 1980 年在东京新宿车站附近的一幢大楼里租了一间屋子并雇了一名职员，他用自己留学归来所赚到的苦力钱再加上投资股票所得共 1 000 万日元作为资本，办起了一家以供应廉价机票为特色的国际旅行社。日本到海外旅游的人每年不过三四百万，且以团体旅游为主，日本的大型旅行社经营的主要是团体旅游。HIS 看准了个人旅游尚未被重视的市场空隙，异军突起，打出了以接待散客尤其是青年学生为主的经营旗号，同时建立了一个比正规国际机票便宜的廉价机票销售机制，并以此为特色，跻身于竞争激烈的日本旅游业。由于市场定位准确，HIS 的业务蒸蒸日上，不出几年，便有了令人刮目相看的业绩。

实践证明，客户忠诚度高的企业往往更重视选择客户，他们非常清楚自己的目标客户是谁，在最初决定是否要开发一类客户时不是考虑一时一事的利益，而是从双方长远合作的角度去考虑、挑选自己称心如意的经营对象、合作伙伴。

五、选择正确的客户能增加企业的盈利

客户的稳定是企业销售稳定的前提，稳定的客户给企业带来的收益远大于经常变动的客户，而且客户的每一次变动对企业来说还可能意味着风险，所以不到万不得已的时候，企业一般不考虑更换客户，这就要求企业根据自身的资源和客户的价值选择那些能为企业带来盈利的客户作为目标客户。

经过一系列的限制条件（如规模、资金、信誉、管理水平、技术实力）被选择入围的客户肯定会珍惜与企业的合作机会，企业也清楚这些客户是自己真正需要的客户，是企业的重要资源和财富。假如企业能够为这些最有价值的客户提供满意的产品或服务，并且不断地满足这些客户的特定需求，那么企业就将得到长期、稳定、高额的回报，企业的业绩也将稳步提高。

案例 3-4 **鞋用胶粘剂生产企业的客户选择**

鞋用胶粘剂生产企业的客户可分为两类：第一类包括体育用品公司、鞋业公司、鞋厂，即工业类客户。第二类主要为中间商，包括经销商、代理商，即商业类客户。

（1）工业类客户的选择

首先，要选择有规模、稳定的体育用品公司、鞋业公司、鞋厂。这类客户一般都会有稳定、持续的生产流水线，对胶粘剂产品的需求量大。

其次，选择有实力的客户。为保证货款能成功收回，胶粘剂生产企业要充分评估鞋厂的市场发展潜力、财务状况等，避免客户因经营困难突然倒闭，为企业带来经济损失。

最后，企业要选择与自己实力相当的客户。一些大牌鞋厂的车间生产线较多，每年胶水使用量在几十吨以上，而付款周期又比较长，如果胶粘剂生产企业没有考虑自身实力，没有评估所生产的产品是否能够满足大牌鞋厂的质量、数量要求，以及资金链等问题，盲目开发大客户，就可能会出现双方在合作时不协调的情况，同时增加经营风险及维护客户的成本。

（2）商业类客户的选择

首先，选择愿意积极推广销售的、信誉良好的中间商。由于胶粘剂的有效日期有限，加上容易受存放温度高低的影响，因此需要及时销售。选择愿意积极推广销售的、信誉良好的中间商可以保障产品有较高的流转率，避免因存放时间过长导致产品变质，影响客户正常使用。

其次，要选择与企业目标市场相近的中间商，从而减低产品运转的成本和损耗，开发更多的潜在客户。例如，我国的鞋厂主要集中在四个地方，广州东莞的中高档皮鞋和运动鞋、成都和重庆的女鞋、浙江温岭和温州的皮鞋和凉鞋，以及泉州晋江的运动鞋，这些地区的胶粘剂需求量较大，企业可以考虑选择当地有信誉的经销商或代理商作为分销渠道，开发更多的潜在客户。

总而言之，不是所有的购买者都会是企业的客户，也不是所有的客户都能够给企业带来收益，不选择客户可能造成企业定位模糊，相反，正确选择客户是成功开发客户、实现客户忠诚的前提，选择正确的客户还能增加企业的盈利。因此，企业应当在茫茫人（客）海中选择属于自己的客户，而不应当以服务天下客户为己任。“良禽择木而栖”，对企业来说，所有好高骛远的想法、做法都应当尽快抛弃和终止。有所舍才能够有所得，盲目求多求大，结果可能是失去所有的客户。

选择客户是企业定位的表现，是一种化被动为主动的思维方式，是企业在处理客户关系上争取主动的一种策略，既体现了企业的个性，又体现了企业的尊严，更决定了一个企业的命运。

第二节 “好客户”与“坏客户”

一、什么样的客户是“好客户”

企业选择目标客户当然要尽量选择好的客户，那么，什么样的客户是“好客户”呢？

“好客户”指的是能够给企业带来的利润多、价值多、贡献大，而占用企业的资源少、给企业带来的风险小的客户。菲利普·科特勒将一个有利益的客户定义为：能不断产生收入流的个人、家庭或公司，其为企业带来的长期收入应该超过企业长期吸引、销售和服务该客户所花费的可接受范围内的成本。

一般来说，“好客户”通常要满足以下几个方面。

（一）能够保证企业盈利

“好客户”最起码的条件是能够保证企业盈利，至少是给企业带来的收入要比企业为其提供产品或者服务所花费的成本高，这样才基本上算是个“好客户”。

此外，“好客户”对价格的敏感度低，付款及时，有良好的信誉。信誉是合作的基础，不讲信誉的客户，条件再好也不能合作。

（二）买得多、买得勤、买得贵

“好客户”的购买欲望强烈、购买力强、购买频率高，有足够大的需求量来购买企业提供的产品或者服务，特别是对企业的高利润产品的购买数量多。

案例 3-5　　**Keep 的目标客户**

Keep 于 2015 年 2 月 4 日上线，致力于提供健身教学、跑步、骑行、交友及健身饮食指导、装备购买等一站式运动解决方案。产品定位——你的移动健身教练，随时随地练就完美身材。Keep 的目标客户群集中在年轻的女性身上，特别是年轻的上班族和大学生群体，她们往往接受过先进的教育，有经济基础，在压力巨大的城市中生活，对健身意识的觉醒较早，而且对健身的需求更大，愿意在健身上付费。

（三）服务成本较低

“好客户”最好不需要多少服务或对服务的要求低。这里的服务成本是相对而言的，而不是绝对数据上的比较。例如，一个大客户的服务成本是 200 元，银行净收益是 10 万元，那这 200 元的服务成本就显得微不足道；一个小客户的服务成本是 10 元，但银行的净收益只有 20 元，虽然 10 元的服务成本在绝对数值上比 200 元小了很多，但相对服务成本却大了很多倍。

（四）经营风险小，有良好的发展前景

客户的经营现状是否正常、是否具有成长性、是否具有核心竞争力、经营手段是否灵活、管理是否有章法、资金实力是否足够、分销能力是否强大、与下家的合作关系是

否良好，以及国家的支持状况、法律条文的限制情况等，都对客户的经营风险有很大的影响。企业只有对客户的发展背景与前景进行全面、客观、远景性的分析，才能对客户有一个准确的判断。判断“好客户”的标准之一就是其经营风险小，有良好的发展前景。

（五）愿意与企业建立长期的伙伴关系

“好客户”能够正确处理其与企业的关系，合作意愿高，忠诚度高，让企业做擅长的事，通过提出新的要求友善地引导企业超越现有的产品或服务，从而提高企业的服务水平。

例如，银行选择好的贷款客户的标准大致有：法人治理结构完善，组织结构与企业的经营战略相适应，机制灵活、管理科学；有明确可行的经营战略，经营状况好，经营能力强，与同类型客户相比，有一定的竞争优势；有可供抵押的资产，贷款风险小；财务状况优良，财务结构合理，现金回流快；产品面向稳定增长的市场，与供应商和分销商的合作良好；属于国家重点扶持或鼓励发展的行业，符合产业技术政策的要求。

（六）有市场号召力、影响力

还有一类客户，虽然它们的订单量相对来说并不是很多，但由于它们有较好的市场影响力、知名度和龙头示范作用，能给企业带来非常好的市场形象，提升企业的美誉度，毫无疑问，这样的客户也是“好客户”，因为它们是具有战略价值的客户。

案例 3-6 **九阳公司选择经销商的条件**

济南九阳电器有限公司是一家从事新型小家电研发、生产与销售的民营企业，目前已发展成全国最大的家用豆浆机生产厂家。九阳公司在选择经销商时，并不是一味地求强求大，而是要求经销商满足以下三个条件。

一是经销商要具有对企业和产品的认同感。九阳公司认为，经销商只有对企业和企业的产品产生认同，才会重视企业的产品和市场，才会将企业的产品作为经营的主项，主动投入所需的人力、物力、财力，自觉施行企业营销策略，与企业保持步调一致。

二是经销商要具有负责的态度。即经销商要对产品、品牌、市场负责，那些虽然实力较强但缺乏这种负责态度的经销商，不在九阳公司的选择范围之内。

三是经销商要具备一定的实力。九阳公司在评价经销商实力上，采用一种辩证的标准，即只要符合九阳公司的需要，能够保证企业产品的正常经营即可，并不要求资金最多，关键是双方建立起健康的合作伙伴关系。

案例 3-7

麦德龙对目标客户的划分

麦德龙是德国最大、欧洲第二、世界第三的零售批发超市集团，它对目标客户的划分如下。

（1）HORECO，即伙食团，包括酒店或宾馆、餐厅、酒吧或咖啡厅、伙食提供者或食堂。这类客户对价格敏感且对服务要求高。

（2）CBU，即企事业服务商，包括行政单位、公共机构、贸易等其他企事业单位。这类客户对价格不敏感，但对服务要求高。它们主要在麦德龙采购劳保用品和福利商品，采购频率较低，但每次采购额较大，尤其是在过年、过节时采购额特别大。

（3）TRADE，即专业批发商和零售商。这类客户对价格十分敏感，对服务要求也高，因此价格的高低往往决定了这类客户在麦德龙采购额的高低。

二、大客户不等于“好客户”

通常，购买量大的客户被称为大客户，购买量小的则为小客户，显然，大客户往往是所有企业关注的重点。但是，如果认为所有的大客户都是“好客户”，不惜一切代价吸引和保持大客户，这就是一个误区了，企业就要为之承担风险了，这是因为许多大客户可能带来以下风险。

（一）财务风险大

大客户在付款方式上通常要求赊销，这就容易使企业产生大量的应收账款，而较长的账期可能会给企业经营带来资金风险，因而大客户往往也容易成为“欠款大户”，甚至使企业承担呆账、坏账、死账的风险。

例如，美国能源巨头安然公司一夜之间轰然倒塌，为其提供服务的安达信公司受其牵连而破产。这个例子很好地说明了规模有时候带来的可能是更大的风险。

（二）利润风险大

大客户有大客户的通病——客户越大，脾气、架子就可能越大。另外，大客户所期望获得的利益也越大，某些大客户还会凭借其强大的买方优势和砍价实力，或利用自身的特殊影响与企业讨价还价，向企业提出诸如减价、价格折扣、强索回扣、提供超值服务甚至无偿占用资金等方面的额外要求。因此，这些订单量大的客户可能不但没有给企业带来大的价值，没有为企业带来预期的盈利，反而减少了企业的获利水平，使企业陷于被动局面。

例如，很多大型零售商设立进场费、赞助费、广告费、专营费、促销费、上架费等费用，使企业（供应商或生产商）的资金压力很大，增加了企业的利润风险。

（三）管理风险大

大客户往往容易滥用其强大的市场运作能力，扰乱市场秩序，如窜货、私自提价或降价等，给企业的正常管理造成负面影响，尤其对小客户的生存构成威胁，企业却需要这些小客户起拾遗补阙的作用。

（四）流失风险大

激烈的市场竞争往往使大客户成为众多商家力争的对象，大客户因而很容易被腐蚀、被利诱而背叛。

（五）竞争风险大

大客户往往拥有强大的实力，容易采取纵向一体化战略，另起炉灶，经营与企业相同的产品，从昔日的合作伙伴摇身一变，成为竞争对手。例如，恒基伟业的老板原本是名人掌上电脑的经销商，结果其利用自身的渠道优势自立了门户。

案例 3-8　　经销商榨干白酒厂

张全是一中小型白酒企业的销售主管，负责四川市场的开拓。由于张全所在企业的产品在外埠市场没有一点知名度，张全跑了大半个月，也没找到愿意做他的产品的经销商。稍有实力的经销商对他的产品理都不理，张全真的是四处碰壁，吃尽了苦头。后来，好不容易在一个地级市找到一个稍微有点经销意愿的经销商，张全就像找到了一根救命稻草，抓住了就不放手。

然而，该经销商要求企业的铺底金额不得少于 30 万元，前 3 个月每月铺底 10 万元，从第 4 个月开始才现款提货，否则免谈；还要求企业提供的广告和促销费用不得少于 20%，并直接从货款中扣除；此外，该经销商还要求企业必须按 25% 的比例来提取终端开发费用，不同意以产品的形式支付，必须直接从货款中扣除，否则没有必要再谈下去……为了“拴住”这好不容易找到的经销商，张全请示企业，答应了经销商的“不平等条约”。

结果，张全一分钱货款也没有收回来，一个地级市场就白白损失了几十万。不仅如此，经销商还把企业的产品低价甩卖、四处冲货，甚至发给经销商的货又倒流回企业本地。最后，企业是钱丢了，经销商丢了，市场也丢了。

三、小客户可能是“好客户”

在什么样的客户是“好客户”的标准上，企业要从客户的终生价值来衡量其是好是坏。然而，许多企业缺乏战略思维，只追求短期利益和眼前利益，不顾长远利益，对客户的认识只是着眼于眼前能够给企业带来多少利润，很少去考虑客户在未来可能带来多少利润。因此，一些暂时不能带来利润甚至有些亏损，但长远来说很有发展潜力的小客户没有引起企业足够的重视，甚至往往被遗弃，更不要说得到企业的扶持了。

事实上，小客户不等于劣质客户，有些小客户能够给企业带来较多的利润和较大的贡献，而占用企业的资源较少、给企业带来的风险也较小，因此，过分强调当前客户给企业带来的利润，很可能会错失未来的大客户、"好客户"。

例如，在 20 世纪 80 年代初期，个人计算机市场还是一个很小的市场，那时 IBM 最有价值的客户是主机用户，因此，IBM 决定放弃追求个人计算机市场，虽然它在这个市场上有绝对的优势。然而，个人计算机市场却是近 20 年增长最快的市场之一，并且主宰了整个计算机市场。微软因生产个人计算机软件而成为世界上最大的公司之一，戴尔、联想和许多其他公司则因为生产个人计算机而享誉全球。相反，IBM 则错失良机，在个人计算机市场上越来越落后于竞争对手，最终不得不主动出局。

又如，通过对大量消费数据进行分析，凯撒娱乐的首席执行官加里·拉夫曼（Gary Loveman）发现对赌场真正贡献大的并不是出手阔绰、豪掷千金的顶级 VIP 客户，而是每次来都只花 100～400 美元的普通常客。这些人大多是退休的医生、教师等有正当职业的中产阶级，他们虽然每次花费都不高，但是能够持续、长期地来赌场消费，平均下来每年在赌场也要花掉 1 500～5 000 美元，这些人贡献了赌场 80% 的收入。

又如，"京东""苏宁"在初创时并不突出，但它们却有着与众不同的经营风格，如今已经成长为家电零售的"巨鳄"。同样，腾讯、阿里巴巴也是从名不见经传的小客户成长为大客户的……它们都是从"蚂蚁式"客户成长为"大象式"客户的实例。

可见，小客户有可能是"好客户"，对客户的评判要科学，不能只看目前的表象，不能只根据某一时点的表现就轻易否定、盲目抛弃，而要用动态的眼光去评判客户，看趋势，看潜力。

四、什么样的客户是"坏客户"

相对来说，"坏客户"就是只向企业购买很少一部分产品或者服务，但要求却很多，花费了企业高额的服务费用，使企业为其消耗的成本远远超过他们给企业带来的收入；不讲信誉，给企业带来呆账、坏账、死账以及诉讼等，给企业带来负效益，是一群时时刻刻在消耗企业资产的"蛀虫"，他们也许会让企业连本带利输个精光；让企业做不擅长或做不了的事，分散企业的注意力，使企业改变方向，与自身的战略和计划相脱离的客户。

应当注意的是，"好客户"与"坏客户"是相对而言的，只要具备一定的条件，他们之间是有可能相互转化的，"好客户"可能会变成"坏客户"，"坏客户"也可能会变成"好客户"。因此，不要认为客户一时好就会永远好，企业要用动态的眼光来评价客户的好与坏。企业如果不注意及时全面地掌握、了解与追踪客户的动态，如客户的资金周转情况、资产负债情况、利润分配情况，等到"好客户"变为"坏客户"时，将为时晚矣，追悔莫及！

第三节　目标客户选择的指导思想

企业对目标客户的选择要在对客户细分的基础上，对各细分客户群的盈利水平、需求潜力及趋势等情况进行分析、预测，最后根据自身情况、竞争状况，选择和确定其中的一个或几个细分客户群作为自己的服务对象。一般来说，企业选择目标客户应遵循以下几个指导思想。

一、选择与企业定位一致的客户

企业选择目标客户要从实际出发，要根据企业自身的定位，如经营项目、经营目标来选择服务对象，选择与企业定位一致的目标客户。

例如，vivo 致力于为年轻、时尚的城市主流群体打造拥有卓越外观、专业级音质享受、极致影像的乐趣、惊喜和愉悦体验的智能产品，其品牌价值是科技和时尚，品牌精神是敢于追求极致，持续创造惊喜。这样的品牌定位，与目标客户即年轻群体追求乐趣、充满活力、年轻时尚的文化基因完全契合。

拼多多致力于将娱乐社交的元素融入电商运营中，主打低价促销方式，从用户日常高频消费场景入手，采用“分享 + 拼单”的方式开展病毒式营销，利用很低的成本获得商品很大的曝光率。拼多多通过机器算法进行精准推荐与匹配，同时通过“社交 + 电商”的模式——用户发起和朋友、家人、邻居等的拼单，让更多的用户带着乐趣分享实惠，享受全新的共享式购物体验。为此，拼多多选择的目标客户是三四线下沉城市的人群、是长尾效应后 80% 的人群，其特点是对商品要求不高但是对价格很敏感，愿意为了优惠参与分享活动，倾向于性价比和折扣类购物，这与拼多多的品牌定位一致。

又如，小米公司正式成立于 2010 年 4 月，是一家专注于智能手机软件开发的移动互联网运营公司。小米手机是小米公司独立研发的一款高端智能手机，产品坚持“为发烧而生”的设计理念，公司首创了用互联网模式开发手机操作系统、发烧友参与开发改进的模式，将全球顶级元器件供应商的产品和最新的移动通信技术运用到每台手机上，并且通过公司网站在线销售，超高的性价比使小米每款产品都成为消费者关注的焦点。为此，小米手机的客户定位为：年轻（18～35 岁）、高学历（具有大专及以上学历）的网络用户，他们大多为理工科专业背景，对技术特别是 IT 技术痴迷，拥有一定的技术知识，喜欢玩手机，喜欢上网，习惯于网络购物和从网络中获取信息，易接受新事物，有个人的消费主见，不喜欢随大流。可见，小米手机的客户定位与小米公司的定位是一致的。

案例 3-9　　**叮咚买菜的目标客户**

叮咚买菜的目标客户以 25～45 岁的城市白领一族和三口之家为基础，而不是以大爷大妈为主力客群。这个客群有几个特点：时间稀缺，更加看重便利性和商品品质的稳定性，一旦形成购买习惯很容易重复购买；这些人中的大多数比起他们的父辈，缺少生活经验，不会挑菜，也缺少与小商小贩讨价还价的能力。

客户既可以下载叮咚买菜App进行下单，也可以通过微信绑定账号后在微信小程序平台进行下单，十分方便。在叮咚买菜App上，蔬菜类200余种、豆制品40余种、水果100余种、肉禽蛋180～220种、海鲜水产不到100种，其余均为调味品、零食干货、生活用品等非高频产品。在价格方面，叮咚买菜与周边菜场、超市持平，相对亲民，适合经常做菜的家庭使用。在不考虑补贴、满减等优惠活动的情况下，叮咚买菜的产品价格整体低于盒马鲜生，高于大润发和永辉生活。此外，0元送菜，0配送费，打消客户对配送成本的顾虑。

美国西南航空公司将目标客户定位在对航空票价敏感的低端市场上，提供经常性的相对短途的美国国内航班。飞机上不设商务舱和头等舱，而且对航空服务进行了一系列的简化：乘客到了机场的候客厅后，机场不给安排座位，乘客要像坐公共汽车那样去排队，在上了飞机后自己找座位，如果你到得很早，可能会找到一个好座位，如果你到得晚，就很可能坐在厕所边上。飞机上也不供应餐饮，但乘客一坐下就可以听到非常幽默的笑话，直到飞机降落，一路上嘻嘻哈哈、闹哄哄的。西南航空公司的这种“节约”服务，对收入低、消费低的人士有很大的吸引力，因为他们可以用极低的价格乘坐飞机。但对于稍微上层的白领人士来说，就不适合了。他们不太在乎机票价格，但需要较好的航空服务，他们受不了要自己去“抢”座位，另外，他们上飞机后往往要想问题、做事情或者休息，不喜欢吵吵嚷嚷的……因此，中产阶级、官员、大亨很少愿意乘坐西南航空公司的班机。不过，这正是西南航空公司所追求的效果，它很清楚自己的服务对象，公司总裁在电视上说：“如果你对我们提供的服务感到不满，那么非常抱歉地告诉你，你不是我们服务的目标客户，我们不会因为你的抱怨而改变我们的服务方式，如果你认为我们的服务令你感到不满的话，你可以去乘坐其他航空公司的飞机。当你感觉需要我们服务的时候，欢迎你再次乘坐西南航空的班机。”

案例3-10　星巴克的客户选择

星巴克（Starbucks）公司从1971年西雅图的一间咖啡零售店，发展为现在国际最著名的咖啡连锁店品牌，星巴克创造了一个企业扩张的奇迹。

星巴克这个名字来自赫尔曼·梅尔维尔（Herman Melville）的小说《白鲸》（*Moby Dick*）中一位处事极其冷静，极具性格魅力的大副，他的嗜好就是喝咖啡。梅尔维尔被海明威、福克纳等美国著名作家认为是美国最伟大的小说家之一，在美国和世界文学史有很高的地位，但梅尔维尔的读者并不算多，主要是受过良好教育、有较高文化品位的人士，没有一定文化教养的人是不可能读过《白鲸》这部书，知道Starbucks这个人的。

因此，星巴克咖啡的名称暗含其对客户的定位——不是普通的大众，而是有一定社会地位、有较高收入、有一定生活情调的人群。这一消费群体普遍收入较高，对价格并不敏感，对咖啡厅的整体环境氛围要求很高，对品牌价值有一定的要求，并且他们希望自己的商务会谈在一个优雅、拥有良好氛围的环境中进行。

星巴克咖啡不是饮料领域麦当劳的翻版，后者面向所有人，尤其是对儿童和收入不高的消费者有很大的吸引力。星巴克这种有所为有所不为的经营方式取得了巨大的成功，它追求的不是客户的数量而是客户的质量，是特定人群对于星巴克咖啡的“客户忠诚度”。

二、选择“好客户”

既然我们已经知道，客户有优劣之分，那么企业就应当选择“好客户”，这样才能够给企业带来盈利。

例如，当戴尔公司发现新的电脑用户对服务支持要求达到毫无节制的程度，而这种过分的要求将耗尽公司的人力和财力资源时，戴尔公司决定避开大众客户群，而集中人力和财力针对企业客户销售产品。当然，公司也对一些经过严格挑选的个人消费者提供服务，因为他们对产品和服务的需求与戴尔的核心客户群即具有“好客户”特征的企业客户非常相似。

完美日记的品牌理念倡导年轻一代不被外界标签束缚，积极地探索人生更多的可能性，遇见更优秀的自己，它主要通过微信、小红书、微博等社区、种草类 App 进行社群营销。完美日记将目标客户定位为 18～28 岁的年轻女性，是刚刚走进大学或职场的美妆领域新人，其中大部分属于 Z 世代。Z 世代的特点是：追求时尚，爱好多元，对新事物的接受度很高；受教育程度高，受互联网、智能手机、平板电脑等科技产品影响很大，可以说是与互联网一起成长的一代，是互联网的“原住民”；喜爱种草，乐于分享，当她们使用完完美日记的产品后，会在社交软件上分享使用感受，这就对完美日记进行了免费的宣传，为其带来更多同类型的用户。因此，Z 世代是完美日记的“好客户”。

又如，小红书是年轻人的生活方式平台及自营保税仓直邮电商平台，定位为海外购物笔记分享社区。小红书也是提供文字、图片、视频笔记的平台，提供美妆、美食、旅行等各种类型的话题和专题讨论，满足客户渴望获得关注的社交需求。小红书选择的客户群体是“种草小姐姐”，她们的年龄集中在 20～35 岁。该年龄段的人群处于学业、事业稳定期，包括大城市白领、公务员。她们有良好的收入基础，追求生活品质，也更加乐意分享。所以说，“种草小姐姐”是小红书的“好客户”。

案例 3-11　**屈臣氏选准目标客户获得新生**

屈臣氏经过多年的观察，发现在竞争日益同质化的零售行业，锁定目标客户至关重要。屈臣氏在调研中发现，亚洲女性会用更多的时间进行逛街购物，她们愿意投入大量时间去寻找更便宜或是更好的产品。最终屈臣氏将中国内地的主要目标市场锁定在18～35岁，月收入在2 500元以上的女性。

屈臣氏认为这个年龄段的女性消费者最富有挑战精神，她们喜欢用最好的产品，寻求新奇体验，追求时尚，比较注重个性，有较强的消费能力，但时间紧张，不太喜欢去大卖场或大超市购物，追求的是舒适的购物环境，这与屈臣氏非常吻合。

为了锁定这些"好客户"，在选址方面，最繁华的一类商圈，例如有大量客流的街道或大商场是屈臣氏的首选，机场、车站或是白领集中的写字楼等地方也是考虑对象。在店内经营上屈臣氏更有讲究。在屈臣氏销售的产品中，药品占15%，化妆品及护肤用品占35%，个人护理品占30%，剩余的20%是食品、美容产品以及衣饰品等。

为了方便"好客户"，屈臣氏将货架的高度从1.65米降至1.40米，并且主销产品在货架的陈列高度一般在1.3～1.5米。在商品的陈列方面，屈臣氏注重其内在的联系和逻辑性，按化妆品—护肤品—美容用品—护发用品—时尚用品—药品—饰品—化妆工具—女性日用品的分类顺序摆放，并且在不同的分类区域会定期推出不同的新产品和促销商品，让客户在店内不时有新发现，从而激发"好客户"的兴趣。

屈臣氏还在店内陈列信息快递《护肤易》等各种个人护理资料手册，免费提供各种皮肤护理咨询；药品柜台的"健康知己"资料展架，提供各种保健营养分配和疾病预防治疗方法；屈臣氏还建设了一支强大的健康顾问队伍，包括全职药剂师和"健康活力大使"，为"好客户"免费提供保持健康生活的咨询和建议……

三、选择有潜力的客户

锦上添花不稀罕，雪中送炭才可贵！企业选择客户不应局限于客户当前对企业盈利的贡献，而要考虑客户的成长性及未来对企业的贡献。对于当前利润贡献低，但是有潜力的小客户，企业要积极提供支持和援助。尽管满足这些小客户的需求可能会降低企业的当前利润，甚至可能带来损失，但是应该而且必须接受眼前的暂时亏损，因为这是一只能够长成"大象"的"蚂蚁"！

例如，麦当劳通过调查发现，去哪个餐馆吃饭并不全是由父母决定，他们往往会尊重孩子的意见，只要吸引一名儿童，就等于吸引了两个大人。因此，麦当劳决定将目标市场主要定位在儿童和家庭成员。为此，麦当劳在各个分店设置了游乐区及专门为孩子提供生日聚会的服务项目，同时，店内的食谱不断推陈出新，以满足小客户们日益变化的口味。麦当劳还看到，二三十年后，等这些孩子长大了，他们还会带着自己的下一代继续吃麦当劳——这就是麦当劳的眼光！

支持客户在很大程度上是支持自己，因为只有客户发展了，才可能对自己的产品或服务产生越来越大的需求。所以，企业一旦发现了可以从“蚂蚁”变为“大象”的有潜力的客户，就应该给予重点支持和培养，甚至可以考虑与管理咨询公司合作，从而提升有潜力的小客户的“品质”。这样，潜力客户在企业的关照下成长、壮大后，它们对企业的产品或者服务的需求也将随之膨胀，而且会知恩图报，对培养它们的企业有感情，有更强的忠诚度。在几乎所有优质客户都被各大企业瓜分殆尽的今天，这显然是培养优质客户的好途径。

四、选择“旗鼓相当”的客户

（一）企业与客户不对等可能会产生的问题

一般来说，谈对象找个条件比自己好的要比找个条件相当的难。

同样的道理，“低级别”的企业如果瞄上“高级别”的客户，尽管这类客户很好，但是可能不属于我们，原因是双方的实力过于悬殊，我们对其服务的能力不够。我们看上它，而它未必看得上我们。果真如此的话，这样的客户就不容易开发，即使最终开发成功，勉强建立了关系，也会吃力不讨好，因为以后的服务成本也一定较高，维持关系的难度也较大。所以，这样的“好客户”高不可攀，看看可以，但碰不得。

现实中，有些企业一心想“攀高枝”服务大客户，动辄宣称自己可以满足大客户的任何要求。但由于双方实力的不对等，可能遭遇“客大欺店”——大客户不一定会“礼贤下士”“平易近人”。那么，企业就只能降低标准或放松制衡，委曲求全，忍辱负重，甚至接受大客户提出的苛刻条件，或者放弃管理的主动权，从而对大客户的潜在风险无法进行有效的控制，一旦这些大客户出事，企业只能干着急，什么都做不了。

也有些“高级别”企业可能瞄上“低级别”客户，但往往吃力不讨好——由于双方关注点“错位”的原因，如一方财大气粗，另一方精打细算，会造成双方不同步、不协调、不融洽，结果可能是不欢而散。

事实上，每个客户都有自己的价值判断，从而决定自己应与哪家企业建立紧密联系。然而，许多企业没有意识到这一点，总是把自己的意愿强加于客户，“单相思”，最终陷入尴尬境地，当然不会有好的结果。

例如，有一家生产汽车配件的公司打算把目标客户锁定为大型汽车制造厂，企图尽快达到盈亏平衡点，但经过几年的努力都未成功，因为这些大型汽车制造厂根本没把这家企业当成一回事。无奈之下，这家企业转向了一些中小型汽车制造厂，而这些中小型的汽车制造厂也正在寻找具有价廉物美的配件且未被大型汽车制造厂锁定的供应商，于是双方建立了长期稳定的关系，取得了双赢的局面。

总之，客户并非越大越好，也不是越小越好，“旗鼓相当”显然是企业选择客户的稳健和保险的选择——双方在各自的领域都有能吸引到对方的优势和魅力，实力相当，具有平等合作、互不轻视的基础。例如，耐克和苹果的合作就体现了“旗鼓相当”原则。

案例 3-12 BBBK 公司的客户选择

美国强生公司所属的 BBBK 灭虫公司销售的杀虫剂的价格是其他同类产品的 5 倍，它之所以能够获得溢价价格是因为它把销售重心放在一个对质量特别敏感的市场——高档旅店和餐馆，并且提供它们认为最有价值的东西：保证没有害虫而不只是控制害虫。

BBBK 灭虫公司承诺：在您那里的所有害虫被灭光之前，您不欠我们一分钱；如果您对我们的服务不满意，您将收到相当于 12 个月服务的退款，外加第二年您选择新的灭虫公司的费用；如果您的客人在您的房间里看到一只害虫，我们将支付客人本次和下次的全部费用，并送上一封道歉信；如果您的酒店因为害虫的存在而停业，我们将赔偿全部罚金和利润损失，并再加 5 000 美元。

该公司为了提供如此高档的服务，在一年中花费了十多万的成本，但是赢来了 3 300 万美元的服务销售——实际服务承诺的费用是营业额的 0.36%。正是由于无条件的服务承诺与保证，使 BBBK 公司不但可以收取超过同行 400% 的费用，而且受到许多大客户的追捧。

当然，并不是非要“旗鼓相当”不可，只是这样“平起平坐”，相处起来比较轻松、和谐，既容易建立关系，也容易维护关系。

（二）企业怎样寻找“旗鼓相当”的客户

企业要想找到“旗鼓相当”的客户，就要结合客户的综合价值与企业对其服务的综合能力进行分析，然后找到两者的交叉点。具体可分成三个步骤。

第一步，企业要判断目标客户是否有足够的吸引力，是否有较高的综合价值，是否能为企业带来大的收益，这些可以从以下几个方面进行分析。

（1）客户向企业购买产品或者服务的总金额。

（2）客户扩大需求而产生的增量购买和交叉购买等。

（3）客户的无形价值，包括规模效应价值、口碑价值和信息价值等。

（4）客户为企业带来的风险，如信用风险、资金风险、违约风险等。

（5）企业为客户提供产品或者服务需要耗费的总成本。

第二步，企业必须衡量一下自己是否有足够的综合能力去满足目标客户的需求。对企业综合能力的分析不应从企业自身的感知来确定，而应该从客户的角度进行分析，可借用客户让渡价值（指客户获得的总价值与客户为之付出的总成本之间的差额）来衡量企业的综合能力。也就是说，用企业能够为目标客户提供的产品价值、服务价值、人员价值及形象价值之和，减去目标客户需要消耗的货币成本、时间成本、精神成本、体力成本，就可以大致得出企业的综合能力。如果是正值，说明企业有较强的综合能力去满足目标客户的需求，如果是负值，说明企业满足目标客户的综合能力较弱。

第三步，寻找客户综合价值与企业综合能力的交叉点。最好是寻找那些综合价值高，而企业对其综合能力也强的客户作为目标客户。也就是说，要将价值足够大、值得企业去开发和维护的，同时企业也有能力去开发和维护的客户，作为企业的目标客户。可概括为图 3-1。

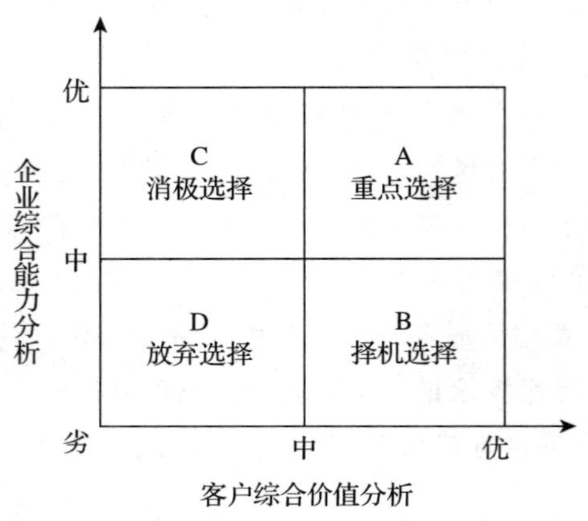

图 3-1 价值 – 能力分析矩阵图

在图 3-1 中，A 区域的客户是企业应该重点选择的目标客户群。因为这类客户一方面，综合价值较高，是优质的客户；另一方面，企业对其服务的综合能力也较强，也就是说，企业的能力足以去赢得和维系这类客户，“旗鼓相当”。因此，A 区域的客户值得企业花费大量的资源去争取和维护。

B 区域的客户是企业应该择机选择的目标客户群。因为这类客户的综合价值高，具有非常高的开发与维护价值，但遗憾的是，企业对这类客户的服务能力实在有限，很难为客户提供满意的产品或服务。企业在开发这类客户时，将会面临很大的困难，即使开发成功了，如果企业对其服务的综合能力没有提高，最终也很难长期留住这类客户。因此 B 区域的客户属于企业在适当的时机（当服务能力提高时）可以选择的客户群。

C 区域的客户是企业应该消极选择的客户群。因为尽管企业对其服务的综合能力较强，但是这类客户的价值实在有限，企业很可能在这类客户上得不到多少利润，甚至还有可能消耗企业的一部分利润。因此 C 区域的客户属于企业应当消极选择的客户群。

D 区域的客户是企业应该放弃选择的客户群。因为，一方面这类客户群的综合价值较低，很难给企业带来利润，如果企业将过多的资源投入到这类客户群上，是得不偿失的，甚至有时候这类客户还会吞噬企业的利润。另一方面，企业也很难为这类客户提供长期的具有较高让渡价值的产品和服务。因此 D 区域的客户属于企业不该选择的客户群。

五、选择与现有“忠诚客户”具有相似特征的客户

企业就好比胳膊，市场就好比大腿。我们知道，“胳膊拧不过大腿”，而且“强扭的瓜不甜”。我们还知道，假如“有心栽花花不发，无心插柳柳成荫”，那么就该顺势而为，改“栽花”为“插柳”了——顺应大势所趋。

世上没有哪个企业能够满足所有客户的需求，有时候企业费尽心思，企图在市场上扮演某个角色，但是偏偏吃力不讨好，没有得到市场认同，可谓“落花有意，流水无情”。

幸运的是，可能总会有些客户因为认为企业提供的产品或服务比竞争对手的更好、更加“物有所值”而忠诚，他们也许就是企业的知音、伯乐、识货人。因此，选择与现有“忠诚客户”具有相似特征的客户是明智的。

例如，美国某化妆品企业生产一种叫“嫩春”的面霜，可以防治青春痘，并能够减少皱纹。该面霜上市一段时间后，调查人员发现，80% 的购买者是 20 岁左右的年轻女子，而其余 20% 的购买者却是 35～50 岁的中老年妇女。年轻女子关心防治青春痘，而中老年妇女关心减少皱纹，这时企业面临两种选择，是强调防治青春痘，还是减少皱纹？最后企业决定顺势而为，放弃中老年妇女这个市场，而强调“嫩春”面霜防治青春痘的功效，全力以赴抓住年轻女性客户，从而获得了成功。

又如，目前肯德基的忠诚客户主要有三类——儿童、学生、都市上班族。儿童喜欢肯德基的原因是肯德基有好吃的炸鸡腿、汉堡等食品，另外就是还可以边吃边到店中的微型儿童游乐场玩。学生喜欢肯德基的原因是肯德基的味道不错，且花费与学校旁的小排档相差无几，而那环境、情调却是小排档无法比拟的，如果带女朋友去也不显得寒酸。上班族喜欢肯德基的原因是相对紧凑的工作生活确实需要便捷的快餐，另外，上班族不屑于路边小摊，也不愿于工作间隙在写字楼里聊着 QQ、MSN，却吃着老土的盒饭，肯德基用其干净、精致的产品包装和独特的口味轻而易举地俘获了他们的“芳心”。因此，肯德基就应该经营与这三类人群具有相似特征的客户，因为他们是最可能忠诚于肯德基的。

延伸阅读 3-1　出版社对销售商的选择

销售商选择是销售渠道建设的第一步，也是销售商关系管理的关键性环节。选对了优质的销售商，出版社的图书进入并占领预期目标市场就有了保证，销售工作会比较顺畅，回款风险也会降低。出版社选择销售商的一般标准是销售商开拓市场的能力、管理市场的能力、销货能力、信用水平和忠诚度。

（一）销售商开拓市场的能力

销售商开拓市场能力的强弱，可以从以下几个方面反映出来：一是销售商现时拥有的销售网络资源。销售商拥有完备的销售网络，说明开拓市场的能力强，也说明分销能力强。二是销售商维护和发展销售网络的能力。它反映销售商的持续发展能力，是销售商维

护并提高图书市场占有率的保证。通过了解销售商近期销售网点的维护和增长情况，可以判断其开拓市场能力的强弱。三是销售商的推广能力，包括运用适当的营销手段推销其所经销的图书的能力，以及联系当地媒体进行宣传的能力等。

（二）销售商管理市场的能力

销售商管理市场的能力主要是销售商管理其下一级销售商的能力，它直接影响其销货能力和控制风险的能力。这种能力主要体现在以下几个方面：一是管理下一级销售商，帮助下一级销售商开拓市场和发展下线销售商或终端销售商的能力。二是控制窜货的能力，主要是控制下一级销售商窜货的能力。三是配合出版社打击当地盗版行为的能力。四是提供售前、售中和售后服务的能力。优质的服务可以稳定客源，提高销售商的信誉度和美誉度，进而提高其市场影响力。

（三）销售商销货能力

销售商销货能力可以通过销售额、销售增长率、市场占有率等指标反映出来。销售额反映销售商的总体销售规模，销售额越高，说明销售商的销货能力越强。销售增长率反映销售商销售业绩的增长速度，指标值越高，说明销售商的经营业绩越好。市场占有率是销售商经销的某个品牌图书的销量占当地市场同类图书销量的比率。市场占有率越高，说明销售商的经营能力和竞争力越强。

销售商销货能力的强弱，除了受销售商开拓市场和管理市场的能力影响外，还受到以下因素的影响：一是具有在区域市场铺货的能力，可以将出版社的图书快速地铺到下线销售商。二是具有经营某类图书的市场经验。有市场经验的销售商，一般都有一定的市场影响力和一批忠实的下线销售商，能够比较快地打开市场，扩大图书销量。

（四）销售商信用水平

销售商信用水平是指销售商信誉的好坏程度，出版社选择销售商时必须着重考虑销售商的信用水平。销售商的信用水平可以从以下几个方面进行考察。一是销售商主要管理人员的个人品质。其品质往往决定销售商信誉的好坏。出版社必须考察销售商主要管理人员在业内的口碑、其一贯的风格、年龄、更换是否频繁等因素。如果其在业内的口碑好，而且一贯如期付款，且其他方面亦无问题，则是不错的合作伙伴。二是销售商的财务状况。如果财务状况不佳，则可能存在回款风险，因而不适宜选作出版社销售商。三是货款支付情况。对待选销售商，主要是考察其是否如期支付了所欠出版社的货款，有无拖欠货款的前例。如果经常无故迟付，甚至赖账，则其信誉不佳。四是销售商完成合同的情况和执行发货折扣的情况。不履行合同的销售商，信誉欠佳，不能选作出版社的销售商。

（五）销售商忠诚度

销售商的忠诚度可以从以下几个方面考察：一是对本出版社品牌或出版社图书品牌的

认同程度。销售商认同出版社的品牌或出版社图书品牌，认为出版社图书有市场潜力，才会经销该出版社图书。二是经营该出版社图书时间的长短。经营时间长、回款及时的销售商，一般都是忠诚度高的销售商。三是能否专心于图书批销业务。如销售商有其他产业，则有可能将主要精力放在其他产业上。此时图书批销业务成为其附属业务，销售商没有专心去做，其忠诚度一般也不会高。

课后练习

一、选择题（可能不止一个选项）

1. 企业必须选择客户是因为（ ）。
   A. 不是所有的购买者都会是企业的客户
   B. 不是所有的客户都能够给企业带来收益
   C. 不加选择地建立客户关系可能造成企业定位模糊不清
   D. 选择正确的客户能增加企业的盈利能力
2. （ ）指的是本身的“素质”好、对企业贡献大的客户，至少给企业带来的收入要比企业为其提供产品或者服务所花费的成本高。
   A. 好客户 B. 坏客户 C. 大客户 D. 小客户
3. 大客户风险表现在（ ）。
   A. 财务风险大 B. 利润风险大
   C. 管理风险大 D. 流失风险大
   E. 竞争风险大
4. 选择客户的指导思想有（ ）。
   A. 选择与企业定位一致的客户 B. 选择“好客户”
   C. 选择有潜力的客户 D. 选择“旗鼓相当”的客户
   E. 选择与“忠诚客户”具有相似特征的客户
5. 企业选对、选准了目标客户，那么（ ）客户关系的可能性就相对大、也相对容易、成本也相对低。
   A. 建立 B. 提升 C. 维护 D. 挽回

二、判断题

1. 客户天生就存在差异，有优劣之分。
2. 企业主动选择特定的客户，有利于树立鲜明的企业形象。
3. 企业可把所有的购买者都视为自己的客户。
4. “好客户”与“坏客户“是相对而言的，只要具备一定的条件，他们之间是有可能相互转化的。

5. 每个企业能够有效服务的客户的类别和数量是有限的。

三、名词解释

好客户　　坏客户　　大客户　　小客户

四、思考题

1. 企业为什么要选择客户？
2. 为什么大客户不等于“好客户”？
3. 为什么小客户可能是“好客户”？
4. 选择目标客户的指导思想是什么？

五、案例分析题

劳力士的客户选择

劳力士（Rolex）被认为是最成功及被人们推崇备至的瑞士手表品牌。作为顶级腕表品牌，一个多世纪以来，劳力士一直是性能和尊贵的超群象征。劳力士表最初的标志为一只伸开五指的手掌，它表示该品牌的手表完全是靠手工精雕细琢的，后来才逐渐演变为皇冠的注册商标，以示其在手表领域中的霸主地位。

正确的客户选择对企业十分重要，劳力士鲜明的客户选择为其市场领导者地位的奠定起了不可忽视的作用。劳力士的消费人群定位于成熟有品位、懂得鉴赏名表、敢于自我肯定的成功人士。其类型有：追求钟表功能专业化的客户；追求身份、社会地位象征的客户；走在时尚尖端、追求奢华的客户。

（1）追求钟表功能专业化的客户。那些追求钟表功能专业化的客户有潜航者、飞行员、旅行探险者、经常出国旅行的商务人士等，虽然他们的购买力不稳定，但在专业化功能的吸引下，拥有相对强的购买力。由于对高质量、多功能的追求，这类客户拥有较强的品牌偏好。潜航者对钟表牢固可靠性、极致的优雅性和性能的要求极高，要求在从事专业活动之时，能够确保安全的潜水计时；飞行员对钟表专业化的需求集中体现在对不同时区时间的转换，以适应飞行环境的需要；旅行探险者对钟表指示时区以及区时的功能要求高，并且要求钟表可以用于区分白昼和夜晚时间，以应对险恶的探险环境；经常出国旅行的商务人士对钟表独立调时、不同时区区时的转换存在着很大需求。

（2）追求身份、社会地位象征的客户。成功的商务人士、艺术家、皇室、贵族等上流社会人士非常追求身份、社会地位象征，他们事业成功、收入颇丰，具有强劲购买力，教育程度高，品牌偏好程度高。成功的商务人士拥有很强的时间观念，有想要掌握每一分每一秒的消费心理，同时在商务交往中注重象征身份地位的装饰品，还有自我实现的需要；艺术家也有体现品位、出众的艺术气质的需要；上流社会人士追求能够彰显其社会地位的奢侈消费品，追求装饰品的尊贵、稀缺性。

（3）走在时尚尖端、追求奢华的客户。体育明星、电影明星等走在时尚尖端的人士，他们收入高，购买力强，价格敏感度低，同时品牌忠诚度高，品牌偏好程度高，且追求时尚、奢华到了极致。明星作为公众人物，很注重钟表奢华的外观，为突出其个性追求新颖的设计。电影明星在公众场合保持着相对高的曝光度，光鲜时尚的配饰是其追求的要点，以保持他们在时尚领域的地位，突出他们的个人品位及修养；体育明星则对运动型钟表热衷，追求多功能的运动型钟表。此外，收藏古董钟表的热潮在世界各地全面爆发，一些明星也开始懂得去欣赏机械手表的制作工艺，研究不同表匠的独特发明、设计与个人化的风格，以及钟表的发展及历史等，名厂及有特别功能的旧款钟表价格逐日飙升，明星们把收藏钟表作为一种个人爱好。

劳力士定位于成功人士和一些有财富、权势和地位的人，进一步提升了自身的影响力，获得了钟表行业的霸主地位，其销售量在名贵表当中首屈一指，利润是其他钟表企业的十几倍，给企业带来了可观的经济效益。

案例思考题：

1. 劳力士选择的目标客户有哪几种类型？
2. 劳力士为什么要选择这几种类型的客户？

第四章 客户的开发

引例

喜临门通过线上促销实现线下开发

2013 年“双 11”电商盛宴期间，喜临门为吸引线上流量，在天猫旗舰店发起针对“双 11”的预售，如客户在天猫上可以花 99 元购买“试睡护照”，由 O2O 部门邮寄给客户，客户收到“试睡护照”之后，可以凭借这个“护照”领取价值 500 多元的乳胶枕，也可以购买其他产品，参与线下活动。

启示： 企业可以通过线上的促销活动将客户引到线下，从而实现线下开发客户。

对新企业来说，首要的任务就是吸引和开发客户。

对老企业来说，企业发展也需要源源不断地吸引和开发新客户。因为，根据一般经验，每年客户流失率为 10%～30%，所以，老企业在努力培养客户忠诚度的同时，还要不断寻求机会开发新客户，尤其是优质客户。这样，一方面可以弥补客户流失的缺口，另一方面可以壮大企业的客户队伍，提高企业的综合竞争力，增强企业的盈利能力，实现企业的可持续性发展。

客户的开发就是企业让目标客户产生购买欲望并付诸行动，促使他们成为企业现实客户的过程。企业开发客户的策略可以分为营销导向的开发策略和推销导向的开发策略。

第一节　营销导向的开发策略

《孙子兵法》中说：“不战而屈人之兵，善之善者也。”套用这句话到客户开发上，就是“不求人”的营销导向开发是客户开发的首选之策。

所谓营销导向的开发策略，就是企业通过有吸引力的产品策略、价格策略、分销策略和促销策略，吸引目标客户和潜在客户产生购买行动。

营销导向的开发策略的特点是“不求人”，即想办法让客户主动上门——不是去追一匹马，而是用追马的时间种草，待到春暖花开时，就会有一群骏马任你挑选！你若盛开，蝴蝶自来！你若精彩，天自安排！种下梧桐树，引得凤凰来！总之，营销导向的开发策略是让客户自己主动和自愿地被开发，还很可能是满心欢喜、感激涕零地被开发，所以，营销导向的开发策略是客户开发策略的最高境界，也是获得客户的理想途径。

例如，麦肯锡公司从来没有在大众媒体上投放过广告，更没有通过营销人员主动打电话给客户，但麦肯锡却从来不缺客户。对麦肯锡而言，成功的营销不是去推销，而是能识别客户需求，创造客户需求，然后利用企业的优势与专业技术去满足客户的需求。

延伸阅读 4-1　别人为什么愿意跟你相处

第一，可能因为你有德，对人真诚，为人厚道，心地善良，有规矩，有方圆，有礼貌，有爱心，别人与你相处感到温暖、放心。

第二，可能因为你有用，你能带给人实用的价值。

第三，可能因为你有料，跟你相处能打开眼界，放大格局。

第四，可能因为你有量，你能倾听别人的想法并发表有价值的见解，为人慷慨、包容。

第五，可能因为你有趣，能带给人家愉快的心情，和你在一起会感到快乐、不闷。

一、有吸引力的产品策略

（一）功能效用

功能效用是吸引客户最基本的立足点，功能越强、效用越大的产品或服务对客户的吸引力就越大。

例如，史蒂夫·乔布斯（Steve Jobs）在产品开发中，曾派工程师走访了30多所大学，询问大学里需要什么样的机器。根据调查和咨询结果，他推出了存储量大、程序简单和兼容的分体式计算机，立即受到普遍的欢迎。

海尔在做市场调研时，一个客户随意说到冰箱里的冻肉拿出来不好切，海尔立刻意识到这是一个未引起冰箱生产企业重视的共性问题。于是，根据食品在 −7°C 时营养不易被破坏的原理，海尔很快研制出新产品“快乐王子007”。这款冰箱的冷藏冻肉从冰箱取出后可即时切，于是这款冰箱很快走俏。可见，好东西自然有客户愿意被“吸引”！

宝洁公司也设计出了满足客户不同需求的产品系列，比如洗发水，宝洁公司设计出了满足客户营养头发需求的潘婷洗发水，满足客户去头屑需求的海飞丝洗发水，满足客户柔顺头发需求的飘柔洗发水，满足客户保持发型需求的沙宣洗发水等。因此，宝洁公司的产品被客户竞相追捧。

案例 4-1 **陌陌的客户开发**

陌陌在推广初期资金有限，所以在渠道上需要选择客户基数大、花费比较少的社区进行推广。符合条件的有QQ空间和新浪微博。由于QQ空间的客户年龄偏小，所以，陌陌将运营重心放在了新浪微博上。

一开始，陌陌只在微博上发传统信息，说有产品上线啦，亲朋好友帮忙给推一下。结果做了些推广之后，每小时的下载量居然最高能达到几百。这让陌陌的管理者们觉得，这条路子是对的，但是形式肯定要继续优化。所以，陌陌开始把产品放在场景里去讲故事，让客户在置身于那个场景的时候，会想起来去用陌陌。

在运营过程中，陌陌认为一个社区的活跃取决于女性客户的活跃，女性客户的活跃度则取决于她的需求是否被满足、在这里是否有安全感。所以，陌陌在新浪微博上针对女性做了很多推广，用一些她们喜欢的情感方面的文案获取好感，并且组建了一个七八人的团队，每天处理举报信息，保证女性客户的使用体验。同时增加了群组功能，做基于地理位置的关系沉淀，如基于小区的业主群，客户利用它可以找到自己的邻居，慢慢转化成熟人关系，构建城市的社区文化。至此，陌陌完成了场景的转变，从一对一的网上社交场景，慢慢向社交、本地化方向转变，从线上走向了线下。

（二）质量

"好东西自己会说话"——质量优异的产品或者服务总是受到客户的青睐，质量在吸引客户上起到了至关重要的作用。

例如，家乐福公司对采购品的质量要求很严格，生产厂家必须通过包括工厂检测、产品测试直至装运检验等一系列长达半年的考核，才能向家乐福供货；麦德龙公司对产品质量的要求永远排在第一位，所有进入麦德龙采购系统的产品先要在国内的一个区域销售，效果好才可以进入全国市场，最后才能分销到国外；日本大荣公司也很看重产品的安全性，因为进入大荣连锁采购系统的产品将有可能出口日本，而日本对进口产品都有严格的标准，尤其是产品的安全性……因此，这些物美价廉的超市吸引了众多客户的光顾。

一个质量有问题的产品或者服务即使非常便宜也没有人愿意购买，人们会唯恐避之不及。相反，对于高质量的产品，即使价格高些，人们往往也愿意接受。因为质量往往代表着安全、可靠和值得信赖，人们之所以购买名牌产品或服务，最主要的就是因为看中了其过硬的质量。

劳斯莱斯的创始人亨利·莱斯（Henry Royce）曾说过："车的价格会被人忘记，而车的质量却长久存在。"劳斯莱斯的成功得益于它一直秉承了英国传统的造车艺术：精练、恒久、巨细无遗。特别值得一提的，还有劳斯莱斯豪华的车内装饰——仪表板的原材料是从意大利和美国进口的胡桃木，刻意选用连纹路的颜色都要一致的材质，因此拼缝接口处几乎看不出接缝的痕迹，经过精心打磨的木料，表面光亮如镜；座椅及顶篷则选用丹麦和英国的上等牛皮，其下脚料为巴黎高级首饰店的皮包面料，经过多道工序加工的牛皮光滑柔软，表面涂有既耐磨又防水的涂料；地毯选用威尔顿纯羊毛制成，连后备厢也铺满地毯……总之，车内宽敞舒适，颇有宫殿气派。因此，英国女王以此车为自己的“御驾”。1955 年，劳斯莱斯被授权使用英国王室专用徽章，一直到今天。

（三）特色

如今市场上同类同质的产品或者服务越来越多，因此，企业要想在激烈的市场竞争中脱颖而出，其产品或者服务必须有足够的特色才能吸引客户的注意或光顾。

例如，沃尔玛针对不同的目标客户，采取了不同的零售经营形式：针对中层及中下层客户的沃尔玛平价购物广场；只针对会员提供各项优惠及服务的山姆会员商店；以及深受上层客户欢迎的沃尔玛综合性百货商店等。通过这些不同的经营形式，沃尔玛分别吸引了零售市场的各档客户。

又如，在比利时首都布鲁塞尔，有一家“棺材酒吧”，酒吧里面摆着一副副棺材形的吧台，人们用一个像骷髅的酒杯饮酒，杯里盛着独家调制的鸡尾酒“午夜之眼”“吸血鬼之吻”等，令人毛骨悚然。整个店充满恐怖气氛……“棺材酒吧”的老板抓住了人们心理上的弱点，反其道而行之，从而刺激了人们的官能，吸引了许多“勇敢者”光顾，开业不到 3 年，它的客户已遍布欧洲各国。

在芝加哥斯泰特大街 3 个街区短短的距离内，就有美国最大的女鞋零售商爱迪生兄弟企业的 3 家不同定位的连锁店，虽然它们离得很近，却不影响彼此的生意，这是为什么？原来爱迪生兄弟企业经营了 900 多家鞋店，分为 4 种不同的连锁形式，每种连锁形式针对不同的细分市场。如钱德勒连锁店专卖高价鞋，贝克连锁店专卖中等价格的鞋，勃特连锁店专卖廉价鞋，瓦尔德派尔连锁店专卖时装鞋，各有各的特色。这就是为什么它们同处一地，却相互不影响的原因——它们各有自己的目标客户，所以相互不“打架”。

（四）品牌

品牌是用以识别某个产品或者服务，并使之与竞争对手的产品或者服务区别开来的商业名称及标志。品牌对客户的吸引力在于，品牌是一份合同，是一个保证，是一种承诺。无论购买地点在哪里、无论分销形式如何，品牌向客户提供了一种统一的标准，减少了客户可能冒的风险，能够更好地维护客户的利益。

当客户对产品或服务的安全和质量要求很高时（例如给婴儿购买护理产品）或者当客户难以事先评估产品（例如电脑、音响等高科技产品）的性能时，品牌的作用尤为突出。因为品牌能够让客户信任、放心，尤其是久负盛名的品牌更能增强客户购买的信心。

有时候，当我们不是为个人购买，而是为团体或单位购买，这时候购买名牌产品或者服务就显得更为重要。因为，假如你购买的产品出问题了，如果购买的是知名品牌的产品，那没事，你不会受批评；如果你购买的是杂牌，那就坏了，人们会对你有很多疑问。所以，在美国，人们常说“购买 IBM 产品的雇员永远不会被解雇”。

品牌对于客户的吸引力还在于，品牌不仅有利于维护客户的利益，还有助于提升客户的形象，特别是有些产品的购买被称为社会地位标志性的购买，如服装、酒、汽车等，由品牌产生的附加值是根本性的，起着绝对的作用。品牌将自己的身份传递到人们的身上，提高了使用它或消费它的人的身价，给人们带来心理上、精神上更高层次和最大限度的满足。因此，无论是 IBM 还是通用电气，或者耐克、松下，它们都受到了客户的追捧，唤起了无数客户的购买热情。

（五）包装

产品给客户的第一印象，不是来自产品的内在质量，而是来自外观包装。

包装是指为产品设计并制作的容器或包扎物，是不属于产品本身的又与产品一起销售的物质因素。包装能够方便产品的保护、运输、储存、摆放上架、被消费者识别、携带和使用。

包装吸引客户的作用主要体现在“无声销售员”上。

一方面，当产品被放到自选柜台或者自选超市时，好的包装能够吸引客户的视线，引起或加强客户的购买欲望。例如，好的食品包装可以引起人们的食欲，并能够提示产品的口感和质量，令人垂涎欲滴。据英国市场调查公司报道，去超市购物的妇女，由于受精美包装等因素的吸引而购买物品的数量常常超出原计划购买数量的 45%。

另一方面，当各个品牌之间的“内在”差异很小或很难被消费者感知的时候，包装在功能方面或视觉方面的优势就会让产品“占上风”，并左右客户的购买决策。美国杜邦公司研究发现，63% 的消费者是根据产品的包装来选择产品的。

此外，颜色、造型、风格、陈设、标签等，实际上也是“大包装”的范畴，它们可以树立赏心悦目的形象，吸引客户光临。

例如，宝洁公司杏黄色的包装，给人以营养丰富的视觉效果；海蓝色的包装，让人联想到蔚蓝色的大海，带来清新凉爽的视觉效果；草绿色的包装给人以青春美的感受。

又如，基于外观华贵和精致的考虑，雅芳在包装上选择了一种光滑、饱满、带金属光泽的蓝色，所有的包装色彩都将以这种核心蓝为底色，带给客户一种和谐、高档的视觉感受。

再如，住房装潢设计室摆上计算机，给人以现代、高科技的感觉；面包房清新而芳香的空气能够提示所出售的面包新鲜程度高；温暖、宜人的气温，柔和的灯光和音乐能够提示西餐厅温情、细腻的服务；强烈的音乐能够提示酒吧热情、豪爽的服务……这些“大包装”的成功，可以吸引众多客户前来消费。

还如，天津亨得利钟表店在布局上全力推出一个“准”字，沿客户行走路线的柜台橱窗中陈列了样式各异的数千种钟表，并且全部处于走时状态，表针整齐划一，尤其是整点的时候，所有钟表都发出悦耳的声音，组成和谐的乐章，这样刻意的“包装”无疑有助于提示这里钟表的质量，给客户留下深刻的印象，从而吸引客户的购买。

（六）服务

服务是指伴随着产品的出售，企业向客户提供的各种附加服务，如产品介绍、送货、安装、调试、维修、技术培训、产品保证等。企业向客户提供的各种服务越完备，产品的附加价值就越大，客户从中获得的实际利益就越大，也就越能够吸引客户。

海尔集团是世界第四大白色家电制造商、中国最具价值品牌，海尔推行的“全程管家365”服务为之立下了汗马功劳——在全年365天里，海尔“全程管家”星级服务人员全天候24小时等待海尔客户的来电，无论一年中的哪一天，只要客户打电话到海尔当地的服务热线，“全程管家”服务人员会随时按客户的需求上门服务。“全程管家”服务内容包括售前上门设计、售中咨询导购、售后安装调试、定期维护保养等，这些优质的服务使客户购买海尔产品的信心大大提升了。

IBM曾经发生过这样一件事情：一位客户住在小镇的一个小岛上，一天其电脑发生了故障，呼叫中心咨询后判断必须由服务人员现场解决，但当地没有服务网点，公司决定派工程师乘飞机到当地城市再坐出租车到小镇，然后租用快艇到小岛进行维修。碰巧当天下暴雨，工程师在深夜两点才赶到小岛，为了不打扰客户，工程师露宿于小岛，第二天上门并很快排除了故障。这件事情不久后就得到了积极的市场响应，那就是小镇上几乎所有准备购买电脑的人全都选择了或者表示将选择IBM——这就是优质服务的魅力。

一般来说，工业品客户在购买产品和服务时有三种担忧：一是担忧经常出故障，质量越不可靠，出故障的概率也越高，而工业品的故障给客户带来的损失要远远大于消费品；二是担忧由于产品故障带来的停工周期，很显然，停工周期越长，客户的成本越高，尤其是设备昂贵、牵涉人员较多时更是如此；三是担忧产品保养和维修服务的高额费用，传统销售服务模式是滞后的售后服务、有问题再进行服务。南方一家钻探设备厂就为客户提供了全套的无风险服务。客户购买本厂的钻探设备后，厂方提供安装维修人员进行钻井全过程现场服务，提供备品备件和消耗材料，最后，由客户参照国外进口设备的钻井进尺、质量标准、生产成本、维护费用进行考核，达不到客户的要求，厂方退货赔款。这种系列化、全过程的服务就从各个方面解除了客户的后顾之忧，结果使许多客户打消了原本想购买外国产品的念头，最终订购了该厂的国产钻探设备。

如今，为了提供优质和完善的服务，争取更多的客户，越来越多的企业还延长了营业时间。例如，“永和大王”为了方便客户，接连延长了服务时间，直至推出24小时服务，满足了喜欢休闲式“夜生活”的客户的需要，自然生意兴隆。有些企业则开展流动服务和上门服务，如北京邮政局用流动服务车为居住在市郊的外来工人提供服务。

案例4-2 **代客保管剩酒**

近年来，在香港刮起了一股“代客保管剩酒”之风，各家酒店先后都增设了精巧的玻璃橱窗，里面陈列着各式各样的高档名酒。这些名酒都已经开了封，在这些酒瓶的颈上都系有一张小卡片，上面写着客户的姓名，这就是为客户保存的剩酒。客户上次在餐馆饮酒时没有喝完，可由店里替他保存下来，以便他下次来时再喝。

“保管剩酒”这招一问世，马上受到酒店和客户的欢迎与青睐，因此很快风靡香港。其魅力在于以下几点。

一是可以有效地招徕回头客。客户剩的酒在这家餐馆里存着，下次当然还是要去这家，而客户下次用餐时，可能还会要新酒，也就可能还会剩酒……如此良性循环，餐馆的生意会越做越红火。

二是有助于激发客户消费高档酒的欲望。客户在酒店一般不想喝低档酒，而喝高档酒又担心喝不完，白白浪费了，拿走又不雅观，就干脆不喝了，而有了保管剩酒这项服务，就可以一次喝一点，分几次喝完，分摊下来，花费也不大，于是客户就可以大胆地消费高档酒了。

三是可以增添酒店对客户的亲切感。有半瓶酒在这里存着，显得该酒店好像是自己的家，来此就餐便会有宾至如归之感，与酒店的感情也自然拉近了。

（七）承诺与保证

由于客户的购买总隐含着一定的风险，因此在一定程度上会限制其购买欲望，而卖方提供的承诺可以起到一种保险作用。如果企业对提供的产品或者服务做出承诺与担保，就可以降低客户购买的心理压力，就会引起客户的好感和兴趣，从而促进客户放心地购买和消费。实际上，敢于做出承诺和保证就已经体现了企业的一种气魄、一种精神，有利于吸引客户。

例如，航空公司承诺航班准点，同时承诺当航班因不可抗拒因素延误、延期、取消、提前时，保证赔偿乘客的损失，这样便可使乘客在一定程度上增强对航空服务可靠性的信心。

美国肯德基公司有两条服务标准，即“客户在任何一家肯德基快餐店付款后必须在两分钟内上餐”和“炸鸡在 15 分钟内没有售出，就不允许再出售”。

上海商业会计学校有“不合格毕业生可退回学校”的承诺。上海邮政局承诺“限时补报”，即在接到订户投诉电话的 1 个小时内，上门补送报纸。

杭州大众汽车公司承诺：凡是气温在 30°C 以上时，一律打开空调，如没有打开，乘客可以要求退回所有的车费，并且获得面值 30 元的乘车证一张，公司还将对违纪司机给予处罚。

二、有吸引力的价格策略

价格是指企业出售产品或者服务所追求的经济回报。价格对客户而言，不是利益的载体，而是代表一种牺牲。因此，价格既可能表达企业对客户的关心，也可能给客户以利欲熏心的感觉，企业要想开发客户就应制定有吸引力的价格策略。

客户购买产品或服务时一般都有一个预期价格，当市场价格高于预期价格时，就会有更多的客户放弃购买这个产品或减少购买量；当市场价格低于预期价格时，客户又可能产生怀疑，而不购买——认为“便宜没好货”。特别是当客户不能客观地鉴别产品质量且这种产品又涉及他们的形象和威望时，就会把价格当作一个质量标准，认定只有贵的产品才会是好的产品。可见，定价太高、太低都不行，企业应当根据产品或者服务的特点，以及市场状况和竞争状况，为自己的产品或服务确定一个对客户有吸引力的价格。

例如，德国有一家奥斯登零售公司，它经销任何产品都很畅销，资金周转非常快，平均只有17～20天，其诀窍就是采取灵活的定价策略。如它推出一套内衣外穿的时装，一反过去内外有别的风格，有强烈的吸引力，客户也感到很新鲜，于是奥斯登公司采取高价策略，即定价是普通内衣价格的4～6倍，但照样销售很旺；后来，当其他企业也相继推出这种内衣外穿的时装时，奥斯登公司改变策略，在继续推出两万套这种时装时，将价格下降到相当于普通内衣的价格，许多客户闻风而至，两天便抢购一空；又过了一段时间，奥斯登公司又以成本价——不到普通内衣价格的60%销售，这下，经济拮据的客户也纷纷跑来购买。

一般来说，企业通过价格吸引客户的策略有如下几种。

（一）低价策略

低价策略即企业用较低的价格来吸引客户购买，如宾馆把客房的价格定得低一些，就可以吸引更多的住客；或者将原定的价格打个折扣，如原来购买1箱啤酒30元，现在打8折按每箱24元卖，以鼓励客户购买。

例如，汇丰银行澳大利亚子银行作为外资银行，在进入澳大利亚市场初期为争取市场份额，推出了比本地银行优惠的存款、贷款利率吸引客户，而近年来随着市场对汇丰银行的认可和该行市场份额的扩大，利率水平已与本地银行接近。

（二）高价策略

高价策略即企业利用有些客户往往以价格高低来判断产品的质量，认为高价位代表高质量，尤其是当这种产品会影响他们的形象、健康和威望时的心理，把产品或者服务的价格定成高价。

例如，1945年美国雷诺公司最先制造出圆珠笔，并且作为圣诞礼物投放到市场上成为畅销货。虽然当时每支成本只需50美分，但是公司以每支10美元的价格卖给零售商，零售商再以每支20美元卖出。尽管价格如此之高，但仍然受到追时尚、赶潮流的客户的追捧。

总之，高价策略适合对涉及声望需求的产品或服务的定价，如高档的汽车、别墅、西服、香水，高级酒店、著名医院、学校的服务等。

（三）心理定价

心理定价即依据客户对价格数字的敏感程度和不同联想而采取的定价技巧，常见的有以下三种形式。

1. 吉利数字定价

吉利数字如6、8、9。用吉利数字定价，例如饭店推出的宴席："一路顺风" 666元/桌，"恭喜发财" 888元/桌。又如，某商业银行将推出一款理财产品，投资期限为365天，预期年化收益率为5.8%，投资门槛为11.88万元。365的意思是"天天"，5.8谐音"我发"，11.88谐音"要要发发"，连起来就是"天天我发，要要发发"。

2. 整数定价

整数定价给客户以产品或服务的质量没有零头的感觉，可吸引对质量敏感而对价格不敏感的客户。

3. 零头定价

零头定价即利用有些人的求廉心理，在价格上不进位，保留零头，给人以便宜的感觉，或是让客户感觉到该价格是经过认真的成本核算才确定的，给人以作风严谨，没有水分的感觉，从而吸引客户的购买。

（四）差别定价

1. 客户差别定价

客户差别定价是指针对不同的客户制定不同的价格，以吸引特定类型的客户群。

例如，航空公司每年寒暑假向教师和学生提供优惠票价。

又如，宾馆为吸引回头客，对一部分忠实的老客户提供较优惠的价格。

再如，银行房贷对不同客户实行差异化定价，根据客户首付比例、信用记录、购买类别（首次贷款购买普通自住房，或改善型普通自住房按揭购房）等情况对不同客户实行差异化定价。

2. 消费时间差别定价

消费时间差别定价是指按照不同的时间，如不同的季节、不同的时期、不同的日期、不同的钟点来制定不同的价格，从而达到吸引客户、刺激消费的目的。

例如，在旅游淡季时，将旅游景点的门票改定低价，或使用折扣价、优惠价等，可以吸引游客。

又如，电信公司在节假日和晚上9点后都推出各种优惠的价格，进行让利销售，可以吸引客户对"长途电话"的购买。

再如，北京音乐厅推出"开场打折"的措施，即无论什么音乐会，也无论日场或夜场，只要一到开场时间，售票大厅的电脑便会以半价自动售票。这项措施吸引了大量的对价格敏感的客户（只要迟到、少看那么一小会儿，就可以打很低的折扣——合算），音乐厅的上座率大幅度增加。这种限时售票打折的做法，在国外是常有的事，一般当天购票可享受七八折，演出前一小时购票可享受五折，演出开始后购票享受的折扣更低。

3. 消费量差别定价

消费量差别定价是指按照消费量的不同来制定不同的价格，从而达到刺激批量消费的目的。

例如，足球赛的套票平均每场的价格低于单场票，城市公园和博物馆推出的通用年票平均每场的价格也远低于单场票，从而吸引了频繁光顾的客户购买。

（五）招徕定价

招徕定价是利用部分客户求廉的心理，将某种产品的价格定得较低以吸引客户，而客户在采购了廉价品后，还往往会选购其他正常价格的产品，从而促进企业的销售。

例如，超市为了增加客流量，吸引更多的客户光顾，把一些广大客户熟悉的产品的价格定得很低。超市并没有打算从这些产品上赚钱，而是寄希望于客户被这些产品吸引来，并且购买其他可为超市带来较多利润的产品。

又如，汽车修理厂对一般性修理服务的收费较低，为的是可以吸引客户光顾，从而招徕高价的特殊性修理服务。

再如，旅游公司打出旗号，说能够提供价格非常优惠的线路，然而被吸引来的客户却发现，由于出游时间或其他原因，他们实际上享受不到这些线路的优惠，这时候客户就可能被说服接受价格更高的其他线路。

还如，饭店通过价格相对较低的食品吸引客户前来用餐，而在酒水上获利。当然，也有饭店会将酒水的价格压低来吸引爱喝酒的客户，而将食品的价格提高，从中获利。

在宾馆业，客房的利润是最高的，客房消费增加，成本增加很少，而相对来说，餐饮服务费用很高，利润低。如果干脆牺牲餐饮的利润，以餐饮作为促销工具，实行低价或打折来吸引客户，那么宾馆可以从提高住房率来提高利润。

（六）组合定价

组合定价即先为一个产品的销售定低价，以此吸引客户的购买，然后通过客户以相对高价或者正常价购买同系列的其他“互补”产品来获利。

例如，照相机必须与胶卷配套使用，而机械剃须刀要有刀片才能使用。在这种情况下，可以使互补性产品的主体产品（照相机、剃须刀具）以极低的价格进行销售，甚至可以不赚钱，以吸引客户的购买，然后寄希望于从其互补的产品（胶卷、刀片）的销售中获利。

又如，美容院对初次惠顾的客户实行很低的体验价格，而以后的护理费用则较高。

再如，餐厅为了增加客户惠顾而提供价廉物美的“特价菜”，但大多数客人一旦进入餐厅，最后还是会点其他比较高价的菜品。

电信公司让电话用户每月都要支付一笔固定的使用费（月租费），然后再根据日常使用量收费。一般来说，固定使用费较低可以吸引人们积极购买服务（安装电话），而利润可以从日常使用费中获取。

组合定价与招徕定价有许多相通之处，但与招徕定价不同的是，组合定价是用在同一个系列的产品上的。

（七）关联定价

关联定价是指企业对其关联企业的客户的消费实行优惠价，当然，这种优惠是相互的、互惠互利的，其目的是通过互相关照对方的客户来实现客户的开发。

例如，上海新世界商厦与邻近的金门大酒店签订了联合促销协议，凡在金门大酒店住宿、用餐的游客可享受新世界商厦的购物优惠；在新世界商厦购物满 800 元以上，可在金门大酒店享受 8 折以下的住宿、用餐折扣。通过这种商厦与酒店的互惠互利，吸引和促进了客户在商厦更多的相关消费。

又如，书店和快餐店联手，规定在书店一次性购买 50 元图书就可获得 10 元的餐饮券，而在快餐店一次消费满 50 元，在书店购买所有图书就可以享受九五折。书店和快餐店相互借力、聚敛人气，乃“双赢”之举。

（八）结果定价

对客户来说，产品或者服务的价值取决于使用或消费的效果，因此，企业可以根据产品或者服务的使用效果或者服务效果进行定价，即保证客户可以在得到某种效用后再付款，这有利于吸引客户放心地购买或消费。

比如，职业介绍所推出“等到当事人获得了适当的工作职位后才收取费用”，这样就可以吸引求职者放心、大胆地来接受职业介绍所的服务。

又如，广告公司推出收费标准：广告后，产品销售额增长不低于 10%，全价收费；广告后，产品销售额增长低于 10% 且不低于 5%，半价收费；广告后，产品销售额增长低于 5%，不收费……这样就可以吸引客户放心地做广告。

结果定价方法可以降低客户的风险，对客户有吸引力，尤其是当高质量的产品或者服务无法在削价竞争的环境中获取应有的竞争力，以及企业提供的产品或服务的效果是明确的、有把握的时候，特别适合使用。

三、有吸引力的分销策略

（一）销售途径要方便客户

古语“一步差三市”，说的就是开店地址差一步就有可能差三成的买卖，还有人说，正确的选址在一定意义上是成功的一半。提供产品或服务的渠道是否方便客户，决定了客户获得的价值和付出的成本，是客户决定选择哪一家企业的产品或服务的重要参考指标。一旦购买或消费的地点或便利性不够理想，过于费力、费时，客户就会放弃购买或消费，或者转向竞争者。因此，商店、电影院、餐厅等，如果能够位于人口密集、人流量大、人均收入高、交通便利的地段，就能够吸引和方便客户的消费，其营业收入和利润也会比较高。

例如，传统的邮局都设在闹市区，基本不考虑规划停车场。伴随人口向郊区转移以及郊区大型购物中心的兴起，邮局开始重新考虑提高其服务的可获得性——有更好的停车场所，地点离公交站很近，设在购物中心……以方便客户。

又如，航空公司在航空市场欠发达的地区建立代销网络，如通过当地旅游部门、民航等代理机票销售，可以方便有需求的乘客，还可以在一定程度上使航空公司摆脱因资金和人力有限而对销售网络的发展产生的制约，同时降低机票的销售成本。在航空市场相对发达的地区，航空公司可以建立直销网络，如在这些地区的主要城市的机场、繁华地段、高级宾馆、银行等开办机票直销处，吸引和方便乘客购买机票，同时增强航空公司自主销售的能力，减少销售代理费的长期支付，降低机票的销售成本，从而增加收益。

企业为客户提供产品或服务的地理位置不仅影响客户接受服务的便利程度，还体现了企业的市场定位和企业形象，因而设店选址对企业来说尤为重要。此外，企业为了更好地为客户服务，对所在地和周边的客户，可采取巡回服务的方式，而对距离较远的外地客户，可以采用设立分公司的形式——一则就近做好客户的服务，二则继续开拓该地和周边的新客户。

（二）要通过技术手段提高可获得性和便利性

随着信息技术和自动化技术的不断普及，网络、电话、自动加油泵、自动洗车机器、自动取款机、自动售货机等的运用越来越广泛，可以大大提高购买或消费的可获得性、便利性。

例如，寿险公司为了吸引和方便客户购买寿险，面对新的市场情况和技术情况，开通了寿险超市、网上寿险、银行寿险、邮政寿险等形式来吸引和方便人们购买寿险。

又如，银行面对新的市场情况和技术情况，开通了网上银行、手机银行等形式吸引和方便人们对银行服务的消费。如今，除了现金存取业务以外，诸如转账、余额和明细查询、缴费、基金的申购赎回、个人外汇买卖、个人黄金投资等业务都可以通过网上银行或手机银行来办理，功能十分强大。

再如，中国电信提出“大客户营销渠道、社区经理制渠道、农村统包责任制渠道、10000号客服中心渠道”四大主渠道的渠道模式。其中的“大客户营销渠道、社区经理制渠道、10000号客服中心渠道”是中国电信服务的直接渠道，而“农村统包责任制渠道”则是中国电信以代理、承包的模式来开展的间接渠道。

还如，航空公司可以开通网上机票销售业务。互联网是最经济的分销渠道，它不需进行直销点建设，乘客可以通过信用卡来支付票款，航空公司通过邮递系统、传真或专门派员等手段将机票送给乘客。例如，易捷航空（Easy Jet）90%的座位都是通过互联网销售出去的——无论何时何地，只要你拥有一台可以上网的电脑，你就能够轻松订购到易捷航空的机票。此外，航空公司还可以广泛地在机场、银行、高级宾馆等地方使用自动售票机，也可以通过问询电话和常旅客计划进行电话直销，这些都是吸引乘客购买机票的有效渠道。

案例 4-3 小罐茶的客户开发

北京小罐茶业有限公司坚持采用原产地原料，以保持其独特地理、气候环境造就的内在品质和绝妙韵味，并需经过3次农残检测，且严格遵照大师工艺悉心制作。另外，它独创铝罐瞬时充氮工艺，彻底隔绝空气、阳光、水分、外力和手触对茶叶的侵害，确保好茶不氧化、不吸味、不受潮、不破碎。

小罐茶以“小罐茶，大师作”为核心，在央视和各大卫视电视黄金时段进行大量的广告投放，在观众面前树立品牌形象。小罐茶目前通过合作代理方式，建立了全面的线上线下销售网络。线上包括官方旗舰店，天猫、京东等主流电商平台旗舰店，线下销售渠道包括超过600家专卖店，2 000家合作烟酒店，3 000家合作茶叶店等。目前小罐茶的线上销售占比约为25%，线下销售占比为75%。

四、有吸引力的促销策略

（一）广告

广告就是广而告之，是大众传播的一种形式，它可以大范围地进行信息传播和造势，起到提高产品或服务的知名度，吸引客户和激发客户购买欲望的作用。例如，耐克公司请著名的职业篮球明星乔丹在亚洲做广告，吸引了无数崇拜乔丹的亚洲球迷购买耐克运动鞋。

此外，广告运用象征、主题、造型等方式，也适用于品牌形象的推广及创造品牌的特色和价值，从而吸引客户采取购买行动。例如，美国著名的旅行者保险公司在促销时，用一个伞式符号作为象征，促销口号是“你们在旅行者的安全伞下”。又如，蒙牛的标识以绿色为底，白色作图，给人一种清新明快的感觉：绿色，容易让人联想到大草原；白色，容易让人联想到新鲜的牛奶。这样就会吸引人们去尝试蒙牛乳品。

广告如果能突出给客户带来利益，也能够吸引客户的购买。路长全先生讲过这样一个故事：沃尔沃卡车刚进入中国市场的时候，连续几年都卖得很不好，这对于这个称雄全球市场的汽车品牌来说无疑十分尴尬。后来本土的营销专家提示他们，沃尔沃卡车太贵，昂贵得让中国的个体运输户望而生畏！这下，他们如梦初醒，立即将广告语改为“沃尔沃卡车提供了一流的挣钱方案”，还将沃尔沃的卡车和其他品牌的低价格卡车进行对比，并且帮目标客户算账——买一款低价格品牌的卡车，初期投入是多少，一年的维护费用、使用费用是多少，每天能拉多少货，跑多少里程，能挣多少钱，几年之后这辆车一共能带来多少收益，投入产出比是多少；同样，如果多花一些钱买了沃尔沃卡车，尽管初期投入大一些，但载货量大，维护费用少，几年下来一共能带来多少收益，投入产出比是多少。通过这样的对比，客户该如何选择就显而易见了。这个案例同样告诉我们，要善于挖掘产品的功能、效用，并且通过恰当的措施引起目标客户或者潜在客户的注意，这样就能够顺利地吸引客户。

案例 4-4　　**省钱看得见**

美国西南航空公司是美国盈利最多、定价最低的航空公司，它往往以低于竞争对手的价格扩大市场。因此，其竞争对手通过刻画“登上西南航空公司飞机的乘客需掩上面颊”的形象，来嘲笑西南航空公司的定价有损乘客的形象。作为回应，西南航空公司的总裁亲自上广告，他手举一只大口袋，大声地说：“如果您认为乘坐西南航空公司的飞机让您尴尬，我给您这个口袋蒙住头；如果您并不觉得尴尬，就用这个口袋装您省下的钱。”画面上随之出现大量的钞票纷纷落入口袋，直至装满……由于这则广告让客户明明白白地看到了西南航空公司提供的利益所在和服务优势——省钱！因此，广告播出后，吸引了许多对价格敏感的乘客。

总之，广告的优点是迅速及时，能够准确无误地刊登或安排播放的时间，并可全面控制信息内容。此外，由于客户可能比较欠缺消费常识，企业可以通过广告开展适当的客户教育。

例如，宝洁公司的电视广告最常用的两个典型公式是“专家法”与“比较法”。“专家法”是指：首先，宝洁会指出你面临的一个问题来吸引你的注意；其次，便有一个权威的专家来告诉你，有个解决的方案，那就是用宝洁产品；最后，你听从专家的建议后，你的问题就得到了解决。“比较法”是指：宝洁将自己的产品与竞争者的产品相比，通过电视画面的“效果图”，你能很清楚地看出宝洁产品的优越性。

案例 4-5　　**通缉令带来的生意**

美国有位年轻人在纽约的闹市区开了家保险柜专卖店，但是生意惨淡，很少有人去留意店里琳琅满目的保险柜。看着川流不息的人群，他终于想出一个办法。他从警察局借来正在被通缉的罪犯的照片，并且放大好几倍，贴在店铺的玻璃上，照片下面附上一张通缉令。很快，行人们被照片吸引，看到罪犯的照片，人们产生了一种恐惧感，于是本来不想买保险柜的人也想买了，这位年轻人的生意一下子好起来了。不仅如此，年轻人在店里贴出的照片，还使警察局获得了重要的线索，顺利地将罪犯缉拿归案，年轻人因此受到警察局的表彰，媒体也做了大量的报道。这位年轻人也不客气，他把奖状、报纸一并贴到店铺的玻璃上，这下，保险柜专卖店的生意自然更加红火了。这则案例告诉我们，有些需求是隐藏的，如果企业的产品或服务的功能、效用能够满足这种需求，那么企业就应当想办法去挖掘产品或服务的功能、效用，一旦这种需求被激发，市场就打开了，客户会争先恐后地寻觅你，寻觅你的产品或服务。

企业通过开展客户教育，可以帮助客户认识产品或者服务，可以加速客户的接受过程，同时转化为客户的需求冲动，并且形成合理预期。当然，进行客户教育的时候，必须把握一个最基本的原则，那就是必须实事求是、合情、合理、合法。

案例 4-6　“背背佳”通过成功的“样板市场”来吸引经销商

天津一品科技发展有限公司生产的“背背佳”在上市之初还属弱势品牌，资金严重不足，而且对于经营其产品到底能不能赚到钱，经销商心里也没底。由于经销商没有信心，“背背佳”在销售通路的建设上阻碍重重。然而，“背背佳”在上市后仅用了短短两年的时间，产品年销售额就达近3亿元。“背背佳”的成功，得益于当初天津“样板市场”的成功。

“背背佳”采取的策略是，先建立“样板市场”，建立自己的“革命根据地”。背背佳选择了天津市场作为“样板市场”，集中优势兵力，在天津先把产品做起来，包括零售终端、经销商、传播、促销等都投入了巨大的资金，在最短的时间内启动天津区域市场。

在天津建立“样板市场”以后，在天津经销商开始大把赚钱时，接下来“背背佳”就把全国各地的经销商召集到天津来参观，请经销商来天津站柜台，亲自感受一下天津这个“样板市场”的火爆气氛，让经销商看到这个产品是能赚钱的，从而激发出经销商们的信心。

接着，“背背佳”再进行全国范围的招商活动，开始出卖经销权，平均每家收取20万元，就这样当时一共收取了200万元，如此一来就解决了背背佳资金严重不足的问题。因为样板市场做好了，当经销商看到这样成熟的产品与市场时，无不信心大增。经销商也愿意交押金，愿意带着大量现金进货。

知识扩展 4-1　网络直播

网络直播是基于流媒体技术，通过互联网平台传播，整合视频、音频、弹幕、图片、表情包和打赏等传播和反馈形式，在PC端或手机客户端呈现的，基于用户兴趣和直播内容的实时的网络视音频传播和互动的传播媒介。网络主播实时对用户传播信息、与用户互动沟通，用户实时对信息做出反馈。网络直播具有以下几个传播特征：准入门槛低，全民参与直播；去“把关人”，直播内容繁杂；互动性强；传播具有实时性。

（二）公共关系

公共关系（简称“公关”），是指企业采用各种交际技巧、公关宣传、公关赞助等形式来加强与社会公众沟通的一种活动，其目的是树立或维护企业的良好形象，建立或改善企业与社会公众的关系，并且控制和纠正对企业不利的舆论，引导各种舆论朝着有利于企业的方向发展。

与广告相比，公共关系更客观、更可信，对客户的影响更深远，其类型有：服务性公关、公益性公关、宣传性公关等。

1. 服务性公关实例

去日本的书店买书，如果遇上脱销，店员会告诉你新版的出版日期，并赠送各类出版消息与新书分类目录，如果你需要书中的内容，书店还可以代为复印。

在美国最大的百货公司梅西百货公司的店堂里，有一个小小的咨询服务亭。如果你在梅西百货公司没有买到自己想要的产品，那么你可以去那个服务亭询问，它会指引你去另一家有这种产品的商店，即把你介绍到它的竞争对手那里。这种一反常态的做法收到了意想不到的效果——既获得了广大客户的普遍好感，招徕了更多的客户，又向竞争对手表示了友好和亲善，从而改善了竞争环境。

法国的化妆业巨子伊夫·罗歇，每年要向客户投寄 8 000 万封信函，信函写得十分中肯，无一点招徕客户之嫌，而且他还编写《美容大全》，提醒大家有节制的生活比化妆更重要。罗歇作为一个经营化妆品的商人能够这样做实在难能可贵，因此他得到了广大客户，尤其是妇女的信赖，其事业的发展自然也蒸蒸日上。

在宝岛眼镜店，人们总是可以免费用超声波清洗眼镜，并且得到很多关于清洗和使用眼镜的小知识，这大大增加了宝岛在消费者心目中的好感，很多消费者也因此成为宝岛眼镜的客户。本着“把视力健康带给每一双眼睛”的目的，宝岛眼镜走进高校，宣传眼科知识，普及用眼常识，并进行视力免费大普查，从而吸引了众多大学生客户。

2. 公益性公关实例

如今，宝洁公司援建的希望小学总数已超 200 所，创下了在华跨国公司援建希望小学最多的纪录。在长期支持希望工程的实践过程中，宝洁公司本着务实、创新的精神，开创性地提出了“从我做起，携手商业伙伴，感召客户，帮助中国需要帮助的儿童生活、学习、成长”的公益模式，获得了社会的广泛认可。

2006 年的中秋节前夕，中国邮政速递公司得知驻黎巴嫩的中国维和部队吃不到中秋月饼，于是立即通过国际速递网络，给他们送去了月饼，从而树立了良好的企业形象，赢得了公众的赞誉。

3. 宣传性公关实例

例如，生产“龟鳖丸”的海南养生堂公司组织南京的市民代表到其生产基地，现场参观了龟鳖的养殖和“龟鳖丸”的制作过程，让市民代表亲身感受企业及其产品，从而增加了市民代表对企业及其产品的信任，引起他们对“龟鳖丸”的关注和兴趣。

1984 年美国总统里根访华，他在临别前要举行盛大答谢宴会，按惯例，这样规格的宴会总是在人民大会堂宴会厅举行的。长城饭店得知后，主动出击，成功地承办了这一盛大的宴会。随同里根访华的 500 多名外国记者到长城饭店现场采访，宴会还在进行中，一条条消息就通过电传打字机源源不断地传送到世界各地："今日 × 时 × 分，美国总统里根在北京长城饭店举行答谢宴会……"而电视的实况传播，更使上亿观众将长城饭店的里里外外看了个清清楚楚，从此长城饭店名扬天下。

又如，法国白兰地在美国市场上没有贸然采用常规手段进行销售，而是借当年在任的美国总统艾森豪威尔 67 岁寿辰之际，把窖藏达 67 年之久的白兰地作为贺礼，派专机送往美国，同时宣布将在总统寿辰之日举行隆重的赠送仪式。这个消息通过新闻媒介传播到美国后，一时间成了美国的热门话题。到了艾森豪威尔总统寿辰之日，为了观看赠酒仪式，不少人从各地赶来目睹盛况。就这样，新闻报道、新闻照片、专题特写，使法国圣酒在欢声笑语中昂首阔步地走上了美国的国宴和家庭餐桌。

我国香港地区某商店为了推出一种最新的"强力万能胶水"，老板别出心裁，用这种胶水把一枚价值数千元的金币贴在墙上，并宣布谁能用手把它掰下来，这枚金币就归其所有。一时间，该商店门庭若市，观者如潮，只可惜谁也无法把金币掰下。这下"强力万能胶水"可出名了，吸引了众多客户前来购买。

日本"西铁城"手表在澳大利亚推出采用的是飞机空投的形式，并且事先预告：谁捡到就归谁。手表从天而降却又完好无损，有力地证明了手表过硬的质量，澳大利亚人自然对"西铁城"手表产生了好感，也产生了购买欲望。

案例 4-7 **安利公司的客户开发策略**

安利主要生产家居护理用品、美容护肤品、个人护理用品和营养食品。为了更好地满足客户对产品功能的需求，安利在全球设有 97 个实验室，其中有 7 个在中国。安利目前有两大生产基地，一个在美国本土，另一个就在中国广东。而且，安利在中国广东设立生产基地的目的是专门针对中国人的特征来进行产品研发和改进，以更好地服务于亚洲区市场，这使得安利能够使产品本土化，更好地满足客户的需求。

安利为了向客户提供优质产品，从筛选原料到加工、配方测试，再到成品包装，都经过严格的质量检验，每项生产工序都由质量控制人员严密监督，确保只有完全合格的产品才能进入市场。安利一直实行售出商品的"保退"政策，在中国市场上是"30 天保退"。因少部分客户的不规范行为，中国市场的退货率曾一度达到 32%，但安利坚持实行这一政策不动摇。

由于中国的客户对直销模式带有一定的避讳，所以安利的分销模式逐渐变成了店铺销售 + 雇用推销员的形式。这种形式既保留了安利的优势，又符合中国国情，而且减少了中间环节的费用，安利把节省下来的开支让利给客户、用于产品研发及作为奖励营销人员的工作报酬。

另外，安利邀请了众多体育明星进行产品代言，在很大程度上提升了安利在客户心中的影响力，以明星效应带动客户的购买欲望。2001 年至今，"跳水皇后"伏明霞、"跳水王子"田亮和中国男篮主力易建联，先后接棒出任安利纽崔莱的代言人。安利纽崔莱两度成为中国体育代表团出征奥运专用的营养品，品牌塑造与巨大的奥运效应牢牢联系在了一起，树立起了“营养健康”的品牌形象。

安利进入中国以来，怀着“取之于社会，用之于社会”的真诚意愿，围绕“营养、运动、健康”，有健康才有将来的品牌理念，坚持“回馈社会、关怀民生”的企业理念，开展各类公益活动，在中国的教育事业、扶贫救灾、社会公益、环境保护和文化体育方面的捐赠超过2 000万元。此外，安利（中国）已经植树100万棵……所有这些活动有效地树立了安利良好的企业形象，当然也增强了安利产品的魅力，这最终使得安利的客户开发变得自然而然！

（三）销售促进

销售促进是企业利用短期诱因，刺激客户购买的促销活动，其主要手段如下。

1. 免费试用

为打消客户对产品质量的顾虑或对产品所能带来的收益的怀疑，企业可以采取免费试用的方式，促使用户下定决心购买。免费试用是吸引潜在客户或目标客户迅速认同，并且购买企业的产品或服务的有效方式。在买方市场条件下，客户变得精明、挑剔，免费试用是“欲擒故纵，先予后取”。

例如，许多报纸、杂志在一定时间内请客户免费试阅，由此吸引了一些读者，一旦读者满意，他们便会订阅。

又如，中法合资企业上海达能酸乳酪有限公司为吸引长期客户，向上海市民馈赠了10万瓶达能酸奶，许多市民在品尝后感觉不错便长期购买。

早在中国改革开放之初，美国的IBM公司曾经免费赠送给中国工业科技管理大连培训中心20台IBM计算机。该中心的学员都是来自全国各地的大中型企业的厂长和经理，他们在培训中心使用IBM计算机后，对其印象很好，很多人回到企业后就做出了购买IBM计算机的决定。IBM公司正是通过这种方式打开了中国市场。

2. 免费服务

例如，电器商店为购买者提供免费送货上门、免费安装、免费调试的服务；皮革行除免费为客户保修外，还免费为用户在夏季收藏皮夹克……从而吸引了对服务要求甚高的客户前来购买。

香港地区的酒楼看准每年有5万对新人办喜事，竞相推出免费代送宾客，免费提供新婚礼服、化妆品、花车及结婚蛋糕……谁的服务招数高，谁的生意就兴隆！

3. 奖金或礼品

这种销售促进手段是指与购买一件产品相关联的奖金或礼品馈赠活动。

例如，购买一辆汽车可以获赠一辆自行车；酒厂承诺凭若干个酒瓶盖就可以换得若干奖金或一瓶酒。

又如，口香糖刚问世时，销路不畅，后来企业规定：客户只要回收一定数量的口香糖纸，就可以换得一个小礼品，从而打开了市场。

4. 优惠券

优惠券是指企业印发的给予持有人购买产品时一定减价的凭证。由于能够得到减价优惠，所以对价格敏感的客户有很强的吸引力。优惠券可以在报纸或杂志上刊印，还可以在产品中或在邮寄广告中附送。

在美国，人们在周五下班后就纷纷走进商店采购，准备度过周末，而在周四，许多商店已经在报纸上刊登了减价广告和优惠券，客户如果被优惠券所列的产品吸引，就会将优惠券剪下来，然后持券购买该产品便可获得相应的优惠。

案例 4-8　京东商城客户关系的建立

京东商城是一个以科技为驱动的自营电商平台，是品牌方与客户之间的纽带。京东的客户除了消费者外，还有供应商。

一、消费者的选择与开发

京东的目标消费者为经常性网络购物的网民，一般为 3C 产品的主流消费群体，主要是 18～35 岁的白领阶层、在校大学生和其他有稳定收入的网购爱好者但又没有时间上街购物的消费人群。

京东商城为目标消费者提供了品类丰富的商品，且拥有高效的、高度标准化的后台支撑系统，能够严格掌控从生产需求、产品选购到购买决策，再到支付、配送和售后服务的各个环节，带给消费者专业的一体化购物体验。此外，京东商城中商品的价格只是在采购价之上加上 5% 的毛利。这个价格要比 3C 实体渠道之王的国美、苏宁低 10%～20%，比厂商指导价低 10%～30%。

除了线上的京东商城外，京东还在线下一二线城市的核心商圈建设了多家 3C 零售体验店“京东之家”和“京东专卖店”。在京东之家中，不仅有各个品牌的热卖爆品，更有一些线上难以抢购的首发爆品、专供线下的商品，可以让客户一次体验过瘾。同时，京东专卖店中的所有商品均来自有品质保障的京东自营，并与线上实时同价，不管客户看中哪个商品，都可以当场下单提货，也可以选择配送到家，省时又省力。

二、供应商的选择与开发

京东商城签约的供应商涉及 IT 数码、消费电子、日用百货、图书音像等多个产品领域，并包含自营合作与开放平台的联营品牌。在最具优势的 3C 领域，京东与宏碁、戴尔、富士通等主流电脑品牌厂商分别签署了独家首发、旗舰店计划，并与包括索尼、TCL、三星等在内的家电、通信厂商达成了采购协议。

和很多家电企业一样，在格力“触网”之前，董明珠对鱼龙混杂的互联网心存顾虑，担心以次充好、以假充真的网络销售会使格力的产品品质受到伤害，损害格力的品牌形象。“我们在跟京东合作以后，感受最深的就是，京东不是和我们谈条件，而是谈产品、服务和技术，这一点打动了我。”董明珠说，她很赞成刘强东“宁可自己吃亏，也要实现自己对消费者的承诺”的观点。

京东还具有持续优化供应链的能力，能够聚拢更多品牌商、供应商形成规模化效应，让产业链的各方获取更大价值，实现多方共赢。蒙牛乳业（集团）股份有限公司总裁孙伊萍深有体会，她说，与京东合作后，蒙牛的销量激增，如果说京东的品质“背书”为蒙牛赢得了品牌美誉度和销量，那么京东创新的营销技术则在为蒙牛的品牌带来更多的价值，提高了消费者的黏性。此前，蒙牛根据京东的大数据，推出了一款独特产品，“一个甜牛奶，特别好看，马卡龙颜色，在京东上一下就卖出去了几万件。”孙伊萍说，“我们期待未来与京东一起做创新，一起拓展品牌价值，而不想做网上的低价卖场。”

第二节 推销导向的开发策略

所谓推销导向的开发策略，就是企业在自己的产品、价格、分销渠道和促销手段没有明显特色或者缺乏吸引力的情况下，通过人员推销的形式，引导或劝说客户购买，从而将目标客户开发为现实客户的过程。

推销导向的开发策略，首先要能够寻找到目标客户，其次是要想办法接近目标客户，最后是要想办法说服目标客户采取购买行动。

一、如何寻找客户

寻找客户是推销的起点，企业不能大海捞针般地盲目寻找客户，而应掌握并正确运用方法。常用的寻找客户的方法如下。

（一）逐户访问法

逐户访问法又被称为“地毯式寻找法”，指推销人员在所选择的目标客户群的活动区域内，对目标客户进行挨家挨户的访问，然后进行说服的方法。

例如，被誉为“洋参丸大王”的庄永竞，原来在香港做药材小本生意，开头十分艰难，甚至到了连房租都付不起的地步。有一年他加工出 2 000 盒洋参丸，取名“一洲洋参丸”，开始销路不佳，后来他想出一条妙计。他每天拿刊登“一洲洋参丸”广告的报纸，到港九各个药店走访：“老板，你这儿有一洲洋参丸吗？”他装成客户，拿出广告给老板看，药店老板默默地记下电话说：“对不起，我们存货刚卖完，想要的话，请留下电话，明天通知你。”庄永竞笑着说：“不用打电话，过两天我再来，先买一打，这是订金。”就这样，他一连跑了十几家药店进行强化宣传，效果很好。五天后，他派伙计将一洲洋参丸推销到这些商店，取回一叠订单，连夜送货去，体现他们的办事效率。第二天，庄永竞又辛苦一趟，把各店铺的货统统买回来，这样用批发价送出去，又用零售价买回来，虽然白白送人几块钱，但这本生意经终于打开了一洲洋参丸的销路。

1. 优点

（1）在锁定的目标客户中不放过任何一个有可能成交的客户。

（2）可以借机进行市场调查，了解目标客户的需求倾向。

（3）是推销人员与各种类型的客户打交道并积累经验的好机会。

2. 缺点

（1）家庭或单位出于安全方面的考虑，一般多会拒绝推销员访问。

（2）需耗费大量的人力。

（3）推销人员为人处世的素质和能力是成功的关键。

（4）若赠送样品，则成本更高。

一般来说，推销人员采用此法成功开发客户的数量与走访的人数成正比，要想获得更多的客户，就得访问更多数量的人。

（二）会议寻找法

会议寻找法是指到目标客户出席的各种会议中，如订货会、采购会、交易会、展览会和博览会，捕捉机会与目标客户建立联系，从中寻找开发客户的机会。

例如，出版社利用“全国书市”聚集全国各地的大小书店、图书馆等的机会，与他们接触、交谈，争取把他们培养成自己的客户。

（三）俱乐部寻找法

物以类聚、人以群分，每个人都有自己的小圈子和自己特定的活动场所，因此，推销员如果能够进入目标客户的社交圈子，对其的开发工作也就容易进行了，胜算也大一些。

例如，打高尔夫球的一般是高收入阶层的人士，有个叫小张的保险推销员为了能够接触到这类人士，很用心，也花了不少钱，参加了一家高尔夫球俱乐部，这使得他有机会经常与这些高收入人士交流球技，与他们做朋友……结果，他签到了许多大的保险单。

（四）在亲朋故旧中寻找法

在亲朋故旧中寻找法是指将自己接触过的亲戚、朋友列出清单，然后一一拜访，争取在这些亲朋故旧中寻找自己的客户。每个人都有一个关系网，如同学、同乡、同事等，推销员可以依靠关系网进行客户开发。

1. 优点

（1）容易接近，不需要过多地寒暄和客套即可切入主题。

（2）较易成功，比拜访陌生人的成功率要高出许多倍。

2. 缺点

因为是亲朋故旧，所以推销员可能会害怕遭到拒绝、丢面子而患得患失，不敢开口。

3. 注意点

（1）为亲友负责，绝不欺骗、隐瞒，否则将众叛亲离。

（2）绝不强迫营销。

（3）提供最优质的服务。

案例 4-9

250 人定律

乔・吉拉德是美国著名的汽车推销大王，他推销出 13 000 多辆汽车，平均每天要销售 5 辆汽车，创下吉尼斯世界纪录。他曾自豪地说："'250 人定律'的发现，使我成为世界上最伟大的推销员！"原来，有一次吉拉德从朋友母亲葬礼的主持人那里偶然了解到，每次来葬礼祭奠死者的平均人数为 250 人。后来，吉拉德参加一位朋友在教堂里举行的婚礼，又偶然从教堂主人那里得知，每次婚礼新娘方参加婚礼的人数大概为 250 人，新郎方大概也有 250 人参加。由此，他总结出"250 人定律"，即认为一个人一生的亲戚、朋友、同学等经常往来的平均人数是 250 人。他联想到他的客户后说，能把产品卖给一位客户，就意味着可能再卖给 250 位客户，但关键是要让客户将他的亲朋好友介绍给自己。

（五）资料查询法

资料查询法是指通过查询目标客户的资料来寻找目标客户的方法。

1. 优点

（1）可以较快地了解市场需求量和目标客户的情况。

（2）成本较低。

2. 缺点

时效性较差。

3. 可供查询的资料来源

（1）电话号码簿：记录了公司或机构的名称、地址和电话号码。

（2）团体会员名册：如刊物订阅者的名册、协会会员名册、股份公司的股东名册、行业的公司名册、工商企业名录等。

（3）证照核发机构：如企业经营许可证、烟酒专卖证、驾驶执照等。

（4）税收名册：如纳税记录、纳税排行榜等。

（5）报纸、杂志登载的信息：如新公司成立、新商店开业、新工程修建等，这些时候，它们往往需要多种产品，它们都可能会成为企业的客户。

（六）咨询寻找法

咨询寻找法是指利用信息服务机构所提供的有偿咨询服务来寻找目标客户的方法。

1. 优点

方便快捷，节省时间。

2. 缺点

咨询机构的可靠性很难判断，此外，成本比较高——咨询机构都是有偿服务。

（七）“猎犬”法

“猎犬”法又称委托助手法，指委托与目标客户有联系的人士协助寻找目标客户的方法。

1. 优点

（1）可以节省推销员的时间，使他们把精力用在重点推销的对象上。

（2）委托的助手所从事的职业都是在直接使用推销品的行业或与之对口、相关的行业，这样有利于他们捕捉有效信息，扩大信息情报网，甚至可以利用职业的关系，以第三者的公正形象出现，说服能力可能更强。

（3）在地域辽阔、市场分散、交通通信不发达、供求信息比较闭塞的地方，利用推销助手，既可以及时获得有效的推销情报，有利于开拓新的推销区域，又可以降低推销成本，提高推销的经济效益。

2. 缺点

助手的人选不易确定，因此确定适当的助手是该方法成功的关键。

（八）介绍法

介绍法是指通过他人的介绍来寻找有可能购买的客户的一种方法。

人与人之间有着普遍的交往与联系，消费需求和购买动机常常互相影响，同一个社交圈内的人可能具有某种共同的消费需求。只要取得现有客户的信任，就可以通过现有客户的自愿介绍，找到可能成为客户的其他人，而且说服的可能性较大。

此外，商业伙伴也可以帮助介绍和推荐。企业是无法单独生存的，至少它必须有进货的上家和销售的下家。由于大家都处在同一利益链中，很容易因“唇亡齿寒”的“同伴意识”而“互相照顾”“互相捧场”，如果能利用这种心态和利害关系，请上家和下家帮助介绍客户，将会有不小的收获。

另外，有的企业客户很多，它们甚至没有时间招呼客户，如果我们与这类企业搞好关系，就可能得到它们的帮助——将它们来不及照顾、顾不上招呼的客户介绍给我们。当然，这里的关键点在于要处理好与这类企业的关系，这样它们才可能做介绍。

1. 优点

（1）信息比较准确、有用。介绍人知道什么时候、他的哪位朋友需要这样的产品，这样就可以减少开发过程中的盲目性。

（2）能够增强说服力。由于是经熟人介绍的，容易取得客户的信任，成功率较高。介绍法一般适用于寻找具有相同消费特点的客户，或在销售群体性较强的产品时采用。

2. 注意事项

（1）不管业务达成与否都要持续请他人帮忙介绍。要学习日本人“即使摔倒了，也要抓把沙”的精神，坚持不懈。

（2）让介绍人相信你。只有介绍人相信了你的为人、你的产品，才有可能为你介绍，所以一定要取得介绍人的信任。

（3）给你的介绍人一定的好处。

例如，只要任何人介绍客户向乔·吉拉德买车，在新客户成交后，乔·吉拉德会付给每个介绍人 25 美元，25 美元在当时虽不是一笔庞大的金额，但也足够吸引一些人。乔·吉拉德说：“一定要守信、一定要迅速付钱。”碰到有些介绍人坚决不收这笔钱，吉拉德会送他们一份礼物，或在好的饭店安排一顿免费的大餐。

（九）“中心开花”法

“中心开花”法是指在某一特定的目标客户群中选择有影响的人物或组织，并使其成为自己的客户，借助他（它）们的帮助和协作，将该目标客户群中的其他对象转化为现实客户的方法。

一般来说，可以作为“中心”的人物或组织，有政商要人、文体巨星、知名学者，名牌大学、星级酒店、知名企业等，他（它）们往往在公众中具有很强的影响力和很高的社会地位，拥有很多的崇拜者，他（它）们的购买与消费行为有示范作用和先导作用，从而引发甚至左右崇拜者的购买与消费行为。

1. 优点

利用“中心”的影响力可以扩大企业及产品的影响力，容易让客户接受。

例如，Tanden 公司是“不停歇”计算机的先驱，它把它的第一代产品系统卖给了纽约的花旗银行。很快，《商业周刊》发表了关于花旗银行青睐 Tanden 的文章，对外界来讲，这一消息再明确不过了——花旗银行能信任 Tanden 公司就说明它一定是个成功者。于是，很多企业和机构也纷纷成为 Tanden 公司的客户。

2. 缺点

（1）选择恰当的“中心”是非常重要的，否则可能“成也萧何，败也萧何”。

（2）这个“中心”人物或组织是否愿意合作，以及其后期的表现会影响其介绍的客户的忠诚。

案例 4-10　广州邮政选准目标客户实现“中心开花”

广州邮政在业务徘徊不前的时候，按照选择“有影响力的，可以带来长期、稳定、高额回报的行业性大客户”这个思路，决定在金融行业中选择中国工商银行作为第一个目标大客户，为其提供单证速递、账单商函、信用卡配送、单据交换、商函广告、企业邮品、储蓄中间业务……使工行的服务质量、信用卡销售量得到显著提升，在银行业界引起很大震动，当然也给广州邮政带来每年500万元的收入。有了工行这个典型引路，中行、建行、农行、民生、招商、华夏等银行先后也成为广州邮政的大客户，仅银行大客户的业务，每年就为广州邮政创造2 000万元以上的收入。

国美电器进入广州市场前期，广州邮政大客户服务中心深入分析家电零售行业的特点，以及国美开拓南方市场所关注的问题，为国美电器设计了包括物流、广告促销、代理销售等业务的综合服务方案。国美电器对广州邮政的服务方案非常满意，立即与之签订了全面合作协议。双方合作推出的创新服务，在广州家电零售行业产生了强烈反响，于是，其他家电零售商也纷纷主动联系广州邮政，希望广州邮政也为它们提供类似的服务。就这样，在国美电器的示范作用下，广州邮政又顺利开发了广州的其他家电零售客户。

（十）电话寻找法

电话寻找法是指以打电话给目标客户的形式来寻找客户的方法。

1. 优点

成本较低，节约人力。

2. 缺点

无法从客户的表情、举止判断他的反应，无“见面三分情”的基础，很容易遭到拒绝。

3. 注意事项

（1）电话寻找是一项重复性高、易疲劳的工作，需要一个良好的交流环境，要保证电话推销员在与客户交流时有一个放松的心情，如配备半封闭式的工作台，甚至有私密的空间等。

（2）打电话前，必须提前做好功课，要明确目标客户的名称，要说的内容，目标客户可能会提出的问题，以及如何应对目标客户的拒绝等。

（3）打电话时口齿要清晰，语气要热情，另外要注意通话的时机，一般应该是正常的工作时间，也要注意通话时间的长短和谈话技巧，最好能用简短的话语引发对方的兴趣，激发其想进一步了解产品的欲望，否则极易遭到拒绝。

（4）如果第一个接听电话的是总机或者秘书，你必须简短地介绍自己，接下来要用礼貌、坚定的语气，说出要找的客户的名称，要让秘书感觉你很重要，你和老板谈论的事也很重要，但是不要说得太多。

（5）如果感觉这次电话开发的成功性不大，就要退而求其次，争取获得一个见面的机会。对方如果答应见面，就要立即确定时间和地点，在挂断电话之前，要再重复与对方见面的时间和地点。

（十一）网络（微博、微信）寻找法

网络寻找法，即借助互联网宣传、介绍自己的产品从而寻找客户的方法，包括采用微博、微信。

1. 优点

方便、快捷，信息量大，成本低。

2. 缺点

受到网络普及、上网条件以及网络诚信的影响。

随着上网人数的日渐增多，企业很容易在网络上找到客户，因此网络寻找法前景广阔。其方式是：首先，企业根据自己的经营范围登录专业网站，浏览国内外的需求信息，并与这些有需求的客户联系，还可以在网上发布供应信息吸引客户，进而积累客户资源；其次，企业登录专门的商务网站（例如阿里巴巴的商务通、贸易通），去寻找客户并与客户即时沟通，从而挖掘和开发客户；再次，企业还可以进入聊天室，广交海内外的朋友，从中寻找客户，或者请结交的朋友帮忙介绍客户；最后，企业可以自建网页、微博、微信公众号，吸引和方便潜在的客户主动与自己联系。

（十二）挖对手的客户

挖对手的客户是指企业运用各种竞争手段，如通过创新的产品、免费的培训和优惠的价格等，从竞争对手的手中抢夺目标客户的方法。当对手的产品、服务明显不能满足目标客户的需求时，此法最适合采用。

例如，有家企业想把自己的高档写字楼租出去，而当时写字楼出租市场处于严重的供过于求的状态。经过分析，公司认为客户只能来自在其他写字楼办公的公司，于是派销售人员收集客户情报，与这些客户保持密切联系，并赠送一些内部刊物，把工作做在前面，以使自己处在“替补”地位。果然，有些租期满而又对现在租的写字楼不满意的客户纷纷选择了这家“替补”的写字楼。

又如，西尔斯公司曾经是全球大宗邮购与零售业的始祖，一直保持着零售业之冠的

地位，但后来被沃尔玛赶超。怎么会这样呢？原来，西尔斯一向以“中下阶层”为目标客户，主要卖点是价格低廉，可是二战后消费者结构层次发生了变化，中下阶层已逐渐分化为“中上”和“下”两个阶层。沃尔玛针对这一变化，采取了不同的经营形式。其中山姆会员店和沃尔玛购物广场争取到“下”层消费者的惠顾；沃尔玛综合性百货商店，装修气派、规模庞大、产品多样、服务超级，争取到“中上”层消费者的青睐。就这样，由于沃尔玛从两方面同时向西尔斯提出挑战，发起进攻，所以沃尔玛取代了曾经风靡整个美国的西尔斯，成为零售业第一品牌。

二、接近客户的方法

（一）馈赠接近法

馈赠接近法指推销员通过赠送礼物来接近客户的方法。此法比较容易博得客户的欢心，取得他们的好感，从而拉近推销员与客户的关系，而且客户也比较乐于合作。

（二）赞美接近法

赞美接近法指推销员利用客户的虚荣心，以称赞的语言博得客户的好感，从而接近客户的方法。需要注意的是，推销员称赞客户时要真诚、恰如其分，切忌虚情假意，否则会引起客户的反感。

（三）服务接近法

服务接近法指推销员通过为客户提供有效的，且符合需要的服务，如维修服务、信息服务、免费试用服务、咨询服务等来博得客户的好感，赢得客户的信任，从而接近客户的方法。

案例 4-11　　成功挖掘客户：慧眼识珠

一天，两名女客户在某银行营业厅内绕行一圈后准备离开，大堂经理见状，主动上前询问客户办理什么业务。客户表示想开立个人结算账户，但想要优先办理。大堂经理听后，立即向客户推介了理财金卡，并通过言谈判定此客户为潜在的优质客户，便将其引至理财室，做进一步深入交流。

理财经理通过与客户进一步交谈得知，客户在多家银行都有大额存款，对银行提供的高端服务有潜力需求，便带领客户参观了银行的财富管理中心，向客户详细地介绍了该中心的功能和服务，并向客户推介了该中心的专属理财产品，鼓励客户成为会员，以便享受预约式服务、专属理财服务及专属泊车位服务等。客户对财富管理中心优雅的环境与周到的服务印象深刻，当场表示将从他行转 100 万至财富管理中心成为会员。如今，该客户已在这家银行购买了共计 1 200 万元的理财产品，成为财富管理中心又一高端客户。

（四）求教接近法

求教接近法指推销员利用对方好为人师的特点，通过请客户帮忙解答疑难问题，从而接近客户的方法。但是，要提对方擅长的问题，而不要考问对方，如果让客户下不了台，生意也就黄了。推销员在求教后要注意及时、自然地将话题导入有利于促成交易的谈话中。

知识扩展 4-2　　接待不同类型的客户的方法

（1）接待熟悉的老客户要热情，要有如遇故友的感觉。

（2）接待新客户要有礼貌，以给其留下良好的第一印象。

（3）接待精明的客户要有耐心，不要显示出厌烦的情绪。

（4）接待性子急或有急事的客户，要注意快捷，提高效率。

（5）接待需要参谋的客户，要当好他们的参谋，不要推诿。

（6）接待自有主张的客户要让其自由挑选，不要去干扰他。

（7）接待女性客户要注重新颖和时尚，满足她们爱美和求新的心态。

（8）接待老年客户要注意方便和实用，要能让他们感到公道和实在。

知识扩展 4-3　　立即获得客户好感的方法

（1）问候。面带微笑，有礼貌地与客户打招呼，适当地尊称对方，热情称呼他们的名字，向他们问好，表达自己的喜悦与兴奋。要记住客户的名字，并且不时亲切、动听地称呼他。频频称呼客户的名字会使客户产生被尊重的感觉，因此能够加深与客户之间的感情。

（2）感谢与称赞。首先要感谢对方的接见，语气要热忱有力；其次要对客户做出具体、真诚的称赞，而不要随便奉承。如果做不到，就不要勉强，宁可省略，否则会产生反效果。

（3）微笑。“酒店之王”希尔顿酒店的创始人希尔顿的母亲告诉他，要使经营持久发展，就要掌握一种简单、易行、不花本钱却又行之长久的秘诀，那就是微笑。服务、环境可以令客户“宾至如归”，热情、微笑会令客户“流连忘返”。

三、如何说服客户

（一）说服客户的技巧

1. 介绍到位

大大方方地介绍自己的公司，介绍自己的名字，自信地说出拜访理由，让客户感觉你是专业的且可信赖的。要向客户介绍企业的情况和产品的优点、价格及服务方式等信息，及时解答和解决客户提出的问题，消除客户的疑虑，并且根据客户的特点和反应，及时调整策略和方法。

在介绍时还可以运用富兰克林式的表达，即向客户说明，如果你买了我们的产品，能够得到的第一个、第二个、第三个、第四个好处是什么……同时也向客户说明不买我们的产品，蒙受的第一个、第二个、第三个、第四个损失是什么……这样，客户在权衡利弊得失之后，就会做出选择。日产汽车公司的首席推销员奥城良治，想了整整 100 条客户买他的汽车能够得到的好处和客户不买他的汽车会蒙受的损失。这么用心和富有技巧的推销员，他的销售业绩怎么会不高呢？

2. 善于倾听

要想鼓励客户更多地参与，了解更多的信息，还要善于倾听。倾听不仅有助于了解客户，而且也显示了对客户的尊重。良好的倾听表现如下。

（1）身体稍微前倾，保持虔诚的身体姿势，眼睛保持与客户的视线接触（不时对视，但不是目不转睛），经常点头，表示在听。

（2）认真听客户讲的话，把客户所说的每一句话、每一个字，都当作打开成功之门不可缺少的密码，绝不放过，当然也要意会客户没有讲的东西。

（3）适当地做笔记，适时地提问，确保理解客户的意思，并且思考客户为什么这么说，或为什么不这么说。

如果能够有意识地从这些方面提高技巧，那么大多数客户都会乐意讲话。毕竟，这个世界上愿意听别人讲话的人实在是太少了。

3. 换位思考

一般来说，客户只关心自己的事，只关心自己能够从企业那里得到什么，因此，企业应当站在客户的立场上去想问题。

管理大师彼得·德鲁克曾经讲过一个故事：20 世纪 60 年代，美国一家润滑油企业的销售人员到南美洲一座著名的矿场推销润滑油，这里的机器设备很多，每年需要大量的润滑油，因此世界上许多润滑油生产厂家都把它作为重点的目标客户。为了应对竞争，美国的这位销售人员不得不把价格压得很低，并做很多承诺，但矿场老板不为所动。在一次次的失败之后，这个销售人员苦思冥想，终于发现了真相——客户根本不需要润滑油！客户需要的是机器设备能够正常运转！在发现了客户的根本需要之后，销售人员找到矿场老板，对他说：“我负责赔偿你的机器设备出现故障停工造成的各种损失。”矿场老板颇感意外，但这话显然引起了他的极大兴趣。销售人员接着说：“条件是你要按照我提出的保养计划保养机器，并要使用我的润滑油……”不用说，这个销售人员成功了，他的成功归功于他将自己的身份由润滑油推销员转换成机器设备的保养顾问！

4. 投其所好

每个人都有自己的爱好，而这种爱好往往又希望得到别人的赞赏和认同，因此，我们应当积极发现客户的爱好和兴趣，迎合他、欣赏他，尽量赞赏和认同对方的爱好和兴趣，投其所好，这样客户就会把你当成“知音”，双方之间的距离一下会拉近很多，甚至成为好朋友，那么接下来的说服工作就容易得多了。

案例 4-12　投其所好促合作

某通信设备公司的张经理，其产品在业内处于前列，产品性价比也不低。一年来，张经理多次拜访某集团单位设备采购部的李经理，但都未能获得对方对产品的认可和采购，每次都是不欢而散。该单位每年采购同类产品高达几千万元，张经理尝试了很多方法但都未能如愿推销出去自己的产品，难以同对方建立良好的客户关系。张经理的确是江郎才尽，不知如何是好。

一次偶然的拜访，恰好李经理外出不在，发现对方办公桌上放了很多篆刻作品。经询问才知道，李经理喜欢篆刻到了如痴如醉的地步，这些作品也全是李经理个人的得意之作。面对此事，张经理心生一计，不由得心花怒放起来。

拜访归来，张经理赶紧收集与篆刻相关的书籍资料，努力学习篆刻知识，待到累积了一定的基础知识后，他又去拜访李经理。这次张经理闭口不谈产品，以篆刻为题谈古论今，并以篆刻爱好者的角色赞赏对方的作品，不断请教对方，高度赞赏李经理在篆刻方面的造诣。李经理多年来身边的朋友不少，但真正喜欢篆刻和懂得篆刻的人少之又少，如今碰巧遇到一个，而且又特别欣赏自己的作品，他真是心花怒放，心情与以前自然不可同日而语，双方的私人关系升华到前所未有的地步。

此次过后，张经理又亲自陪同李经理观看了一次篆刻展览，于是，双方的私人感情日益增进。没过多久，张经理轻易就获得了来自李经理的每年近 3 000 万元的订单。

（二）说服客户要有恒心

《荀子·劝学》告诫我们：“锲而舍之，朽木不折；锲而不舍，金石可镂。”

有一个古老的故事，说的是一个人试图用锤子锤烂一块巨石，他锤了十几下，巨石纹丝不动，又锤了几十下，巨石依然如故，他又连续锤了两百下，还是没有任何结果。但是这个人毫不灰心，仍然接着锤啊锤……突然，一锤砸下后，巨石一下就裂开了，碎成了许多小块。

这则故事启发我们：做事要持之以恒，“只要功夫深，铁杵磨成针”“滴水可以穿石”，说服客户也是同样的道理。

案例 4-13

好事多磨

某银行的庄经理刚到分行营业部上任，就发现隔壁的某证券公司并没有在他们的营业部开户。他问了几个人，都说这家证券公司与另一家商业银行不仅在业务上是“老交情”，而且两位老总之间的私人关系也非常“铁”，营业部的人都知道这个关系，所以几年来从来没有人想过动该证券公司的念头。

庄经理说：“你们试过没有？没有试过怎么知道不行？”当天下午，庄经理就带了一位副经理登门造访。开始，证券公司的老总听说是近邻来访，十分热情，因为是第一次来，庄经理也不谈业务，看上去只是一次易主后的正常拜访。但接着就有了第二次、第三次，业务问题也就摆到了台面上。可是一提到业务，证券公司的老总立刻面有难色，他说：“我们多年来都是在建国路的银行办业务，而且那家银行的行长是我的好朋友，我说什么也不能从他那里退出来。”

庄经理笑着说：“我们哪里敢让您做不仁不义之人呢？我们只是想到，我们银行和您离得近，如果您在我们这边开一个户，遇到急事可以更方便一些。”

证券公司的老总依然没有答应，那种老交情不是一朝一夕就能攻破的。尽管没有成为业务上的伙伴，但在庄经理的心里，这家证券公司就是自己的客户，银行每推出一项新的业务，他都会记着证券公司并送去一些宣传资料；召开产品推介会，他也会送去一份请帖；营业部装修剪彩，他也会把证券公司的与会者安排到最醒目的位置，甚至自己多年的剪报，凡是关于证券方面的，他都给证券公司的老总复印了过去……无论这位老总的态度多么坚定，他从来都没有放弃过。

一天早晨，庄经理又来到了证券公司老总的办公室，这里他已经熟悉得像自己的经理室一样了，但他从不敢有任何懈怠或随意，他心里明白客户永远是客户，要多给他们一份尊重，他们才会更尊重你。证券公司老总刚刚上班，他也熟悉了庄经理的身影，习惯了他坐一坐就走的适度。

庄经理这一次来是告诉他，在今年全市举办的公众评选中，他们的营业厅荣获“青年文明窗口”称号。说完之后，证券公司老总依然觉得不能舍弃他的朋友。庄经理笑着回答：“这没什么，我们不会勉强您的，我们只想让您尝试一下我们的服务，感受一下我们营业厅里年轻人的朝气，您可以试一个月，如果在这一个月里，您或者您的下属有任何不满意，我从此只跟您做朋友，不再提一个关于业务方面的字……”一个月过去了，庄经理的营业部与证券公司成了业务上的伙伴，他与证券公司老总也成了好朋友。

课后练习

一、选择题（可能不止一个选项）

1. 客户的开发就是企业让（　　）产生购买欲望并付诸行动，促使他们成为企业现实客户的过程。

A. 目标客户　　B. 潜在客户　　C. 忠诚客户　　D. 满意客户

2. 企业开发客户的策略可分为（　　）的开发策略。

A. 营销导向　　B. 推销导向　　C. 客户导向　　D. 产品导向

3. 企业为客户提供产品或服务的地理位置不仅影响客户接受服务的便利程度，还表现出企业的（　　），因此，设店选址对企业来说尤为重要。

A. 市场定位　　B. 企业形象　　C. 态度　　D. 理念

4.（　　）是指针对不同的客户制定不同的价格，以吸引特定类型的客户群。

A. 客户差别定价　　B. 需求导向定价　　C. 时间差别定价　　D. 成本导向定价

5.（　　）法是指在某一特定的目标客户群中选择有影响的人物或组织，并使其成为自己的客户，借助其帮助和协作，将该目标客户群中的其他对象转化为现实客户的方法。

A. 中心开花　　B. 逐户访问法　　C. 咨询寻找法　　D. "猎犬"法

二、判断题

1. 营销导向的开发策略是客户开发策略的最高境界，也是获得客户的理想途径。
2. 价格对客户而言，不是利益的载体，而是代表一种牺牲。
3. 企业要努力通过技术手段提高客户购买或消费的可获得性和便利性。
4. 广告可以大范围地进行信息传播和造势，起到提高产品或服务的知名度、吸引客户和激发客户购买欲望的作用。
5. 咨询寻找法是指利用信息服务机构所提供的有偿咨询服务来寻找目标客户的方法。

三、名词解释

逐户访问法　　咨询寻找法　　"猎犬"法　　"中心开花"法

四、思考题

1. 什么是营销导向的客户开发策略？
2. 什么是推销导向的客户开发策略？
3. 寻找客户有哪些途径？说服客户的技巧有哪些？

五、案例分析题

哈根达斯：冰激凌中的劳斯莱斯

1989年，格兰德·梅特在欧洲知名的富人街区开设了几个优雅的冰激凌大厅，并塑造了一种高贵、优质、洁净而自然的气氛，让走进这些咖啡馆似的哈根达斯大厅的人都在这个环境里流连忘返。当哈根达斯进入超市和便利店时，它用具有品牌特征的玻璃门冷冻柜展示不同口味的产品，这些柜子把哈根达斯和其他品牌的产品区分开了——其他品牌的产品一般放在柜子下面或随便放在零售商的冷冻架上，显得无足轻重。哈根达斯这种品牌创建是成功的，在为客户创造品牌价值的基础上，哈根达斯走上了顺利发展的道路。

在媒体投放上，哈根达斯从来不与宣传电池、洗衣粉之类的"大众媒体"混为一谈，它们认为那是一种资源浪费，为此，哈根达斯几乎从不大张旗鼓地做电视广告，原因是电视的覆盖面太广、太散，对哈根达斯来说没必要。哈根达斯的大部分广告都是平面广告，而且是在某些特定媒体上刊登大篇幅的广告。如此既节省了广告费，又增加了广告效果，哈根达斯以此锁定那些金字塔尖的消费者。哈根达斯的广告语针对的目标也十分明确："爱她就请她吃哈根达斯"，将甜蜜的味道与爱情十分和谐地结合在一起，给情侣一个新的消费理由。

哈根达斯进入上海市场之前就认真分析了上海消费者的心态。当时上海人认为：出入高档办公场所的公司白领和金发碧眼的老外是时尚的代言人。于是，哈根达斯就邀请这些人参加特别活动，吸引电视台、报纸的视线，争相报道，一举把"哈根达斯"定义为时尚生活的代名词。一批在哈根达斯有过"高贵、时尚生活"的人成了其口碑宣传者，很快更多的人蜂拥而至。让消费者觉得物有所值。这种分析消费者心态、口碑宣传的手法被业内认为是哈根达斯的专长，而且极为有效，每进入一个新的城市，它就如法炮制，从未失手。

与此同时，哈根达斯还有选择地切入了其他零售渠道，以扩大自己的零售面。例如在上海，它慎重地选择了五六百家超市，进入家庭冰激凌市场。哈根达斯最经典的动作之一，就是给自己贴上爱情标签，以此吸引恋人们的眼球。在情人节，哈根达斯把店里、店外布置得柔情蜜意，不但特别推出情人可以分享的冰激凌产品，而且还给来消费的情侣们免费拍合影，让他们从此对哈根达斯"情有独钟"。相对其他冰激凌而言，哈根达斯是奢侈的，但是相对于情侣们的其他消费方式，它又是廉价的，再加上耗费大量的人力、物力的选址与环境打造，使精心设计的"哈根达斯一刻"带来的浪漫感觉一点都不廉价。

哈根达斯为了留住消费者，采取了会员制，一位客户消费累计500元，就可以填写一张表格，成为它们的会员。到目前为止，哈根达斯的数据库里已经有了几万名核心会员的资料。哈根达斯细心呵护每一位重点会员，其结果是在中国市场上，这些消费者对其品牌忠诚度之高、之久，很少有其他品牌能企及。其具体策略包括：定期寄送直邮广告，自办《酷》杂志来推销新产品；不定期举办核心消费群体的时尚派对，听取他们对产品的意见；针对不同的消费季节、会员的消费额和特定的产品发放折扣券。

中国巨大的企业购买市场也吸引了哈根达斯。针对中秋节礼品市场，哈根达斯专门开发了价高质优的冰激凌月饼，向所在城市的各大公司推销，很多公司把这款月饼作为送给普通员工的节日礼物，着实让哈根达斯猛赚了一把。哈根达斯的销售员还专门带上新鲜的冰激凌样品跑遍各大公司，让那些主管当场品尝。这种近距离营销的新鲜手法也吸引了一些大客户。有一年，上海对外服务公司——与所有外企有关系的一个公司，向哈根达斯订了两万多份产品作为礼物。其实这部分销售额还是小收益，哈根达斯最大的收获是由此接触了这些目标群体，又一次将其触角伸向了目标消费者。

案例思考题：

1. 哈根达斯是怎样开发客户的？
2. 哈根达斯为什么会令人无法抗拒？

PART 3

第三篇

客户关系的维护

管理大师彼得·德鲁克告诫我们："衡量一个企业是否兴旺发达，只要回头看看其身后的客户队伍有多长就一清二楚了。"

当前许多企业把工作重心放在建立客户关系上，放在不断开发新客户上，消耗了企业大部分的人力、物力和财力，却没有维护或者不善于维护客户关系，或者缺乏维护客户关系和实现客户忠诚的策略。于是伴随着新客户的到来，老客户却流失了，这就是西方营销界所称的"漏桶"现象——一方面企业开发新客户就像是往桶里添水，另一方面老客户不断流失就像桶里的水因为漏洞而不断流失。漏洞的大小实际上代表着企业客户流失的速度，出现这些情况实际上表明了客户对企业的不忠诚，这给企业带来很大的损失。

可见，企业固然要努力争取新客户，但维护老客户比争取新客户更加重要。企业应当既要不断建立新的客户关系，不断争取新客户，开辟新市场，又要努力维护已经建立的客户关系，并且不断加深和提升关系，从而让客户为企业创造更多的价值。

客户关系的维护是企业巩固及进一步发展与客户长期、稳定的关系的过程。为此，企业要全面掌握客户的信息，注意客户价值的差别，对客户进行分级管理，还要与客户进行有效的沟通，同时努力让客户满意，争取实现客户的忠诚。

客户关系的维护阶段好比是企业与客户的"婚姻"阶段，应当争取从"纸婚"到"银婚""金婚""钻石婚"……

HAPTER 5

第五章 客户信息

引例

沃尔玛的意外发现

零售业的龙头老大沃尔玛在20世纪80年代就建立了客户数据库，用于记载客户的交易数据和背景信息，时至今日，该数据库已成为世界上容量最大的客户数据系统之一。利用客户数据库，沃尔玛对商品购买的相关性进行分析，意外发现：跟尿布一起购买最多的商品竟然是啤酒。原来美国的太太们常叮嘱她们的丈夫在下班后为小孩买尿布，而丈夫们在买尿布后又随手带回两瓶啤酒。既然尿布与啤酒一起购买的机会最多，沃尔玛就干脆在它的一个个商店里将它们并排摆放在一起，结果是尿布与啤酒的销售量双双增长。

启示：通过对客户数据库的数据挖掘，企业可以发现购买某一商品的客户的特征，从而向那些同样具有这些特征却没有购买的客户推销这个商品。

第一节　客户信息的重要性

一、客户信息是企业决策的基础

信息是决策的基础，如果企业想要做“事前诸葛亮”，想要维护好不容易与客户建立起来的关系，就必须充分掌握客户的信息，就必须像了解自己的产品或服务那样了解客户，像了解库存的变化那样了解客户的变化。

任何一个企业总是在特定的客户环境中经营和发展的，如果企业对客户的信息掌握不全、不准，判断就会失误，决策就会出现偏差，就可能失去好不容易建立起来的客户关系。所以，企业必须全面、准确、及时地掌握客户的信息。

例如，惠氏奶粉从医院收集已经怀孕6～8个月的孕妇的数据，然后一面为孕妇们提供育儿教育服务，一面进行产品促销活动。

二、客户信息是客户分级的基础

企业只有收集全面的客户信息，特别是他们与企业的交易信息，才能够知道自己有哪些客户；才能知道他们分别创造了多少价值；才能识别哪些是优质客户，哪些是劣质客户；才能识别哪些是贡献大的客户，哪些是贡献小的客户；才能根据客户带给企业的价值和贡献的大小，对客户进行分级管理。

例如，美国联邦快递公司根据客户的信息和历史交易信息来判断每位客户的盈利能力，把客户分为“好”“不好”和“坏”三种，并且为三种不同价值的客户提供不同的服务。

三、客户信息是客户沟通的基础

随着市场竞争的日趋激烈，客户情报越显珍贵，拥有准确、完整的客户信息，既有利于企业了解客户、接近客户、说服客户，也有利于与客户进行沟通，如果企业能够掌握详尽的客户信息，就可以做到“因人而异”地与客户进行沟通。

例如，中原油田销售公司设计了统一的“客户基本信息”表格分发给各个加油站，内容包括司机的姓名、性别、出生年月、身份证号、家庭住址、联系电话、个人爱好、车型、车号、单位、承运类型、车载标准、动力燃料、油箱容量、主要行车线路、经过本站的时间、累计加油记录。通过这些信息，中原油田销售公司建立了客户数据库，加油站每天从计算机中调出当天过生日的客户，向其赠送蛋糕等生日礼物，架起了加油站与客户之间的友谊桥梁。

四、客户信息是客户满意的基础

企业要满足客户的需求、期待和偏好，就必须掌握客户的需求特征、交易习惯、行为偏好和预期愿望等信息。

如果企业能够掌握详尽的客户信息，就可以有针对性地为客户提供个性化的产品或者服务，满足客户的特殊需要，从而提高他们的满意度。

例如，日本花王公司就随时将收集到的数据、意见或问题输入电脑，现在已经建立了 8 000 多页的客户资料，每年公司凭借这些资料开展回报忠诚客户的活动，以此来巩固与老客户的关系，并且吸引新客户。

又如，Barista Brava 咖啡连锁店的一名领班连续招待了 28 位客户，而未曾向其中的任何一位问过他想要什么。因为他知道要把客户招待好，最简单、最直接的方法就是把每个客户的口味都记住，而不必劳烦他们再次说明。这就是为什么 Barista Brava 正在抢走星巴克的客户的最重要的原因。

如果企业能够及时掌握客户对企业的产品或服务的抱怨信息，就可以立即派出得力的人员妥善处理和解决，从而消除客户的不满。如果企业知道客户的某个纪念日，就可以在这个日子送上适当的礼物、折扣券、贺卡或电影票，或在知道客户正为失眠困扰时，寄一份“如何治疗失眠”的资料给他，这些都会给客户带来意外的惊喜，从而使客户对企业产生依赖感。如果企业能够及时发现客户订货持续减少的情况，就可以赶在竞争对手之前去拜访该客户，同时采取必要的措施进行补救，从而防止客户流失。

总之，客户信息是企业决策的基础，是对客户进行分级管理的基础，是与客户沟通的基础，也是实现客户满意的基础，因此，企业应当重视和掌握客户的信息，这对于保持良好的客户关系，实现客户忠诚将起到十分重要的作用。

案例 5-1 **被胡萝卜汁留住的客户**

一个客户说，十几年前他在香港丽晶酒店用餐时无意识地说他最喜欢胡萝卜汁，大约六个月后，当他再次住进丽晶酒店时，他在房间的冰箱里意外地发现有一大杯胡萝卜汁！十几年来，不管这个客户什么时候住进丽晶酒店，丽晶酒店都为他备有胡萝卜汁。他说，在最近的一次旅行中，飞机还没在香港启德机场降落，他就想到丽晶酒店为他准备好了胡萝卜汁，顿时兴奋不已。尽管丽晶酒店的房价涨了三倍多，但他还是坚持住这个酒店，就因为丽晶酒店每次都为他准备了胡萝卜汁。

丽晶酒店之所以能培养出这样忠诚的客户，重要原因之一就是它详尽掌握了客户的信息（如收集和储存客户爱喝胡萝卜汁的信息）。丽晶酒店建立了一个信息量足够大的客户数据库，它将客户的姓名、生日、家人情况、工作单位、工作性质、爱吃的东西、爱听的歌、喜爱的颜色、什么时间来的酒店、住了几天、每次住宿的价位是什么范围、每次都住什么类型的房间、房间是向阳还是背阳、喜欢的温度和湿度是多少、喜欢什么样的环境等信息输入到客户数据库里，这样丽晶酒店就对客户的信息了如指掌，进而就可以为客户提供更好的服务，使客户满意。

第二节 应当掌握的客户信息

一、个人客户的信息

个人客户的信息应当包括以下几个方面的内容。

（一）基本信息

姓名、户籍、籍贯、血型、身高、体重、年龄、家庭住址、电子邮箱、手机号码等。

（二）消费情况

消费的金额、消费的频率、每次消费的规模、消费的档次、消费的偏好、购买渠道与购买方式的偏好、消费高峰时点、消费低谷时点、最近一次的消费时间等。

（三）事业情况

以往就业情况、职务，在目前单位的职务、年收入等。

（四）家庭情况

已婚或未婚、结婚纪念日、如何庆祝结婚纪念日，配偶姓名、生日及血型、教育情况、兴趣专长及嗜好，有无子女，子女的年龄、教育程度，对子女教育的看法等。

（五）生活情况

过去的医疗病史、目前的健康状况，是否喝酒（种类、数量）、对喝酒的看法，是否吸烟（种类、数量）、对吸烟的看法，喜欢在何处用餐、喜欢吃什么菜，对生活的态度、有没有座右铭，休闲习惯是什么、度假习惯是什么，喜欢哪种运动、喜欢聊的话题是什么，最喜欢哪类媒体等。

（六）教育情况

读高中、大学本科、研究生的起止时间，最高学历、所修专业、主要课程，在校期间所获奖励、参加的社团、最喜欢的运动项目等。

（七）个性情况

曾参加过什么俱乐部或社团、目前所在的俱乐部或社团，是否热衷政治活动，对宗教的信仰或态度，喜欢看哪些类型的书，忌讳哪些事、重视哪些事，是否固执、是否重视别人的意见，待人处事的风格等。

（八）人际情况

亲戚情况、与亲戚相处的情况、最要好的亲戚，朋友情况、与朋友相处的情况、最要好的朋友，邻居情况、与邻居相处的情况、最要好的邻居，对人际关系的看法等。

例如，房地产企业在收集客户信息时，通常关注客户目前拥有房地产的数量、品牌、购买时间等，而企业通过对以上信息，并结合家庭人口、职业、年龄和收入等数据进行分析后，往往能够得出该客户是否具有购买或持续购买的需求、购买的时间和数量、购买的档次等结论。

知识扩展 5-1　“二维码技术”在客户关系管理中的应用

企业首先生成自己的二维码，将优惠信息、宣传信息等企业想要传递给客户的信息存入其中，客户在使用扫一扫功能后便能获取这些信息，从而了解企业动态。该模式面对客户可以实现精准定位，适用于能够满足大多数客户日常生活需求的企业，尤其是很多企业通过扫描二维码进行折扣优惠，以此吸引更多的客户，从而达到自己宣传推广的目的。

二维码在服务场景中，其应用本质就是一种“代号”或者“凭证”，用来标识其内容数据及内容数据背后的服务。比如，健身会所的会员卡、餐饮店的积分卡、SPA养生美容卡等，扫一扫即可识别客户身份。同时能够根据客户视图内记录的客户以往的消费习惯、房间偏好、兴趣爱好，做出更好的服务安排或者人员配置。

二、企业客户的信息

企业客户的信息内容应当包括以下几个方面的内容。

（一）基本信息

企业的名称、地址、电话、创立时间、组织方式、资产规模等。

（二）客户特征

服务区域、经营观念、经营方向、经营特点、企业形象、声誉等。

（三）业务状况

销售能力、销售业绩、发展潜力与优势、存在的问题及未来的对策等。

（四）交易状况

订单记录、交易条件、信用状况及出现过的信用问题、与客户的关系及合作态度、客户评价与意见等。

（五）负责人信息

所有者、法定代表人和经营管理者的姓名、年龄、学历、个性、兴趣、爱好、家庭、能力、素质等。

第三节 收集客户信息的渠道

企业收集客户的信息只能从点点滴滴做起，可通过直接渠道和间接渠道来完成。

一、直接渠道

直接收集客户信息的渠道，主要是指客户与企业直接接触的各种机会，如从客户购买前的咨询开始到售后服务，包括处理投诉或退换产品，这些都是直接收集客户信息的渠道。

以电信业为例，客户信息的直接收集渠道包括营业厅、呼叫中心、网站、客户经理等。也有很多企业通过展会、市场调查等途径来获取客户信息。

具体来说，直接收集客户信息的渠道如下。

（一）在调查中获取客户信息

在调查中获取客户信息，即调查人员通过面谈、问卷调查、电话调查等方法得到第一手的客户资料，也可以通过仪器观察被调查客户的行为并加以记录而获取信息。

例如，美国尼尔森公司就曾通过计算机系统，在全国各地 1 250 个家庭的电视机里装上了电子监视器，每 90 秒钟扫描一次电视机，只要收看 3 分钟以上的节目，就会被监视器记录下来，这样就可以得到家庭、个人收视偏好的信息。

优秀的营销人员往往善于收集、整理、保存和利用各种有效的客户信息。如在拜访客户时，除了日常的信息搜集外，还会思考：这个客户与其他客户有什么相同点？有什么不同点？并对重点客户进行长期的信息跟踪。

目前，IBM 公司就在已有市场经理、销售经理职位的基础上，增设了客户关系经理，其职责是尽可能详尽地收集一切相关的客户资料，追踪所属客户的动向，判断和评估从客户那里还可能获得多少盈利的机会，并且努力维护和发展客户关系，以便争取更多的生意。IBM 公司的这种做法，使它拥有了大量的客户信息。

（二）在经营活动中获取客户信息

例如，广告发布后，一旦潜在客户或者目标客户与企业联系，或者剪下优惠券寄回，或者参观企业的展室等，企业就可以把他们的信息添加到客户数据库中。

又如，与客户的业务往来邮件可以反映客户的经营品质、经营作风和经营能力，也可以反映客户关注的问题及其交易态度等。因此，往来邮件也可以帮助企业获取客户信息，是收集客户信息的极好渠道。在与客户的谈判中，客户的经营作风、经营能力及对本企业的态度都会得到体现，谈判中还往往会涉及客户的资本、信用、目前的经营状况等资料，所以，谈判也是收集客户信息的极好机会。

另外，启动频繁营销方案，或者实行会员制度，或者成立客户联谊会、俱乐部等，也可以收集到有效的客户信息。

例如，麦德龙是一家实行会员制的企业，会员入会不需要交纳会员费，只需填写“客户登记卡”，主要项目包括客户名称、行业、地址、电话、传真、地段号、市区、邮编、税号、账号和授权购买者姓名。此卡记载的资料输入计算机系统，就有了客户的初始资料，当购买行为发生时，系统就会自动记录客户的购买情况。

此外，由于博览会、展销会、洽谈会针对性强且客户群体集中，因此可以成为企业迅速采集客户信息、客户迅速达成购买意向的场所。

（三）在服务过程中获取客户信息

对客户的服务过程也是企业深入了解客户、联系客户、收集客户信息的最佳时机。

在服务过程中，客户通常能够直接并且毫不避讳地讲述自己对产品的看法和预期，对服务的评价和要求，对竞争对手的认识，以及其他客户的意愿和销售机会，其信息量之大、准确性之高是在其他条件下难以实现的。服务记录、客户服务部的热线电话记录以及其他客户服务系统能够收集到客户信息。

此外，客户投诉也是企业了解客户信息的重要渠道，企业可将客户的投诉意见进行分析整理，同时建立客户投诉的档案资料，从而为改进服务、开发新产品提供基础数据资料。

（四）在销售终端获取客户信息

销售终端是直接接触最终客户的前沿阵地，通过面对面的接触可以收集到客户的第一手资料。目前超市普遍都设置了结账扫描仪，并且利用前端收款机收集、存储大量的售货数据，而会员卡的发放也可以帮助超市记录单个客户的购买历史。

例如，星巴克的收银员要在收银机输入客户性别和年龄段，否则收银机就打不开，这样就确保公司可以很快知道客户的消费时间、消费了什么、金额多少、客户的性别和年龄段等。

又如，服装商场可以要求客户在优惠卡上填写基本情况，如住址、电话、邮编、性别、年龄、家庭人数等，当客户采购时，只要在收款处刷一下，就可以将采购信息记录在数据库中。商场通过客户采购商品的档次、品牌、数量、消费金额、采购时间、采购次数等，可以大致判断客户的消费模式、生活方式、消费水平以及对价格和促销的敏感程度等。这些信息不仅对商场管理和促销具有重要的价值——商场可以据此确定进货的种类和档次以及促销的时机、方式和频率，而且对生产厂家也具有非常重要的价值——通过这些信息，生产厂家可以知道什么样的人喜欢什么颜色的衣服，何时购买，在什么价格范围内购买，这样生产厂家就可以针对特定的客户来设计产品，以及制定价格策略和促销策略。

应当看到，生产企业在销售终端获取客户信息一般难度较大，因为这关系到商家的切身利益，因此，生产企业要通过激励机制，调动商家的积极性，促使商家乐意去收集。

案例 5-2 **德士高对客户信息的管理**

德士高将超市中客户经常购买的产品分为50个类别，每个类别和消费者的一种生活习惯和家庭特征相对应，如“奶粉、尿片等类别”代表年轻父母，“水果、蔬菜类别”代表健康的生活习惯。德士高通过客户在付款时出示“俱乐部卡”，掌握了大量翔实的客户购买习惯数据，了解了每个客户每次采购的总量，主要偏爱哪类产品、产品使用的频率等。通过软件分析，德士高将这些客户划分成十多个不同的“利基俱乐部”，比如单身男人的“足球俱乐部”、年轻母亲的“妈妈俱乐部”等。“俱乐部卡”的营销人员为这十几个“分类俱乐部”制作了不同版本的《俱乐部卡杂志》，刊登最吸引他们的促销信息和一些他们关注的其他话题。一些本地的德士高连锁店甚至还在当地为不同俱乐部的成员组织了各种活动。

（五）呼叫中心、网站留言、电子邮箱、微信公众号等是收集客户信息的渠道

客户拨打客服电话，呼叫中心可以自动将客户的来电信息记录在计算机数据库内。另外，信息技术及互联网技术的广泛使用为企业开拓了新的获得客户信息的渠道，如网站注册、网上留言、电子邮箱、微信公众平台等已经成为企业收集客户信息的重要渠道。

在以上这些渠道中，客户与企业接触的主动性越强，客户信息的真实性和价值就越高，如客户呼入电话，包括投诉电话、请求帮助或者抱怨时所反馈的客户信息就比呼叫中心的呼出电话得到的客户信息的价值高。同时，客户与企业接触的频率越高，客户信息的质量就越高，如营业厅或呼叫中心获取的客户资料一般要比在展会中得到的客户信息真实，而且成本较低。

二、间接渠道

间接收集客户信息的渠道，是指企业从公开的信息中或者通过购买获得客户信息，一般可通过以下渠道获得。

（一）各种媒介

国内外各种权威媒体、图书和国内外各大通讯社、互联网、电视台发布的有关信息，这些往往都会涉及客户的信息。

（二）市场管理部门及驻外机构

市场管理部门一般掌握客户的注册情况、资金情况、经营范围、经营历史等，是可靠的信息来源。对国外客户，企业可委托我国驻各国大使馆、领事馆的商务参赞帮助了解，另外，也可以通过我国一些大公司的驻外业务机构帮助了解客户的资信情况、经营范围、经营能力等。

（三）国内外金融机构及其分支机构

一般来说，客户均与各种金融机构有业务往来，企业通过金融机构调查客户的信息，尤其是资金状况是比较准确的。

（四）国内外咨询公司及市场研究公司

国内外咨询公司及市场研究公司具有业务范围较广、速度较快、信息准确的优势，企业可以充分利用这个渠道对指定的客户进行全面调查，从而获取客户的相关信息。

（五）其他渠道

例如，从战略合作伙伴或者老客户，以及行业协会、商会等也可以获取相关的客户

信息，另外，还可以与同行业的一个不具有竞争威胁的企业交换客户信息。

总之，客户信息的收集有许多渠道，企业在具体运用时要根据实际情况灵活选择，有时也可以把不同的渠道结合在一起综合使用。

第四节 运用数据库管理客户信息

你的客户有多少？你的客户是谁？你的重要客户是谁？主要客户又是谁？他们买多少？每隔多长时间购买一次？他们怎样购买？他们去哪里购买？他们通过什么途径了解你的企业？他们对你的产品或者服务有什么意见或建议？他们想要你提供什么样的产品或服务……要回答这些问题，企业需要花费大量的时间、精力和财力去做调查，而获得的结果往往不尽如人意。因为只通过一两次的调查，即使调查方式是科学的，也带有很强的主观性和随意性，所以往往会出现这样或那样的偏差。因此，企业应当积极运用数据库管理客户信息。

一、客户数据库中的几个重要指标

根据美国数据库营销研究所 Arthur Hughes 的研究，客户数据库中有三个神奇的要素，这三个要素构成了数据分析最好的指标：最近一次消费（recency）、消费频率（frequency）、消费金额（monetary）。

（一）最近一次消费

最近一次消费是指客户上一次购买的时间，它是维系客户的一个重要指标，可以反映客户的忠诚度。一般来说，上一次消费时间距离现在越近是越理想的，因为最近才购买本企业产品或服务的客户是最有可能再次购买的客户。要吸引一位几个月前购买本企业产品或服务的客户，比吸引一位几年前购买的客户要容易得多。如果最近一次消费时间离现在很远，说明客户长期没有光顾，就要调查客户是否已经流失。最近一次消费还可监督企业目前业务的进展情况——如果最近一次消费的客户人数增加，则表示企业发展稳健。如果最近一次消费的客户人数减少，则表明企业的业绩可能滑坡。

（二）消费频率

消费频率是指客户在限定的时间内购买本企业的产品或服务的次数。一般来说，最常、最频繁购买的客户，可能是满意度最高、忠诚度最高的客户，也可能是最有价值的客户。

（三）消费金额

消费金额是客户购买本企业的产品或服务金额的多少。通过比较客户在一定期限内购买本企业的产品或服务的金额，可以知道客户购买态度的变化，如果消费金额下降，则要引起足够的重视。

综合分析上述指标可帮助企业识别最有价值的客户、忠诚客户和即将流失的客户。将最近一次消费、消费频率结合起来分析，可判断客户下一次交易的时间距离现在还有多久。将消费频率、消费金额结合起来分析，可计算出客户在一段时间内为企业创造的利润，从而帮助企业明确谁才是自己最有价值的客户。当客户最近一次消费离现在很远、而消费频率或消费金额也出现显著萎缩时，提示这些客户很可能即将流失或者已经流失，从而促使企业做出相应的对策，如对其重点拜访或联系等。

二、运用数据库深入挖掘客户消费信息

由于客户数据库是企业经过长时间对客户信息（客户的基本资料和历史交易行为）的积累和跟踪建立起来的，剔除了一些偶然因素，因而对客户行为的判断是客观的。

此外，通过客户数据库对客户过去的购买和习惯进行分析，企业还可以了解到客户是被产品所吸引还是被服务所吸引，或是被价格所吸引，从而有根据、有针对性地开发新产品，向客户推荐相应的服务，或者调整价格。

例如，饭店通过数据库建立详细的客户档案，包括客户的消费时间、消费频率以及偏好等一系列特征，如客户喜欢什么样的房间和床铺、喜爱哪种品牌的香皂，是否吸烟，有什么特殊的服务要求等。通过这个客户数据库，饭店可使每一位客户都得到满意的服务，从而提高营销效率，并降低营销成本。

许多航空公司也利用常旅客留下的信息建立了“常旅客数据库”，在此基础上，航空公司可以统计和分析常旅客的构成、流向、流量，分析常旅客出行及消费的趋势，订票、购票的方式与习惯，以及对航空公司市场营销活动的反应等，从而对其采取相应的措施，如挑选适当的时机定期、主动对常旅客进行回访，变被动推销为主动促销。例如，美国航空公司建立了一个“重要旅行者”的数据库，其中存有 80 万名旅客的资料。这部分人虽然占该公司每年乘客总数的比例不到 4%，但他们每人每年乘坐该公司飞机平均约 13 次，对公司总营业额的贡献在 60% 以上。美国航空公司每次举行宣传活动，总是把他们作为重点对象。

三、客户数据库的管理

客户是企业最宝贵的资产，是企业的命脉，客户档案的泄密势必影响企业的生命。曾经发生过员工跳槽前将企业所有的客户资料刻录下来，将其作为“见面礼”送给竞争对手的事情。因此，企业对客户数据库的管理要慎之又慎。

对客户数据库的管理应当由专人负责，并且要选择在企业工作时间较长、对企业满意度高、归属感强、忠诚度高、有一定的调查分析能力的老员工作为客户数据库的管理人员，要避免低工资人员、新聘用人员、临时人员做这方面的工作。此外，企业必须抱着对客户负责的态度，严格保密客户的信息，避免客户信息的外泄。

需要说清楚的是，搞好客户关系并不一定要建立客户数据库，没有客户数据库同样

可以搞好客户关系，只不过有客户数据库可以使企业更方便地搞好客户关系。

建立和维护一个客户数据库需要投入庞大的资金，因此，在以下几种情形，可以不用考虑建立客户数据库。首先，客户一生当中对企业的产品或者服务（如丧葬品、婚礼用品、天价别墅等）的购买次数非常有限，或者重复购买的可能性没有或者很小，所以相关企业建立客户数据库的意义就不大；其次，没有品牌忠诚度的客户，对他们也没有必要建立数据库；最后，考虑成本核算，如果建立客户数据库的代价远远高于从中得到的收益，那么也不用考虑建立客户数据库。

课后练习

一、选择题（可能不止一个选项）

1. 客户信息是实现（　　）的基础。

A. 客户分级　B. 客户满意　C. 客户沟通　D. 客户流动

2. 间接收集客户信息的渠道包括（　　）。

A. 各种媒介　B. 市场管理部门及驻外机构

C. 国内外金融机构及其分支机构　D. 国内外咨询公司及市场研究公司

3. 以下哪种说法是对的？（　　）

A. 若客户一生当中重复购买的可能性没有或者很小，可以不用考虑建立客户数据库

B. 对于没有品牌忠诚度的客户，可以不用考虑建立客户数据库

C. 若建立客户数据库的代价高于从中得到的收益，可以不用考虑建立客户数据库

D. 对于经常投诉的客户，可以不用考虑建立客户数据库

4. 关于个人客户的信息应当包括（　　）等。

A. 基本信息　B. 消费情况　C. 事业情况和家庭情况　D. 教育情况

5. 关于企业客户的信息应当包括（　　）等。

A. 基本信息　B. 客户特征　C. 业务状况　D. 负责人信息

二、判断题

1. 企业无须对客户负责，不需要严格保密客户的信息。
2. 最近一次消费、消费频率、消费金额、每次的平均消费额都是客户数据库的几个重要指标。
3. 依据客户数据库对客户行为的判断是客观的。
4. 通过对客户数据的挖掘，企业可以发现购买某一商品的客户的特征，从而可以向那些同样具有这些特征却没有购买的客户推销这个商品。
5. 通过客户数据库对客户过去的购买和习惯进行分析，企业可以向客户推荐相应的服务，或者调整价格。

三、名词解释

客户特征　业务状况　交易状况　客户数据库

四、思考题

1. 客户信息的重要性体现在哪些方面?
2. 对个人客户应掌握哪些信息?
3. 对企业客户应掌握哪些信息?
4. 收集客户信息有哪些渠道?
5. 如何运用客户数据库管理客户信息?

五、案例分析题

美国第一银行客户关系管理(CRM)支持“如您所愿”

作为世界上最大的Visa信用卡发卡行,拥有超过5 600万信用卡客户的美国第一银行的核心理念是“成为客户信任的代理人”,其在与客户建立联系时采用一种被称为“ICARE”的要诀:I(inquire)——向客户询问并明确其需求;C(communicate)——向客户保证将尽快满足其需求;A(affirm)——使客户确信有争先完成服务工作的能力和愿望;R(recommend)——向客户提供一系列服务的选择;E(express)——使客户银行接受单个客户的委托。

在“ICARE”的基础上,美国第一银行推出了一项名为“如您所愿”(At Your Request)的客户服务,赢得了客户的信任,获得巨大的商业成功。无论是“ICARE”还是“如您所愿”,都离不开第一银行先进的数据仓库的全面信息支持。

美国第一银行的客户可通过电话、电子邮件或网络得到“如您所愿”提供的三项服务:金融服务、旅行娱乐服务和综合信息服务。客户在使用美国第一银行的信用卡一定时间后,若其信用记录良好,银行会寄一份“如您所愿”业务邀请函给客户。客户如果接受,只需填写一份爱好简介,包括其每个家庭成员的姓名、生日、最喜欢的杂志、最喜欢的文娱活动等,就可以获得各种相关服务。银行通过“如您所愿”帮助客户满足其各种需求,比如“如您所愿”提供“提醒服务”功能,称为“准时制”(Just-in-Time),在客户的周年纪念日、特殊事件和重要约会前,会按客户所希望的时间、方式、渠道来提醒。再如,客户想在饭店订座或送花,都可以通过“如您所愿”来实现。

在业务后台,第一银行开发了庞大而先进的数据库系统,从每一笔信用卡交易中提取大范围的有重要价值的数据。在银行看来,可以从大多数使用信用卡的客户的业务记录中“发现”客户最感兴趣的商品或服务。

利用所掌握的交易数据,第一银行建立了高度准确、按等级分类的单个客户实际偏好的记录,当然也能分析群体客户的消费情况和偏好。银行可以根据客户的消费偏好信息确定商业合作伙伴,从它们那里得到最优惠的价格并提供给客户。银行的数据仓库通过持续的更新,会越来越清晰地反映出客户的需求和消费偏好,这为“如您所愿”业务的开展提供了最有力的信息支持。

案例思考题:

美国第一银行是如何管理和利用客户信息的?

第六章 客户分级

引例

IBM 的觉悟

IBM 公司原先以为所有的客户都可能成为大宗产品和主机的购买者，所以即便是小客户，IBM 也提供专家销售力量且上门服务，即便是盈利能力差的客户，IBM 也为其免费修理旧机器。IBM 公司因此赢得了很高的美誉度，然而这是以牺牲利润为代价的……后来 IBM 意识到这种不计成本的策略从长远来说并不可行，于是果断地区别对待不同层级的客户，降低服务小客户的成本，并且向非盈利客户适当地收取维修费，从而使公司利润大幅上涨。

启示：客户有大小，贡献有差异，每个客户带来的价值是不同的，企业不能对所有的客户一视同仁，而应区别对待。

客户分级是企业依据客户的不同价值，将客户区分为不同的层级，从而为企业针对不同级别的客户进行区别服务与管理提供依据。

第一节 为什么要对客户分级

一、不同客户带来的价值不同

尽管每个客户的重要性不容低估，但是由于购买力、购买欲望、服务（维系）成本等差异，每个客户能给企业创造的收益是不同的。对企业来讲，一些客户就是比另一些客户更有价值。

根据国外的一份统计资料，23% 的成年男性消费了啤酒总量的 81%，16% 的家庭消费了蛋糕总量的 62%，17% 的家庭购买了 79% 的即溶咖啡。也就是说，大约 20% 的客户消费了产品总量的 80% 左右，其余 80% 的客户的消费量只占该种产品总量的 20%。

1897 年，意大利经济学家维尔弗雷多 · 帕累托发现经济及社会生活中无所不在的二八法则，即关键的少数和次要的多数，比例约为 2∶8。也就是说，80% 的结果往往源于 20% 的原因，这就是帕累托定律。对于企业来说，就是企业 80% 的收益往往来自 20% 的高贡献度的客户，即少量的客户为企业创造了大量的利润，其余 80% 的客户是微利、无利甚至负利润的。

根据美国学者雷奇汉的研究，企业从 10% 最重要的客户那里获得的利润，往往比企业从 10% 最次要的客户那里获得的利润多 5～10 倍，甚至更多。

伍尔夫 · 布莱恩（Woolf Brian）曾针对某个超市的连锁店进行过调查，通过收集该店 15 000 名客户年度消费额的数据，他发现最上面 20% 的客户（黄金客户）年保持率为 96%，销售额达到了整个销售额的近 84%。

Meridien Research 研究机构指出，一个企业的客户群中，前 20% 的客户产生约 150% 的利润，而后 30% 的客户消耗了 50% 的利润——“他们一般是喜欢买便宜货的人，或被特别优惠的计划所吸引，而当企业开始试图从他们身上赚钱时他们便离去”。

以上的研究结果虽然不尽相同，但是都表明了一个真理，那就是——客户有大小，贡献有差异。每个客户带来的价值是不同的，有的客户提供的价值可能比其他客户高 10 倍、100 倍，甚至更多，而有的客户则不能给企业带来多少利润，甚至还会吞噬其他客户带来的利润。

二、企业有限的资源不能平均分配

由于任何一家企业的资源都是有限的，因此把企业资源平均分配到价值不同的客户上的做法，既不经济，又会引起大客户、好客户的不满。

现实中有些企业对所有的客户一视同仁，无论是大客户，还是小客户，无论是能带来盈利的好客户，还是根本无法带来盈利甚至造成亏损的差客户都平等对待，导致企业成本增加，利润降低，效益下降。

小客户、差客户享受大客户、好客户的待遇，自然没有意见，而大客户、好客户就会因为不受重视心理不平衡，他们轻则满腹牢骚，重则不满甚至叛离。如果这个时候竞争对手乘虚而入，为这些最能盈利的大客户提供更多的实惠，就可以轻而易举地将他们“挖”走——“此处不留爷，自有留爷处”，毕竟买方市场中大客户的选择面很宽。

可见，企业不能平均对待大客户、小客户，好客户、差客户，不能“眉毛胡子一把抓”。因为那样做不但大客户、好客户不会满意，而且有提升潜力的小客户、差客户也不愿意成为大客户、好客户——对企业贡献再大也不过如此！那何必呢！

三、客户分级是客户沟通、客户满意的基础

客户沟通应当根据客户的不同采取不同的沟通策略，因此，区分不同客户的价值是

进行客户沟通的前提。

实现客户满意也要根据客户的不同采取不同的策略，因为每个客户给企业带来的价值不同，他们对企业的预期也就会有差别，满意标准也会不一样。为企业创造主要利润、带来较大价值的关键客户会希望得到有别于普通客户的待遇，如更贴心的产品或服务以及更优惠的条件等。

如果企业能够找出这些带来丰厚利润的、最有价值的客户，并且把更多的资源用在为他们提供优质的产品和针对性的服务上，就很可能提高他们的满意度。

美国第六大银行，美国第一联合国家银行（First Union National Bank）的客户服务中心采用了“爱因斯坦”（Einstein）系统，这套系统能在电脑屏幕上用颜色对客户的分级进行区别。例如，红色标注的是不能为银行带来盈利的客户，对他们不需要给予特殊的服务，利率不得降低，透支也不准通融；绿色标注的是能为银行带来高盈利的客户，需多方取悦，并给予额外的服务。

花旗银行把客户市场细分为不同的类别，然后采用针对性的服务方式，如对大众市场提供各种低成本的电子银行业务，对高收入阶层则提供多种私人银行业务。

又如，美国航空公司向其机组人员提供一份“铂金”“黄金”客户及其座位号清单，明确提示机组人员必须为这些客户提供优质、上等的服务。这样做的结果是，在从伦敦飞往纽约的同一个航班上，对于同样 7 个小时的飞行，乘客所付的费用可以从 200 英镑到 6 000 英镑不等，即便存在这样大的差价，所有乘客也都没有意见。

总之，不同客户带来的价值不同，企业的资源又是有限的，因此，企业只有对客户进行分级管理，才能强化与高价值客户的关系，降低为低价值客户服务的成本，也才能在实现客户满意的同时实现企业利润的最大化。

第二节 怎样对客户分级

由于企业对客户的选择在开发客户之前，企业判断客户的“好”与“坏”只能用科学的理论或经验去主观判断、推测。企业对客户的分级则在开发客户之后，判断客户价值的高低要用事实、用数据，如消费金额、消费频率、消费档次、信用状况、利润贡献等来衡量。

企业根据客户为企业创造价值的大小，按由小到大的顺序“垒”起来，就可以得到一个“客户金字塔”模型，给企业创造价值最大的客户位于客户金字塔模型的顶部，给企业创造价值最小的客户位于客户金字塔模型的底部。

我们将客户金字塔模型划分为 3 层，这 3 层是：关键客户、普通客户和小客户，如图 6-1 所示。需要注意的是，模型中的百分比不是绝对的而是相对的，可以根据实际情况进行调整。

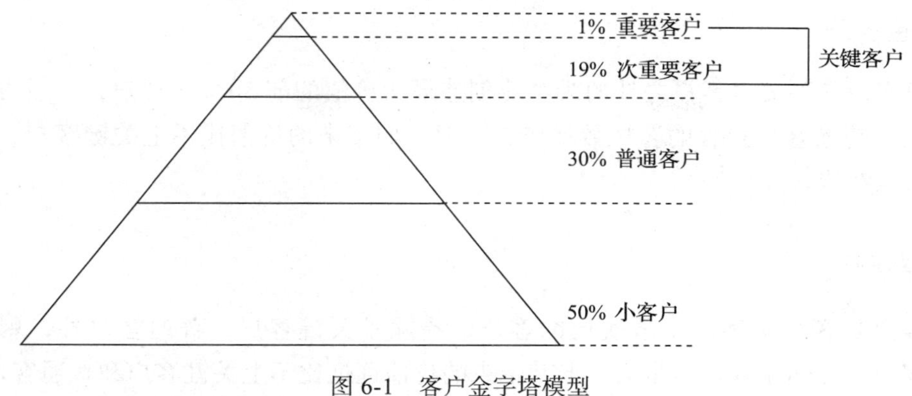

图 6-1　客户金字塔模型

一、关键客户

关键客户是企业的核心客户，一般占企业客户总数的 20%，企业 80% 的利润靠他们贡献，是企业的重点保护对象。关键客户由重要客户和次重要客户构成。

（一）重要客户

重要客户是客户金字塔中最高层的客户，是能够给企业带来最大价值的前 1% 的客户。

重要客户往往是产品的重度用户，他们为企业创造了绝大部分的利润，而企业却只需支付较低的服务成本；他们对价格不敏感，也乐意试用新产品，还可以帮助企业介绍客户，为企业节省开发新客户的成本；他们不但有很高的当前价值，而且有巨大的增值潜力，其业务总量在不断增大，未来在增量销售、交叉销售等方面仍有潜力可挖。

重要客户是最有吸引力的一类客户，可以说，企业拥有重要客户的多少，决定了其在市场上的竞争地位。

（二）次重要客户

次重要客户是除重要客户以外给企业带来最大价值的前 20% 的客户，一般占客户总数的 19%。

次重要客户，也许是企业产品或者服务的大量使用者，也许是中度使用者，他们对价格的敏感度比较高，因而为企业创造的利润和价值没有重要客户那么高；他们为了降低风险可能会同时与多家同类型的企业保持长期关系；他们也在真诚、积极地为本企业介绍新客户，但在增量销售、交叉销售方面可能已经没有多少潜力可供进一步挖掘。

二、普通客户

普通客户是除关键客户之外的为企业创造最大价值的前 50% 的客户，一般占客户总数的 30%。普通客户包含的客户数量较大，但他们带来的价值比不上关键客户，不值得企业去特殊对待。

三、小客户

小客户是客户金字塔中最底层的客户，指除了关键客户、普通客户外，剩下的后 50% 的客户。虽然小客户数量大，但其带来的价值远远比不上关键客户和普通客户。

图 6-2 是“客户数量金字塔”和“客户利润金字塔”，体现了客户类型、数量分布和创造利润的能力之间的关系。

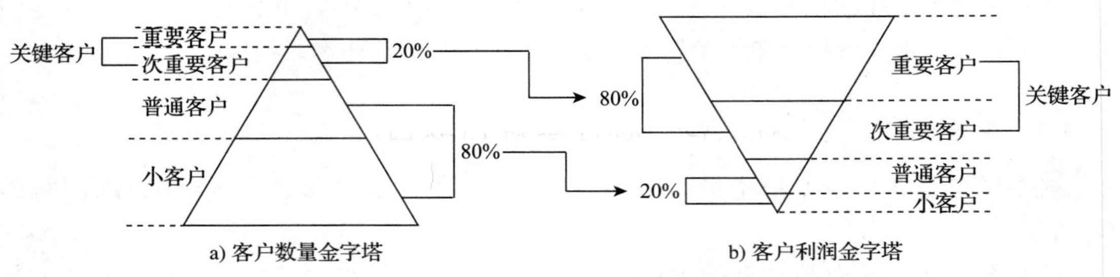

图 6-2 客户数量金字塔和客户利润金字塔对应关系示意图

图 6-2 包含着重要的思想，那就是：企业应为对本企业的利润贡献最大的关键客户提供最优质的服务，配置最强大的资源，并加强与这类客户的关系，从而使企业的盈利能力最大化。

例如，英国巴克莱银行（Barclays Bank）十分重视对客户群的细分，并有一套划分客户的办法，主要标准就是看客户给银行带来利润的大小，同时注意潜在的重点客户，即能给银行带来潜在利润的客户。巴克莱银行将客户共分为四级，相应地将服务分为四个层次——一是基本的、必不可少的服务；二是一般服务，即在基本服务基础上增加一些不是对所有客户都提供的服务，如电话银行；三是高级服务，包括一些可以不提供但提供了能使客户很高兴的服务；四是全面服务，包括一些客户本身都没有想到的、为客户提供的特定服务。

又如，美国大通银行（Chase Manhattan Bank）根据客户的不同贡献将其所有的客户分为五级：蓝色客户，每年能为银行提供 500 万美元的综合效益或 300 万美元的中间业务收入；绿色客户，每年能为银行提供 300 万美元的综合效益或 100 万美元的中间业务收入；红色客户，需求比较单一，盈利少，却是银行的忠诚客户；转移客户，需求复杂，却不能给银行带来很大利润；清退客户，基本上不能给银行带来利润，甚至会带来亏损。

案例 6-1 **携程旅行的客户分级**

携程旅行作为中国领先的综合性旅行服务公司，整合了高科技产业与传统旅行业，向超过 3 亿会员提供集无线应用、酒店预订、机票预订、旅游度假、商旅管理及旅游资讯在内的全方位旅行服务，被誉为互联网和传统旅游无缝结合的典范。

携程旅行按照等级分的不同来划分客户等级。等级分是根据客户在携程的个人账户近 12 个月内的订单消费情况、任务活动完成情况及信誉记录，综合计算得出的相应分值。携程旅行将客户分为：钻石会员，综合计算等级分≥10 000；铂金会员，综合计算等级分在 3 000～9 999 区间；黄金会员，综合计算等级分在 300～2 999 区间；普通会员，综合计算等级分≤300，注册即可得。特点是：由普通会员升级为黄金会员的门槛较低，以“门槛低＋权益多”为吸引点，培养出更多的黄金会员；此外，会员等级的有效期限为 60 天，期限结束后，系统会根据客户当前的等级分重新划分会员等级。

第三节 怎样管理各级客户

客户分级管理是指企业依据客户带来价值的多少对客户进行分级，不是对所有客户都平等对待，而是区别对待不同级别的客户，同时，积极提升各级客户在客户金字塔中的级别。

一、关键客户的管理

关键客户是企业可持续发展的最重要的保障之一，因而关键客户的管理在企业管理中处于重要的地位。关键客户管理的成功与否，对整个企业的经营业绩具有决定性的作用。

一般来说，企业花了很大的代价才使自身与关键客户的关系进入稳定、良好的状态，然而竞争对手总是瞄准这些客户并伺机发动“进攻”，一旦失去关键客户就会使企业的生产经营受到很大伤害。因此，企业必须认真维护与关键客户的关系，牢牢地抓住关键客户这个龙头，才能保证企业持续、稳定地发展，才能使企业保持竞争优势及对竞争对手的顽强抵御力，才能在市场竞争日益激烈的今天，屹立潮头，稳操胜券！为此，企业要做到以下几点。

（一）成立专门机构服务关键客户

目前，许多企业对关键客户都比较重视，经常由企业高层亲自出面处理与这些客户的关系，但是这样势必会分散企业高层的精力。如果企业成立一个专门服务于关键客户的机构，便可一举两得：一方面可使企业高层不会因为频繁处理与关键客户的关系而分散精力，能够集中精力考虑企业的战略和重大决策；另一方面也有利于企业对关键客户的管理系统化、规范化。

首先，关键客户服务机构要为企业高层提供准确的关键客户信息，协调技术、生产、企划、销售、运输等部门，根据关键客户的要求设计不同的产品和服务方案。

其次，关键客户服务机构要负责联系关键客户，要利用客户数据库分析每位关键客户的交易历史，注意了解关键客户的需求和采购情况，及时与关键客户就市场趋势、合理的库存量进行商讨。

最后，关键客户服务机构要关注关键客户的动态，并强化对关键客户的跟踪管理，对出现衰退和困难的关键客户进行深入分析，必要时伸出援手。当然，也要密切注意其经营状况、财务状况、人事状况的异常动向等，以避免出现倒账的风险。

此外，对关键客户的服务是一项涉及部门多、要求非常细的工作，需要企业各部门无边界协同，各个部门和员工都要以整体利益为重，主动承担责任，追求协同效率和效果的最大化。

例如，花旗银行分支机构普遍设有公关部专门负责联系客户，每个花旗银行的公关部都有专职的客户经理，他们负责与关键客户的联系，跟踪关键客户的生产、经营、财务、发展等情况，协调和争取银行的各项资源（产品），及时了解并受理关键客户的服务需求。

（二）集中优势资源服务关键客户

为了进一步提高企业的盈利水平，按帕累托定律的反向操作就是：要为 20% 的客户花上 80% 的努力，即企业要将有限的资源用在前 20% 的最有价值的客户身上，用在能为企业创造 80% 利润的关键客户身上——好钢用在“刀刃”上！

首先，企业应该准确预测关键客户的需求，把服务想在他们前面，主动提供售前、售中、售后的全程、全面、高档次的服务，包括专门定制的、精细化的服务，甚至邀请关键客户参与企业产品或服务的研发、决策，从而更好地满足关键客户的需要。

其次，要集中优势“兵力”，加大对关键客户的服务力度，如在销售旺季到来之前，要协调好生产及运输等部门，保证在旺季对关键客户的供应，避免出现因缺货而导致关键客户不满的情况。当出现供货紧张的情况时，要优先保证关键客户的需要，从而提高关键客户的满意度，使他们坚信本企业是他们最好的供应商或服务商。

例如，美国电话电报公司采用高新科技手段，将不同层次的客户分配给各个彼此独立的服务中心，分别为他们提供不同的服务并收取不同的费用，但客户对其中的差别一无所知。当客户呼叫客户服务中心时，客户服务中心能迅速甄别出客户类型，根据客户给企业带来的不同价值，这些自动系统能迅速地把客户呼叫转接到不同的服务中心。此外，AT&T 公司对不同类型客户的服务标准（如不同客户呼叫对应的服务时间长度）也不一样，对于带来高盈利的客户，客户呼叫的服务时间没有限制，公司唯一的目标就是满足客户的需要。然而，对于带来低盈利的客户，公司的目标是使客户呼叫的服务时间最短，降低成本，尽量保持从该类型客户得到的盈利。为了不使低盈利客户感到他们被仓促挂线，公司专门对与该类型客户打交道的服务代表进行培训，从而使这些客户感觉他们享受到的仍然是高水准的服务。

最后，企业要增加给关键客户的财务利益，为他们提供优惠的价格和折扣，以及灵活的支付条件和安全便利的支付方式，并且适当放宽付款时间限制，甚至允许关键客户一定时间的赊账，目的是奖励关键客户的忠诚，提高其流失成本。

例如，现在几乎所有航空公司均实行的是多等级舱位的定价方式，并且还制定了不同的退改规则。一般来说，高票价旅客为了得到一张机票付出了更多的价格，因各种原因弃乘的负效用会更大，所以高票价旅客主动乘机的意愿会更加强烈；而低票价旅客得到一张机票付出的价格相对较小，因各种原因弃乘的负效用相对会小一些，所以低票价旅客主动乘机的意愿稍小。为此，航空公司在制定退改规则时，高票价旅客的退改规定相对宽松，这是航空公司对其更大负效用的一种补偿和鼓励；低票价旅客的退改规则较为严格，这是航空公司对其较小负效用的一种制约，以更多地避免座位虚耗。

当然，也许有些关键客户并不看重优惠，而看重企业带给他们的超值服务，他们更需要的是对其地位和身份的“特别关心”。如在机场的贵宾候机室里找到“贵族”的感觉，优先免费使用时尚的业务等，都会使关键客户觉得自己与众不同，有一种优越感。为此，企业可实行 VIP 制，创建 VIP 客户服务通道，更好地为关键客户服务，让关键客户尽享荣耀，这对巩固企业与关键客户的关系，提高关键客户的忠诚度将起到很好的作用。

（三）通过沟通和感情交流，密切双方的关系

企业应利用一切机会加强与关键客户的沟通和交流，让关键客户感觉到双方之间不仅仅是一种买卖关系，还是合作关系、双赢关系。

1. 有计划地拜访关键客户

一般来说，有着良好业绩的企业营销主管每年大约有 1/3 的时间是在拜访客户中度过的，其中关键客户正是他们拜访的主要对象。对关键客户的定期拜访，有利于熟悉关键客户的经营动态，并且能够及时发现问题和有效解决问题，有利于与关键客户搞好关系。在与客户的沟通中，要根据客户给企业带来价值的不同进行“分级沟通”，即针对客户的不同级别实施不同级别的沟通。例如对重要客户，每个月打一次电话，每季度拜访一次；对次重要客户，每季度打一次电话，每半年拜访一次；对普通客户，每半年打一次电话，每年拜访一次；对小客户，则每年打一次电话或者根本不必打电话和拜访。

2. 经常性地征求关键客户的意见

企业高层经常性地征求关键客户的意见有助于增加关键客户的信任度。例如，每年组织一次企业高层与关键客户之间的座谈会，听取关键客户对企业的产品、服务、营销、产品开发等方面的意见和建议，以及对企业下一步的发展计划进行研讨等，这些都有益于企业与关键客户建立长期、稳定的战略合作伙伴关系。为了随时了解关键客户的意见和问题，企业应适当增加与其沟通的次数和时间，并且提高沟通的有效性。

3. 及时有效地处理关键客户的投诉或者抱怨

客户的问题体现了客户的需求，无论是投诉或者抱怨，都是寻求答案的标志。处理投诉或者抱怨是企业向关键客户提供售后服务必不可少的环节之一，企业要积极建立有效的机制，优先、认真、迅速、有效及专业地处理关键客户的投诉或者抱怨。

4. 充分利用多种手段与关键客户沟通

企业要充分利用包括移动互联网在内的各种手段与关键客户建立快速、双向的沟通渠道，不断地、主动地与关键客户进行有效沟通，真正地了解他们的需求，甚至了解他们客户的需求或能影响他们购买决策的群体的偏好，只有这样才能够密切与关键客户的关系，促使关键客户成为企业的忠诚客户。企业还应利用一切机会，例如，在关键客户开业周年庆典，或者当关键客户获得特别荣誉之时，或者当关键客户有重大商业举措时，表示祝贺与支持，这些都能加深企业与关键客户之间的感情。

案例 6-2

招商银行走到高端客户背后

在颐和园文昌院里，几株金色的桂花树幽雅开放，百年皇家之地此时熙熙攘攘，招商银行北京分行在这里为他们的高端客户——“金葵花”客户举办招待活动。看上去，这似乎是一个很老套的营销活动：很多单位此时都在举办类似的活动，招商银行年年也为“金葵花”客户举办这种活动。

不过这次有点不同，与这些高端客户同时到来的还有他们的家庭成员。“我们还邀请了3名家庭成员同时参加，并为他们专门设计了相关活动。”比如为女性准备的化妆品、为孩子准备的毛绒玩具。这让此次招待活动变得很轻松。差别仅此而已吗？招商银行北京分行行长助理刘加隆并不这样认为。“这次活动折射出的是招商银行高端客户整体营销思路的改变，我们把营销的重点之一转向了客户的家庭，对中资银行来说，这还是第一次；更重要的是，我们不再把营销的重点放在丰富产品的低级层次上，开始导入全新的价值理念，让高端客户去认同我们的价值观。”刘加隆说。

原来，招商银行经过调查发现，金葵花客户虽然各有特点，却有几个共性。第一，他们的年龄处在30～45岁，这个年龄段的人上有老下有小，所以普遍对家庭和子女教育非常关心。第二，他们对健康很重视，这种重视甚至超越了财富和工作。第三，这些人对理财非常重视，对金融产品的价格并不敏感。

“看到这份调查报告，我们眼前一亮。”于是招商银行针对客户对家庭和子女教育重视的特点，形成了一套全新的高端客户营销方案。“在这个方案中，我们设计了专门针对家庭的活动，而且选择了中秋节这个对中国家庭有着特殊意义的节日。这次活动取得了非常好的效果，标志就是客户的感动。”很多客户打电话给招商银行的客户经理表达了自己的感动，因为这些人虽然家庭观念较强，但由于工作很忙，他们和家人聚少离多。家人的欢笑使客户对招商银行的产品和服务很满意，同时也能极大地稳定客户，毕竟这种力量是最强大的。

应当注意的是，企业与客户之间的关系是动态的，企业识别关键客户也应该是一个动态的过程。一方面现有的关键客户可能因为自身的原因或企业的原因而流失，另一方面又会有新的关键客户与企业建立关系。因此，企业应对关键客户的动向做出及时反应，既要避免现有关键客户的流失，又要及时对新出现的关键客户采取积极的行动。

二、普通客户的管理

（一）针对有升级潜力的普通客户，要努力培养其成为关键客户

对于有潜力升级为关键客户的普通客户，企业可以通过引导、创造、增加普通客户的需求，鼓励普通客户购买更高价值的产品或者服务。如饭店可以鼓励客户吃更贵的菜等，来提升普通客户创造的价值，提高他们的贡献度。

为此，企业要设计鼓励普通客户增加消费的项目，如常客奖励计划，对一次性或累计购买达到一定标准的客户给予相应级别的奖励，或者让其参加相应级别的抽奖活动等，以鼓励普通客户购买更多的产品或服务。例如，影音租售连锁店百视达（Blockbuster）运用“放长线钓大鱼”的策略，让客户以约 10 美元的会费获得各种租片优惠，包括每月租五张送一张、每周一到周三租一张送一张等，从而刺激了更多的消费，也提升了客户的层级。

企业还可以根据普通客户的需要扩充相关的产品线，或者为普通客户提供“一条龙”服务，以充分满足他们的潜在需求，这样就可以增加普通客户的购买量，提升他们的层级，使企业进一步获利。例如，美国时装零售业巨头丽诗加邦（Liz Claiborne）通过扩充产品线，涵盖了上班服、休闲服、超大号服装及设计师服装等系列，有效地增加了客户的购买量，从而实现了客户层级的提升。

此外，为了使普通客户能够顺利地升级为关键客户，企业还有必要伸出援手，以帮助普通客户提升实力，进而增加对企业的需求和贡献。例如，企业可以成为普通客户的经营管理顾问，帮助他们评估机会、威胁、优势与劣势，制定现在与未来的市场发展规划，包括经营定位、网点布局、价格策略、促销策略等，同时，通过咨询、培训、指导，以传、帮、带等方式帮助普通客户提高经营管理水平。

总之，对于有升级潜力的普通客户，企业要制订周密、可行的升级计划，通过自己的一系列努力，成人达己，使普通客户为企业创造更多的价值。

案例 6-3　　家得宝通过“一条龙”服务提升了客户的层级

美国家居装修用品巨人家得宝（Home Depot），锁定两大潜力客户群——想要大举翻修住家的传统客户和住宅小区与连锁旅馆的专业维护人员。为此，家得宝特意在卖场内增加“设计博览区”，展示了运用各种五金、建材与电器组成的新颖厨房、浴室，系列产品装修的高档样品房。

这些设计中心为客户提供可能需要的一切产品和服务，包括装修设计服务和装修用品。此外，还提供技术指导、员工培训、管理咨询等附加服务。

家得宝为客户提供了“一条龙”服务，增加了客户对企业的需要，也因此增强了客户与企业的关系，伴随着客户级别的提升，企业的利润也提升了。

（二）针对没有升级潜力的普通客户，可降低服务成本

针对没有升级潜力的普通客户，企业可以采取“维持”战略，在人力、财力、物力等方面，不增加投入，甚至减少促销努力，以及要求普通客户以现款支付甚至提前预付。另外，还可以缩减对普通客户的服务时间、服务项目、服务内容，甚至不提供任何附加服务，以降低服务成本。

例如，航空公司用豪华轿车接送能带来高额利润的关键客户，而普通客户则没有此等待遇。

知识扩展 6-1 客户价值矩阵

马库斯（Marcus）用消费频率与平均消费金额构造了客户价值矩阵，如图 6-3 所示。

对于“最好的客户”，企业要全力保留他们，因为他们是企业利润的基础。

对于“乐于消费型的客户”和“经常消费型的客户”，因为他们是企业发展壮大的保证，企业应该想办法提高“乐于消费型的客户”的购买频率，通过交叉购买和增量购买来提高“经常消费型的客户”的平均消费金额。

对于“不确定型的客户”，企业需要找出其中有价值的客户，并促使其向另外三类客户转化。

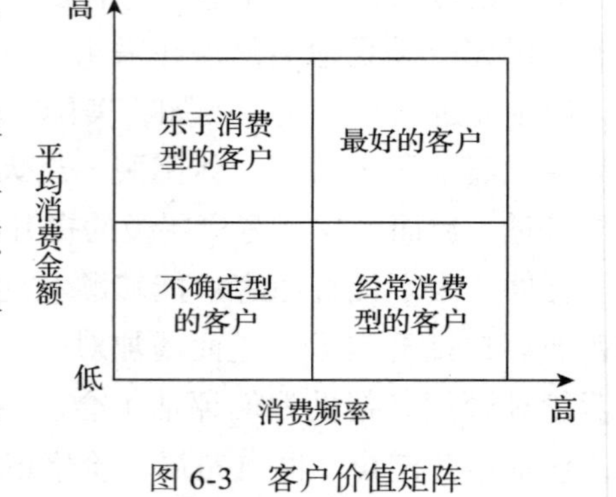

图 6-3 客户价值矩阵

三、小客户的管理

2004 年 10 月，美国《连线》杂志主编克里斯·安德森（Chris Anderson）在一篇文章中首次提出“长尾”这个概念，后来进一步延伸出长尾理论——只要存储和流通的空间足够大，需求量小的、非主流的产品所共同占据的市场份额，可以和那些需求量大的主流产品所占据的市场份额相匹敌，甚至更大，即如果能够把大量市场价值相对较小的部分汇聚起来，将可能创造更大的经济价值。例如，谷歌（Google）是一个最典型的“长尾”公司，其成长历程就是把广告商和出版商的“长尾”商业化的过程。谷歌通过为数

以百万计的中小型网站和个人提供个性化定制的广告服务，将这些数量众多的群体汇集起来，形成了非常可观的利润。

“二八定律”强调重视“抓大放小”，重视作为单个个体的大客户的价值；而“长尾理论”告诉我们，不要忽视众多小客户的集体力量和贡献。企业应该重视管理小客户，从而为企业带来更大的利润。

（一）针对有升级潜力的“小客户”，要努力培养其成为“普通客户”甚至“关键客户”

企业应该给予有升级潜力的小客户更多的关心和照顾，帮助其成长，挖掘其升级的潜力，从而将其培养成“普通客户”甚至“关键客户”，那么伴随着小客户的成长，企业利润就可以不断得到提升。

例如，目前还是赔钱客户的大学生，可能在就业后会成为“好客户”，招商银行就看到了这一点。招商银行的信用卡业务部一直把在校大学生作为业务推广的重点对象之一，尽管他们当前的消费能力有限，信贷消费的愿望不强烈，盈利的空间非常小，但招商银行还是频繁进驻大学校园进行大规模的宣传促销活动，运用各种优惠手段刺激大学生开卡，并承诺每年只要刷卡消费六次，无论金额大小，都可以免除信用卡的年费，甚至还推出了各种时尚、炫彩版本的信用卡，赢得了广大年轻客户群体的青睐。通过前期的开发和提升，当大学生毕业以后紧随而来的购房、购车、结婚、生子、教育等大项消费需要分期付款和超前消费时，招商银行巨大的利润空间开始显现。

（二）针对没有升级潜力的“小客户”，可提高服务价格、降低服务成本

对于没有升级潜力的“小客户”，有的企业的做法是拒绝为之提供服务，不与他们联系和交易。这种做法过于极端，不可取，这是因为如果企业直接、生硬地把“小客户”“扫地出门”或“拒之门外”，可能会引发“小客户”向其他客户或者亲戚朋友表达他们的不满，从而给企业形象造成不良的影响。被“裁减”的“小客户”还可能投诉企业，而且媒体、行业协会等社会力量也有介入的可能性，弄不好企业就会背上“歧视弱者”这个“黑锅”。

此外，“小客户”帮助企业创造和形成了规模优势，在降低企业成本方面功不可没。聚沙可以成塔，集腋可以成裘，保持一定数量的“小客户”是企业实现规模经济的重要保证，是企业保住市场份额、保持成本优势、遏制竞争对手的重要手段。如果企业放弃这些低价值的“小客户”，听任其流失到竞争对手那边，就可能会使企业失去成本优势，同时可能壮大了竞争对手的客户队伍和规模，一旦竞争对手由于客户多了、生产服务规模大了，成本下降了，就会对企业不利。

总之，针对没有升级潜力的“小客户”，企业也不能简单地把他们淘汰，但可以通过提高服务价格、降低服务成本的办法来“榨取”小客户的价值。具体有以下方法。

1. 向小客户提高服务价格或收取以前属于免费服务的费用或推销高利润的产品

这样就会增加企业的收入，从而将小客户变成使企业“有利可图”的客户。

例如，香港汇丰银行对存款不足5 000港元的储户每月征收40港元的服务费，这样储户要么增加存款到5 000港元，要么自行退出。

2. 降低为小客户服务的成本

（1）适当限制为小客户提供服务的内容和范围，压缩、减少为小客户服务的时间。比如从原来的天天服务改为每周提供一天服务，从而降低成本，节约企业的资源。

（2）运用更经济、更省钱的方式提供服务。比如从原来提供的人工服务改为自助服务，或者从原来的线下销售转为线上销售，这样不仅保证了销售收入，也减少了成本，提高了利润水平。例如，银行通过减少分支机构的数量，以及用ATM机代替柜员和银行员工，从而降低服务成本。

又如，美国前进保险公司（Progressive Insurance）是一家专营摩托车保险等高风险业务的公司，该公司发现并非所有的摩托车驾驶员风险都高——一般来说，年轻车手比年龄大的车手风险高，为此，该公司对年轻车手的保险定价便较高，对年龄大的车手定价较低。该公司还发现，许多驾车疯狂的车手往往光顾街头路边的保险代理处，为了避开这类客户，公司鼓励自己的代理人把办事处设在僻静的写字楼里，远离交通动脉，同时，公司通过直邮广告，主动争取那些年龄较大的摩托车手的业务。

延伸阅读6-1　管理你的低价值客户

在如何区别对待不同价值的客户上，很多公司现在开始冷淡低价值客户。当航班发生延误时，美国大陆航空公司（Continental Airlines）只会向高价值客户发送邮件表示道歉，并为他们提供常客里程累计作为赔偿。在拉斯维加斯著名的哈拉斯（Harrah's）赌场酒店，房间费用根据客户（赌客）的价值而从免费到199美元/晚不等。

但是，沃顿商学院教授的最新研究警示，淘汰低价值客户实际上可能会损害公司利润，而尝试提高这些客户的价值可能会产生反作用，因为这的确会迫使公司投入无谓的资金。在某种程度上，如果你因为淘汰低价值客户而让自己的客户基础被暴露，竞争对手可能就会沉重地打击你，甚至钻你的漏洞，让这些人变成它的客户。

美国的ING Direct银行就是依靠为传统银行眼中的“低价值客户”提供服务而迅速崛起的。这些人没有太多的钱，也不需要太多服务，却被迫在大银行中浪费了太多排队时间，所以当ING Direct开始为他们量身打造服务时，这些占美国社会绝大多数的人群立即倒戈相向。

无疑，当一个公司淘汰低价值客户的时候，也很有可能在同时为自己培养强大的竞争对手。所以说，比淘汰低价值客户更好的方法，就是在改善高端客户质量的同时，找到其他成本消耗更低的方法来管理低价值客户，这样才能避免竞争对手挖你的墙脚。要知道，金字塔底部的业务和客户虽然不是公司的主要利润来源，却是一道屏蔽竞争对手的有效防火墙。

当然，处于客户金字塔较低层次的小客户在察觉到自己所受的待遇不如较高层的客户时，有可能会被激怒。为了避免出现这种不愉快的局面，企业可把为不同级别客户提供的服务从时间上或空间上分割开来。例如，在飞机上，不同层次的客户因票价不同而分别处于不同等级的舱位，分别接受不同等级的服务，彼此互不干扰。企业分别提高他们的感知，这样就能使头等舱客户、商务舱客户和经济舱客户各得其所。

四、坚决淘汰劣质客户

实践证明，并非目前所有的客户关系都值得保留——劣质客户吞噬、蚕食着企业的利润，与其让他们消耗企业的利润，还不如及早终止与他们的关系，压缩、减少直至终止与其业务往来，以减少利润损失，使企业的资源能够投入到其他客户群体中。

例如，银行对信用状况差、没有发展前途的劣质客户采取停贷、清算等措施淘汰劣质客户。

适时终止与没有价值、负价值或者前景不好的客户的关系，企业才能节省有限的资源去寻找和服务能够更好地与企业的利润、成长和定位目标相匹配的新客户和老客户。

企业对赖账的客户，可以“先礼后兵”，动员各种力量对其施加压力，还可以“还以颜色”，直至“对簿公堂”。

总之，企业针对不同级别的客户采取分级管理和差异化的激励措施，可以使关键客户自豪地享受企业提供的特殊待遇，并激励他们努力保持这种尊贵地位；同时，刺激有潜力的普通客户向关键客户看齐，鞭策有潜力的小客户向普通客户甚至关键客户看齐，坚决淘汰劣质客户……这样就可以让不同级别的客户分别为企业创造更多的价值，这就是对客户进行分级管理的理想境界。

课后练习

一、选择题（可能不止一个选项）

1. 在客户关系管理里，对于客户价值的分析与评价，常用所谓的“二八原理”。这个原理指的是（　　）。

A. VIP 客户与普通客户通常呈 20∶80 的比例分布

B. 企业利润的 80% 或更高是来自 20% 的客户，80% 的客户给企业带来的收益不到 20%

C. 企业的内部客户与外部客户的分布比例为 20∶80

D. 企业利润的 80% 来自 80% 的客户，20% 的客户给企业带来 20% 的收益

2.（　　）可划分为重要客户、次要客户。

A. 关键客户　　B. 普通客户　　C. 小客户　　D. 核心客户

3.（　　）包含的客户数量较大，但他们的购买力、忠诚度、能够带来的价值却远比不上关键客户。

A. 重要客户　　B. 次要客户　　C. 普通客户　　D. 小客户

4.（ ）购买量不多，忠诚度也很低，偶尔购买，经常提出苛刻的服务要求，消耗企业的资源，他们有时是问题客户，会向他人抱怨，破坏企业的形象。

A. 重要客户　　B. 次要客户　　C. 普通客户　　D. 小客户

5.（ ）是所创造的利润占整个企业总利润很大比例（约 80%）的客户，是企业利润的基石，是企业可持续发展的最重要的保障之一。

A. 关键客户　　B. 普通客户　　C. 小客户　　D. 核心客户

二、判断题

1. 企业应该对所有客户一视同仁。
2. 企业拥有普通客户的多少，决定了其在市场上的竞争地位。
3. 企业应为重要客户提供最优质的服务，配置最强大的资源，并加强与这类客户的关系。
4. 对于有升级潜力的普通客户，企业要制订周密、可行的升级计划，努力使普通客户为企业创造更多的价值。
5. 企业应该给予有升级潜力的小客户更多的关心和照顾，帮助其成长，挖掘其升级的潜力。

三、名词解释

客户分级　　客户分级管理　　关键客户　　普通客户　　小客户

四、思考题

1. 为什么要对客户进行分级？
2. 如何对客户分级？
3. 如何管理各级客户？
4. 什么是客户分级管理的理想境界？

五、案例分析题

兴业银行家庭理财卡的客户分级

兴业银行成立于 1988 年 8 月，是经国务院、中国人民银行批准成立的首批股份制商业银行之一，总行设在福建省福州市，2007 年 2 月 5 日正式在上海证券交易所挂牌上市（股票代码：601166）。

兴业银行的主要业务经营范围包括：吸收公众存款；发放短期、中期和长期贷款；办理国内外结算；办理票据承兑与贴现；发行金融债券；代理发行、代理兑付、承销政府债券；买卖政府债券、金融债券；代理发行股票以外的有价证券；买卖、代理买卖股票以外的有价证券；资产托管业务；同业拆借；买卖、代理买卖外汇；结汇、售汇业务；银行卡业务；提供信用证服务及担保；代理收付款项及代理保险业务；提供保管箱服务；财务顾问、资信调查、咨询、见证业务；经国务院银行业监督管理机构批准的其他业务。

兴业银行于 2005 年推出的“自然人生”家庭理财卡，是国内首套家庭系列理财卡，它利用电子货币综合理财工具和综合性个人金融服务平台，实现了存取款、转账结算、自助融资、代理服务、交易消费、综合理财于一体的多账户、多功能的集中管理服务。

（一）兴业银行家庭理财卡的分级

兴业银行将“自然人生”家庭理财卡分为黑金卡、白金卡、金卡和银卡四个层次。

1. 黑金卡的申请条件

个人卡，只要在兴业银行的所有个人账户中折合人民币总额达到100万元，即可凭借本人有效身份证件向兴业银行任何一个营业网点提出开卡申请，也可申请同卡号换卡，直接成为黑金卡用户。

家庭卡，只要家庭成员日均综合金融资产平均达到80万元，即可凭借有效家庭证件和本人身份证件，向兴业银行任何一个营业网点为每个登记的家庭成员申请开立一张黑金卡。如果家庭成员日均综合金融资产平均只达到25万～80万元，但在剔除为其他家庭成员申请白金卡所需25万元日均综合金融资产后，剩余综合金融资产仍达到80万元，也可以单独申请办理黑金卡。

2. 白金卡的申请条件

个人卡，只要在兴业银行的所有个人账户中日均综合金融资产折合人民币总额达到30万元，即可凭借本人有效身份证件向兴业银行任何一个营业网点提出开卡申请，也可申请同卡号换卡，直接成为白金卡用户。

家庭卡，只要家庭成员日均综合金融资产平均达到25万元，即可凭借有效家庭证件和本人身份证件，向兴业银行任何一个营业网点为每个登记的家庭成员申请开立一张白金卡。如果家庭成员日均综合金融资产平均只达到8万～25万元，但在剔除为其他家庭成员申请金卡所需8万元日均综合金融资产后，剩余综合金融资产仍达到25万元，也可以单独申请办理白金卡。

3. 金卡的申请条件

个人卡，只要在兴业银行的所有个人账户中日均综合金融资产折合人民币总额达到10万元，即可凭借本人有效身份证件向兴业银行任何一个营业网点提出开卡申请，也可申请同卡号换卡，直接成为金卡用户。

家庭卡，只要家庭成员日均综合金融资产平均达到8万元，即可凭借有效家庭证件和本人身份证件向兴业银行任何一个营业网点为每个登记的家庭成员申请开立一张金卡。

4. 银卡的申请条件

凭借本人有效身份证件即可向兴业银行任何一个营业网点提出开卡申请。

（二）兴业银行家庭理财卡的分级管理

1. 黑金卡尊贵礼遇

（1）家庭理财顾问，专业专属服务

特别配备“一对一”的专属理财顾问，针对个人情况与独特需求提供贴身的理财分析与投资建议，悉心打理财富人生。

（2）时尚高尔夫行，品味时尚生活

提供订场专线、免果岭费[㊀]畅打等多项高尔夫球增值服务，蓝天绿地、挥洒自信，体验时

㊀ 果岭费，一种高尔夫球术语，英文为green fee，即在高尔夫球场打球时产生的费用。

尚运动，品味悠闲生活。

（3）机场贵宾服务，彰显尊贵身份

可在北京、上海、广州、深圳、福州等全国主要机场享受易登机特别服务，尽显尊贵身份。

（4）全国道路救援、全球旅行医疗紧急支援

全球旅行医疗紧急支援以及五星级全国道路救援（每年一次免费拖车）服务，提供出行贴心保障，令您的差旅全程无忧。

（5）免费精灵信使，丰富资讯支持

免费提供“精灵信使”短信通知服务，资金变动尽在掌握；还可及时传递最新的证券、外汇、期货等方面的金融信息与市场资讯。

（6）绿色通道服务，业务全面优惠

兴业银行在营业网点专设了贵宾窗口和贵宾理财区域，到兴业银行办理业务可以享受全面优先和优惠待遇。

（7）贴心人文关怀，顶级客户联谊会

每逢重大节假日或特殊纪念日，兴业银行将送上诚挚祝福。每年兴业银行均会选择一些顶级家庭开展联谊活动。

（8）附赠商旅保险，保您全程无忧

兴业银行赠送保额高达110万元的商旅保险，保障出行安全无忧。

（9）应急支付支持，为您雪中送炭

在国内异地发生理财卡丢失、被盗等意外情况时，只需凭本人有效身份证件即可享受兴业银行特别提供的应急支付服务，以解燃眉之急。

2. 白金卡尊贵礼遇

（1）专属客户经理，专业优质服务

特别配备专属客户经理，实施优先、优质、专业的“一对一”投资理财服务。

（2）时尚高尔夫行，品味时尚生活

提供订场专线、免果岭费畅打等多项高尔夫球增值服务，体验时尚运动，品味悠闲生活。

（3）机场贵宾服务，彰显尊贵身份

可在北京、上海、广州、深圳、福州等全国主要机场享受易登机特别服务，尽显尊贵身份。

（4）全球旅行医疗紧急支援

全球旅行医疗紧急支援服务，提供出行贴心保障，令您的差旅全程无忧。

（5）免费精灵信使，丰富资讯支持

免费提供“精灵信使”短信通知功能，资金变动尽在掌握；还可及时传递最新的证券、外汇、期货等方面的金融信息与市场资讯。

（6）绿色通道服务，业务全面优惠

兴业银行在营业网点专设了贵宾窗口和贵宾理财区域，到兴业银行办理业务可以享受全

面优先和优惠待遇。

（7）贴心人文关怀

逢重大节假日或特殊纪念日，奉送诚挚祝福，温馨服务，真情速递。

（8）附赠商旅保险，保您全程无忧

兴业银行赠送保额高达50万元的商旅保险，保障出行安全无忧。

3. 金卡礼遇

（1）专属客户经理，优先优质服务

配备专属客户经理，给您优先、优质的“一对一”投资理财服务。

（2）免费精灵信使，账户变动通知

免费提供“精灵信使”短信通知服务，一旦账户资金发生任何变动，系统将实时为您发送资金变动信息，让您随时随地掌握资金变动情况，理财更清晰。

（3）业务优先办理，享受优惠服务

兴业银行提供转账汇款、异地通存通兑等规定项目的手续费折扣或免费的贵宾礼遇。

（4）贴心人文关怀，真情温馨速递

逢重大节假日或特殊纪念日，兴业银行将通过电话、短信或寄送贺卡等方式，传达温馨问候和诚挚祝福。

（5）各项贴心提醒服务

兴业银行将友情提醒您贷款还款期、信用卡还款日、预约理财产品、汇款到账等重要业务的办理时限，以减少不必要的利息损失。

4. 银卡礼遇

兴业银行对这部分客户只提供最基本的服务，但是是在保证令绝大多数客户满意的基础上的，以避免小客户过多流失。虽然小客户价值低，但是也要尽力维持，不能任其自由地流失到竞争对手那边。

案例思考题：

兴业银行是如何对家庭理财卡的客户进行分级的？起到了什么效果？

第七章 客户沟通

引例

联想公司运用微信公众平台与客户沟通

联想公司于 2013 年 3 月推出了基于微信公众平台的官方微信客服中心系统，其沟通模式有文字、语音和视频，客户可以自由选择与联想客服工作人员的沟通方式，这个系统比之前的呼叫中心系统具有更多的优势。

例如，客户之前通过电话咨询描述不清的一些问题，现在可以马上方便地拍一张照片，或者录一段视频直接发送给客服工作人员，提高了解决问题的效率。还有一种情况，以前客户在拨打电话与客服沟通时，经常会碰到“座席忙，请等待”的情况。现在只要有微信，联想的客服就会在客户“身边”。

又如，送修或上门服务时，很多客户可能在电话中通过语言无法说清楚自己的位置信息。现在他们可以直接向联想官方微信客服中心系统发送自己当前的“位置”。客服工作人员会直接将离客户最近的服务网点的位置信息发给客户，或者直接按照客户发送的“位置”上门服务，避免走冤枉路。这样既节省了双方的时间，又提高了沟通的效率。

另外，过去客户与客服工作人员沟通，通常较急躁，而微信所提供的一些搞笑、赞扬、求助等的表情图片，可以潜移默化地营造轻松友好的氛围。

启示：联想官方微信客服中心系统利用微信公众平台的功能，将手机变成了客户沟通的主要载体，摆脱了空间的束缚，使得很多需要客服工作人员上门或者需要客户送修才能完成的服务，通过手机就能全部完成，同时也使复杂的沟通变得简单到只需要动动手指就能完成。这一切都充分利用了移动互联网终端的优势，从而为用户带来了便捷、高效的沟通服务。

所谓沟通，就是信息的交流与互换。

客户沟通就是企业通过与客户建立信息交流与互换的桥梁或纽带，拉近与客户的距离，加深与客户的感情，从而赢得客户满意与客户忠诚所采取的行动。有效的客户沟通，有助于拉近企业与客户的距离，有利于巩固、提升和发展企业与客户的关系。

第一节 客户沟通的作用、内容、形式及策略

一、客户沟通的作用

企业通过与客户沟通，可以把企业的产品或服务的信息传递给客户，把企业的宗旨、理念介绍给客户，把有关的政策传达、宣传给客户，使客户知晓企业的经营意图，企业还可以主动向客户征求对企业产品或服务及其他方面的意见和建议，理解他们的预期，加强与他们的关系。

（一）客户沟通是实现客户满意的基础

根据美国市场营销协会的研究，不满意的客户有 1/3 是因为企业的产品或服务本身有问题，其余 2/3 的问题都出在企业与客户的沟通不良上。可见，客户沟通是使客户满意的一个重要环节，企业只有加强与客户的联系和沟通，才能了解客户的实际需求，才能理解他们的预期，特别是当企业出现失误时，有效的沟通有助于企业更多地获得客户的谅解，减少或消除客户的不满。一般来说，企业与客户进行售后沟通可以减少退货情况的发生。例如，通用汽车公司的做法是向新车主发祝贺信，在信中祝贺他选中了一辆好汽车，并且说明通用汽车公司可以提供的售后服务。与此同时，公司还通过广告来宣传其他购买者对产品的满意。

（二）客户沟通是实现客户忠诚的基础

企业经常与客户沟通，才能向客户灌输双方长远合作的意义，描绘合作的愿景，才能在沟通中加深与客户的感情，稳定客户关系。如果企业与客户缺少沟通，那么好不容易建立起来的客户关系，可能会因为一些不必要的误会没有及时消除而土崩瓦解。因此，企业要及时、主动地与客户保持沟通，并且要建立顺畅的沟通渠道，这样才可能实现客户忠诚，才可能赢得一大批稳定的老客户。

案例 7-1　沟通使经销商抵制了竞争者的诱惑

面对竞争者向经销商提供的诱惑，有些经销商蠢蠢欲动，为了使经销商不叛离，有家企业是这样说服经销商抵制诱惑的……

“对差异化程度不大、成本相差不大的产品来说，他们许诺的高利润和高返利从哪里来呢？没有人会做亏本买卖！‘羊毛出在羊身上’，他们一定在产品质量上打了折扣，或者在其他我们还不知道的方面做了手脚，你们如果经销这样的产品就会有很大的风险，弄不好还可能要坐牢！

“我们的产品虽说价格高点儿，但产品质量可以保证，而且我们的产品有一定的科技含量，市场潜力巨大。我们还有很好的信誉，返利可以顺利到达你们手中，经销我们的产

品能保证你们得到稳定的收益。"

就这样，通过及时的沟通，经销商终于抵制了竞争者的诱惑，没有背叛该企业。

二、客户沟通的内容

客户沟通的内容主要是信息沟通、情感沟通、理念沟通、意见沟通，有时还有政策沟通。

（1）信息沟通，就是企业把产品或服务的信息传递给客户，也包括客户将其需求或要求的信息反映给企业。

（2）情感沟通，主要是指企业主动采取相关措施，为加强与客户的情感交流，加深客户对企业的感情依恋所采取的行动。

（3）理念沟通，主要是指企业把其宗旨、理念介绍给客户，并使客户认同和接受。

（4）意见沟通，主要是指企业主动向客户征求意见，或者客户主动将其对企业的意见（包括投诉）反映给企业。

（5）政策沟通，主要是指企业把有关的政策、规定、制度等向客户传达、宣传。

案例 7-2　　国内生产企业与跨国零售集团的沟通

当前"中国制造"难进跨国零售集团"采购筐"的根本原因，是国内生产企业与跨国零售集团，即供需双方缺乏足够的沟通和交流的平台。

跨国零售集团对我国企业及其产品不甚了解、不甚熟悉，要找到符合要求的供应商需要花费很长时间和很大成本；国内生产企业也缺乏直接与跨国零售集团联系的渠道，对跨国零售集团的采购程序和方法也知之甚少，对国外相关的技术标准、认证体系和市场规则更缺乏必要的了解，甚至不知道外商对产品有什么具体要求。

因此，国内生产企业必须加强与跨国零售集团的沟通，积极地研究、熟悉和掌握跨国零售集团在长期的采购实践中已经形成的一整套严密的采购规则、程序、标准和要求，投其所好，才能获得更多、更好的跨国零售采购订单。

另外，国内生产企业要主动邀请跨国零售集团到企业进行实地考察或"验厂"，或与跨国零售集团建立定期会晤机制，以此促进国内生产企业与跨国零售集团的沟通和交流，使跨国零售集团能够切实了解和认同国内生产企业及其产品。

三、客户沟通的形式

企业与客户之间的沟通应当是双向沟通，既要让客户了解企业，也要使企业了解客户，这样，企业与客户才能增进对彼此的了解和交流，才能够消除隔阂、化解误会、荣辱与共、利益相连。所以，企业与客户之间的沟通形式应当包括以下两个方面。

一方面是企业与客户的沟通，指企业积极保持与客户的联系，通过人员沟通和非人员沟通的形式，把企业的产品或服务的信息及时传递给客户，使客户了解并且理解和认同企业及其产品或服务。

另一方面是客户与企业的沟通，是指企业要为客户提供各种渠道，并保持渠道畅通，使客户可以随时随地与企业沟通，沟通内容包括客户向企业提出的意见、建议和客户对企业的投诉。

四、客户沟通的策略

（一）向客户表明诚意

由于沟通的成功有赖于双方的共同努力，因此企业与客户沟通时，要首先向客户表明自己是很有诚意的，可以安排企业高层对客户进行拜访，通过真诚的交流和情感沟通，增进彼此的理解。如果企业没有诚意，就不要指望得到客户的响应，也不要指望与客户的沟通能够获得成功。

（二）站在客户的立场上与客户沟通

一方面，客户通常关心的是自己的切身利益；另一方面，客户购买的不仅仅是产品或服务，还包括企业对客户的关心以及客户对企业的信任。因此，企业只有站在客户的立场上，充分考虑客户的利益，把客户放在一个合作伙伴的角色上，才能获得沟通的成功。

（三）建立有利于客户与企业沟通的制度

企业要积极建立客户沟通制度、建议制度、投诉制度，清清楚楚、明明白白地告诉客户企业接访部门和接受投诉的部门及其联系方式和工作程序。

延伸阅读 7-1　把客户当熟人

有人说要把客户当亲人、当朋友，这是套近乎的表现，易引起客户反感，因为企业为客户提供产品或服务明显不是无偿的。实事求是地说，企业应当把客户当熟人。

原因是，熟人关系不亏——不亲也不疏，既能维持情感关系又能维护利益，做到利与义的完美结合；熟人关系舒服——相互依赖但不相互依存，企业能在主动与被动之间找到平衡；熟人关系不累——相互尊敬但不相互恭维，相互欣赏信任但不追捧放纵，若即若离，不卑不亢。

第二节 客户沟通的途径

一、通过人员与客户沟通

企业人员可以向客户介绍企业及其产品或服务的信息，及时答复和解决客户提出的问题，并对客户进行主动询问和典型调查，了解客户对企业及其产品或服务的意见，及客户对投诉处理的意见和改进意见等。

例如，雅芳通过专业的美容代表与客户进行面对面的沟通，她们不仅把雅芳的产品和服务信息、促销活动信息等传递给客户，更向客户传授各种美容心得，并教给客户一些美容方面的技巧，帮助客户成就美丽。通过业务人员丰富的专业美容知识和亲切耐心的讲解，不仅让客户更直接地了解雅芳，也让客户懂得更多美容方面的知识，从而更加信赖雅芳。

又如，招商银行在每个支行均设置两名以上的大堂经理，为的是第一时间了解客户需求，分流客户到最合理的处理区域，同时引导、帮助客户以最合理的方式完成业务，大堂经理会在营业厅不断巡视，主动热情解答客户的咨询，帮助客户处理业务，提高业务处理的效率。

案例 7-3　　拜访客户，百事施展“天龙八步”

百事公司要求所有的销售代表在每天的销售过程中，必须按照公司制定的、深具规范性和模式化的“计划拜访八步骤”来拜访小店客户。“计划拜访八步骤”是百事公司服务客户、制胜终端的犀利武器，被喻为：计划性拜访客户的“天龙八步”。

第一步：准备工作

每天销售代表在拜访客户前，都要做好相应的准备工作。这些工作主要包括：一是检查个人的仪表。销售代表是公司的“形象大使”，百事公司要求销售代表的外表和服装要干净、整洁，胡子要刮干净，不得留长发，皮鞋要擦亮，夏天不准穿凉鞋和拖鞋，手指甲要干净，不留长指甲，同时还要保持自身交通工具（百事公司配发的摩托车、自行车等）的清洁等。二是检查客户资料。百事公司采用的是线路“预售制”销售模式，销售代表每天都要按照固定的线路走访客户。这样他们在拜访客户之前就需要检查并携带今天所要访问的客户的资料，这些资料主要包括当天线路的客户卡、线路拜访表、装送单（订单）、业绩报告等。三是准备产品生动化材料。主要包括商标（品牌贴纸）、海报、价格牌、促销牌、冷饮设备贴纸，以及餐牌 POP 广告（售点广告）。销售代表在小店内充分合理地利用这些生动化材料，可以正确地向消费者传递产品信息，有效地刺激消费者的购买欲望，从而树立百事品牌的良好形象。四是准备清洁用品。销售代表要带上干净的抹布，这样他们就可以帮助小店清洁陈列的百事产品。

第二步：检查户外广告

销售代表要及时更换外观破损、肮脏的海报招贴，还要在小店外部选择最佳的位置、视线最好的角度设置广告，以使 POP 广告达到最佳的市场显现效果。

第三步：和客户打招呼

进入小店店内时，百事公司要求销售代表面带微笑地称呼店主的名字，以展现自身的亲和力，树立公司的良好形象。与此同时，对店内的其他人员也要以礼相待。销售代表在和店主寒暄时，不要直接谈及订货的事情，而是要和店主通过友好的交谈了解其生意状况，甚至要帮助店主出出点子，从而提高他的经营业绩，以及百事产品在其店内的销售量。让店主感觉到销售代表是在真切地关心他，而不仅仅是出于生意的关系才来拜访他。只有长此以往，才有助于销售代表和店主之间形成良性的互动，为建立坚实的客户关系奠定良好的基础。

第四步：做终端生动化

终端生动化是百事公司销售代表拜访客户的重点环节，也是提升售点销量最有效的途径之一。百事公司要求销售代表根据小店的实际状况，按照百事模式的生动化标准来执行小店的产品陈列。例如，在小店内摆放百事公司的冷水柜、现调机等冷饮设备，要按冷饮设备的陈列标准，进行生动化操作；若该设备内缺货，则应立即补充百事产品。

第五步：检查库存

做完终端生动化之后，百事可乐的销售代表要按品牌或包装的顺序来清点小店的库存，主要清点两个地点的存货，即前线存货和库房存货。前线存货主要是指小店的货架、柜台上所摆放的没有售完的产品。库房存货则是指存放在小店仓库中用于补货的产品。两个地点的存货数量加在一起，就是小店的实际库存总量。

第六步：提出订货建议

清点完小店的库存之后，销售代表必须按照“1.5 倍的安全库存原则”向店主提出订货建议。根据该原则订货，可以使店主在正常的经营状况下不至于发生缺货或断货的现象，避免造成生意上的损失，还可以帮助店主有效地利用空间和资金，避免出现货物积压、资金无效占用的情况。“1.5 倍的安全库存原则”的计算公式如下：安全库存 = 上次拜访后的实际销售量 ×1.5；建议订货量 = 安全库存 – 现有库存。销售代表向店主提出建议订货量之后，店主大多会提出异议。销售代表要善于处理店主提出的异议，说服店主接受自己提出的建议订货量。同时，销售代表要主动推荐新产品，并努力做到百事产品的全系列铺货。如果公司有小店促销计划，销售代表要积极地介绍促销内容，并向店主提出具有实效性的操作建议，从而成为店主的专业销售顾问。

第七步：订货

销售拜访结束后，销售人员要再一次确认店主的订货量，并按照客户的实际订货量填写客户卡和订单。客户卡，是百事公司的销售代表最有效的销售工具。客户卡上清晰地记录着店主的名称、地点、电话、客户类型、上次进货数量、库存数量等信息。客户卡按星期设置，即星期一 1 本，星期二 1 本……一直延续下去，直到一周。销售代表要养成良好的填写客户卡的习惯，这可以使其更有条理地了解店主的需求，以便更好地为店主提供服务。

第八步：向客户致谢并告知下次拜访时间

“定时、定线、定人、定车”是百事公司对销售代表的要求。“定时”是指拜访每一位店主的时间要固定。“定线”是指每天的销售线路是固定的。“定人”是指一个销售区域设一个主任，每一条销售线路设一个销售代表和一个驾驶员。“定车”是指每条销售线路固定一辆送货车，自己线路上的订货由自己的车送货。每一个小店店主都在销售代表的计划拜访路线之上，销售代表在拜访店主结束后，都要表示谢意，并要明确告知其下次拜访时间，这样可以加深店主对销售代表在固定时间来拜访自己的记忆，从而有助于店主形成在固定时间接待销售代表的习惯，以提高店主的满意度。

二、通过活动与客户沟通

通过举办活动，企业可以让目标客户放松心情，从而增强沟通的效果。

例如通过座谈会的形式，定期把客户请来进行直接的面对面沟通，让每个客户畅所欲言，或者发放意见征询表，向他们征求对企业的意见。通过这种敞开心扉的交流，可以使企业与客户的沟通不存在障碍，同时，这也为客户提供了广交同行朋友的机会——在座谈会上，客户们可以相互学习、相互取经。此外，通过定期或不定期地对客户进行拜访，与客户进行面对面沟通，也可以收集他们的意见，倾听他们的想法，并消除企业与客户的隔阂。

另外，邀请客户联谊也是加深企业与客户感情的好方式。例如，一个可携带配偶出席的晚会将增进企业与客户的情谊。联谊活动有多种形式，如宴会、娱乐活动、健身活动、参观考察等。联谊的目的是拉近企业与客户的距离，与客户建立一种朋友式的关系。例如，花旗银行为了加强与客户的联系，经常为客户举办招待酒会、宴会，邀请少数大客户在周末去郊区活动，观看演出、运动会等。花旗银行的客户说，任何一家银行都没有像花旗银行那样对客户献殷勤。

当然，企业还可以通过促销活动与客户沟通，使潜在客户和目标客户有试用新产品的理由，也使现实客户有再次购买或增量购买的理由，从而有利于提升和发展客户关系。以“雅芳春天之约”大型活动为例，活动发放了雅芳品牌的宣传材料，尤其是品牌精髓中与青年学生生活能产生共鸣的契合点，同时雅芳通过“爱情宣言”“告别情感冬天”“爱我就给我美丽”等游戏和活动，将每种产品形象化。例如，选择洗发水的人对爱人的感情是山高水长，选择护肤液的人对爱人的感情是温和细腻，选择护手霜的人对爱人的感情是体贴入微，选择唇膏的人对爱人的感情是真挚热烈，等等，这种将产品形象化的做法更好地诠释了雅芳产品的特性，给客户更加深刻的感受。

此外，通过开展公益活动也可以达到很好的沟通效果。例如，作为一个出色的企业公民，沃尔玛自进入中国起就积极开展社区服务和慈善公益活动，如开展“迎奥运、促和谐、做先锋”“奥运年，中国心”“关爱农民工子女”等公益活动。沃尔玛对非营利组织和公益事业（如学校、图书馆、经济发展团体、医院、医学研究计划和环保方案等）的捐赠也十分慷慨，从而树立了良好的公益形象。

三、通过电话、呼叫中心、电子邮件、网站、博客、微信公众平台等方式与客户沟通

自从美国的宝洁公司首创了“客户免费服务电话”以来，目前已有不少企业，如松下、夏普等，也效仿设立了免费热线电话，客户只要拨通热线电话，就可以免费与企业进行沟通，得到有关答复或服务，从而为客户提要求、提建议、发牢骚敞开大门。日本的花王公司运用其电子咨询系统，不仅为客户详细地了解企业及其产品提供了便利，也为企业及时了解和掌握客户的意见、建议和需求提供了可能，从而使企业做到按需生产、按需销售，保证产品适销对路。惠普中国公司也为其主要客户提供24小时技术服务呼叫电话，随时答复客户的服务需求和使用咨询等，这对于赢得客户信任、建立良好的客户关系十分有效。

知识扩展 7-1　**座席代表服务过程的几个关键点**

1. 快速理解客户问题

在呼入型呼叫中心，客户主动拨打电话过来是有明确的服务需求的，但每个人的教育程度、表达方式、表达习惯和生活环境不一样，导致每个人表达出来的效果不一样，座席代表只有快速理解客户的问题和需求，才能针对性地提出解决方案。座席代表除了要具备基本的理解能力外，还要日积月累一些客户的问法，掌握客户询问的一般规律，学会在交谈中找准客户的需求。另外，呼叫中心也应该在培训中增加案例教学，把日常收集的一些应对场景通过案例教学或制作应答口径的方式告知座席代表，给他们足够的支持。

2. 快速找到解决办法

在理解了客户的问题和需求后，座席代表要针对这些问题进行剖析和解答，这个过程要求座席代表业务熟练，答案是准确的，指引是清晰的，要熟悉处理流程。为此，座席代表要经常进行业务培训，同时后台要在业务讲解，知识库架构清晰、及时更新方面做好充分的支撑。座席代表回答客户问题，需要以知识库作为依据，如果知识库混乱，座席代表不易查找，或者业务未能及时更新，都会影响座席代表快速解决问题的能力。

3. 简单明白地告诉客户

在反馈客户问题时，要简单明白，不但要减少专业术语的使用，还需要座席代表有良好的沟通技巧。我们常说“沟通不在于你说了什么，而在于对方听到了什么”，所以座席代表理解了客户的问题并找到解决方法后，要简单明白地告诉客户。这要求座席代表不断提升自己的沟通和处理能力，不断总结各种问题的解决办法；要求培训管理部门经常总结沟通技巧的案例和方法，及时对座席代表开展话术培训和案例教学。

随着技术的进步和沟通实践的发展，新的沟通渠道不断地出现，特别是互联网的兴起彻底改变了企业与客户沟通、交流的方式，企业可以在强大的数据库系统的支持下，通过电子商务的手段，开设自己的网站为客户提供产品或服务信息，与客户进行实时沟通，从而缩短企业与客户之间的距离。例如，沃尔玛（中国）的官方网站 www.wal-martchina.com是其与客户沟通的重要平台，也是客户了解沃尔玛（中国）的窗口。网站的主要内容为：关于沃尔玛、沃尔玛购物广场、山姆会员商店、新闻动态（公司新闻、最新统计信息）、客户服务、企业社会责任、招聘信息、联系我们等栏目。客户可以通过沃尔玛的网站，了解他们想要了解的信息。

另外，现代通信手段的发展，使企业还可以通过博客、微信公众平台等形式与客户沟通，向客户提供产品或服务信息。

例如，戴尔直通车（www.direct2dell.com/chinese）是戴尔公司的官方中文博客，博客采取文字、照片、视频等形式，介绍戴尔产品、服务、员工生活等各种信息，客户可以在博客上留言，分享他们对戴尔的评论、想法和意见，戴尔直通车的站长和其他工作人员会代表戴尔在博客上回答大家的问题。通过戴尔的博客，客户可以和戴尔进行信息交流，一起讨论 IT 技术、戴尔文化、戴尔产品、客户体验、公司战略、企业社会责任、戴尔人的生活等，使戴尔员工和客户的对话和直接交流信息变得容易。在博客开通的第一个月内，客户讨论最热的话题是希望戴尔预装 Linux 操作系统。在客户投票后，戴尔迅速响应客户需要，很快就在产品中增加了这一项。

又如，微信公众平台可以向关注它的客户发送信息，这种信息可以是服务资讯、产品促销，也可以是热点新闻、天气预报等，甚至可以与客户在平台上进行互动，完成包括咨询、客服等相关功能。通过微信公众平台，企业可以方便地设置调查页面并随时调整调查内容，客户则可以很方便地通过手机对服务进行评价，这样企业就可以在第一时间获得关于服务质量的反馈，清楚地了解服务的哪个环节存在问题，哪些服务人员存在问题，以便及时纠正。一些餐厅在菜单上标注官方微信二维码，客户在关注之后，就可以对餐厅菜品进行评价，经营者则可以向这些客户推送餐厅促销信息，为客户提供就餐指导。这样长期的线上与线下交流，可以使经营者与客户建立良好的关系。另外，微信公众平台还可以对客户投诉进行处理，企业可以在微信公众平台设立投诉箱和意见箱，并要求相关负责人对所有投诉内容给予足够的重视，出现错误应公开给客户道歉，以及要求相关部门进行事后跟踪。

四、通过广告与客户沟通

广告的形式多样，传播范围广，可以对目标客户、潜在客户和现实客户进行解释、说明、说服、提醒等，是企业与客户沟通的一种重要途径。

通过广告与客户沟通的优点是：迅速、及时，能够准确无误地刊登或安排播放的时间，并且可以全面控制信息内容，能让信息在客户心中留下深刻的印象。

通过广告与客户沟通的缺点是：单向沟通，公众信任度较低，易引起客户的逆反心理。这就要求企业的广告要减少功利的色彩，多做一些公关广告和公益广告，这样才能够博得客户的好感。

以雅芳唇膏的电视广告为例，艺人大S代言的雅芳色彩全效唇膏14秒的广告“唇膏，怎样才更好？颜色要饱满漂亮。雅芳色彩全效唇膏，四种功效，智慧锁定，四重美丽，创造美唇奇迹”，有效地利用大S“美容大王”的形象，充分诠释了雅芳色彩全效唇膏的特性和功效。同时，广告词的最后一句“雅芳，比女人更了解女人”，再次向客户展示了“雅芳——一家属于女性的公司”（AVON——The Company for Women）的宗旨和理念，赢得了客户的信赖。雅芳除了花重金做了很多电视广告之外，杂志也是雅芳选择的主要广告媒体之一，比如在《瑞丽》《中国消费者》《女友》等符合雅芳定位和目标客户兴趣的杂志上，雅芳进行了大量的广告宣传，包括产品、理念、促销活动等方面的宣传。同时，雅芳还利用自己创办的电子杂志，为客户更好地了解雅芳提供了一个平台，促进了雅芳与客户更有效的沟通。此外，雅芳还通过在网站上发布视频、图片等各种广告形式，利用网络信息量大、受众面广的优点增强了沟通的效果。另外，雅芳还通过留言板等形式与客户进行互动，及时得到了客户的反馈，与客户进行沟通的效果非常明显。

五、通过公共宣传及企业的自办宣传物与客户沟通

通过公共宣传与客户沟通的优点是：可以增加信息的可信度，因为它是一个与获利无关者的评论，比较可靠；另外，公共宣传还可以使企业欲与客户沟通的信息得到免费曝光的机会，从而提高对客户的影响力。

通过公共宣传与客户沟通的缺点是：企业对信息没有控制权，企业希望得到宣传的信息未必被新闻机构采用，即使采用，企业也无法控制信息何时被采用。

因此，企业还可以通过内部刊物发布企业的政策与信息，及时将企业经营战略与策略的变化信息传递给客户。当然，这里的信息包括新产品的开发信息、产品价格的变动信息，新制定的对客户的奖励政策、返利的变化以及促销活动的开展等。

例如，宜家就精心为每件商品制定“导购信息”，产品的价格、功能、使用规则、购买程序等，几乎所有的信息都一应俱全。对于组装比较复杂的家具，宜家则在卖场里反复放映录像并使用挂图解释如何组装该家具。如果你不懂怎样挑选地毯，宜家会用漫画的形式告诉你：“用这样简单的方法来挑选我们的地毯，一是把地毯翻开来看它的背面；二是把地毯展开来看它的里面；三是把地毯折起来看它鼓起来的样子；四是把地毯卷起来看它团起来的样子。”如果你仍不放心，宜家的《商场指南》里写着：“请放心，您有14天的时间可以考虑是否退换。”

六、通过包装与客户沟通

企业给客户的第一印象往往来自企业的产品，而产品给客户的第一印象，不是来

自产品的内在质量，而是来自产品的包装。包装是企业与客户沟通的无声语言，好的包装可以吸引客户的视线，给客户留下美好的印象，能够引起客户的购买欲望。例如，基于外观华贵和精致的考虑，雅芳在包装上选择了一种光滑、饱满、带金属光泽的蓝色，所有包装的色彩都以这种核心蓝为底色，带给客户一种和谐、高档的视觉感受。

包装还可以传达企业对社会、对公众的态度，以及对自然和环境的态度。现在有越来越多的企业采用了无污染的、能够生物分解或循环利用的包装材料，这就向客户传达了自己对环境的爱护，从而给客户留下这家企业爱护环境、富有责任感的印象。

对银行这样的服务机构来说，"包装"就是服务的软硬件展示，如银行的营业环境及工作人员的形象等。例如，招商银行就非常重视服务环境的"包装"，投入了大量资源进行营业厅环境改造，如提高装修水平，设置服务标识，配备饮料，摆放报纸、杂志，安装壁挂电视；让客户悠闲地坐在椅子上，享受着书报、杂志、牛奶、茶水或咖啡，看着电视等着办理业务，并由此衍生出微笑站立服务、设置低柜服务，改变了传统银行冷冰冰的面孔和服务模式；当其他银行的客户在柜台前排起长龙等待办理业务的时候，招商银行率先推出叫号器，后来又改善叫号器设置，在叫号器界面上设立不同的业务种类，客户按照银行卡的种类取号，分别在不同的区域排队等候，减少了相互干扰，保证营业厅秩序，从而营造出舒适的氛围。

总之，客户沟通的途径多种多样，其目的是通过经常性的沟通，让客户清楚企业的理念与宗旨，让客户知道企业是他们的好朋友，企业很关心他们，为了不断满足他们的需要，企业愿意不断地提升产品或服务的品质及一切其他方面，这样就能够提升客户关系。

第三节 如何处理客户投诉

一、客户投诉产生的原因

(一) 产品或服务的质量问题

产品或服务的质量问题，包括质量没有达到标准，或者经常出现故障等。例如，其他通信企业给客户提供的功能越来越多，网络覆盖面不断扩大，接通率提高，掉线率下降。而本企业提供的通信服务却在很多地方打不通，或者经常掉线，那么客户的埋怨就会不断增加，从而产生投诉。

(二) 服务态度或服务方式的问题

服务态度或服务方式的问题，例如对客户冷漠、粗鲁，表情僵硬，或者表示出不屑；不尊重客户，不礼貌，缺乏耐心，对客户的提问和要求表示烦躁；服务僵化、被动，没有迅速、准确地处理客户的问题；措辞不当，引起客户的误解。

（三）受骗上当

企业在广告中过分夸大宣传产品的某些性能，引诱客户上当，造成客户的预期落空；或者企业对客户做了某种承诺而没有兑现，使客户的预期没有得到满足。例如，有的商场承诺包退包换，但是一旦客户提出退换要求，商场总是找理由拒绝。

二、为什么要重视客户的投诉

（一）投诉的客户很可能是忠实的客户

调查表明，投诉的客户只占不满意的客户的 5% 还不到，95% 的不满意的客户是不会投诉的，他们只会停止购买，或是转向其他竞争品牌，与企业的竞争对手交易，而且还会散布对企业不利的信息，这些客户根本不给企业解决问题的机会。

由此可见，企业应该感谢这些前来投诉的客户，因为他们把不满告诉了企业，而不是告诉他们的亲朋好友。有期待才会有投诉，客户肯花时间来投诉，说几句怨言，发几句牢骚，表明他们对本企业抱有“恨铁不成钢”的心态，表明他们对企业仍然有信心，他们期待“浪子回头”。因此，可以说那些肯投诉的客户很可能是我们的忠实客户。

（二）投诉带来珍贵的信息

客户是产品或服务最直接的使用者和消费者，所以他们是最权威的评判者，最具发言权。

客户投诉的确是件令人头痛的事，但是如果换个角度来看就会发现，客户抱怨或投诉是客户对企业的产品或服务不满的正常反应，是客户对产品或服务的期待及信赖落空而产生的不满及愤怒，它揭示了企业经营管理中存在的缺陷。因此，客户投诉可以为企业提供重要线索，使企业可以及时了解和改进产品或服务的不足之处。

客户投诉还蕴藏着巨大的商机，因为它可以帮助企业产生开发新产品、新服务的灵感，许多知名的大企业在开发产品方面都得益于客户的抱怨。例如，美国宝洁公司通过“客户免费服务电话”倾听客户的意见，并对其进行整理、分析和研究，许多改进产品的设想正是来源于客户的投诉和意见。又如，海尔可以洗地瓜的洗衣机正是在客户提出洗衣机无法洗地瓜这一“无理”的要求下开发出来的新产品。

在松下公司创业初期，创始人松下幸之助偶然听到几个客户抱怨现在的电源都是单孔的，使用起来很不方便。松下幸之助得到启发，马上组织力量进行研发，很快就推出了“三通”插座，可以同时插几个电器，“三通”插座在投放市场后取得了巨大成功，也为松下公司的进一步发展积累了丰厚的资金。对此，松下幸之助总结说：“客户的批评意见应视为神圣的语言，任何批评意见都应乐于接受。”

案例 7-4 **投诉带来的商机**

某客户向沙发厂投诉，由于沙发的体积相对大，而仓库的门小，搬进、搬出都很不方便，还往往会在沙发上留下划痕。两个月后，沙发厂把可以拆卸的沙发研制出来了，这种沙发不仅节省库存空间，而且给客户带来了方便。这个创意正是从客户的投诉中得到的。

某商场老板有一次偶然听到两位客户投诉卫生纸太大，细问原因，原来是低档宾馆的投宿客人素质较低，每天放到卫生间里的可以用几天的卫生纸，往往当天就没了，这造成了宾馆成本的上升。这个商场老板也“心有灵犀一点通”，他立即从造纸厂订购了大量的小卷卫生纸，并派人到各个低档宾馆推销，结果受到普遍的欢迎。

（三）妥善处理投诉可以阻止客户的流失

有些企业在处理客户投诉时常常表现出不耐烦、不欢迎，甚至流露出反感的情绪，这是一种危险的做法，因为这样往往会使企业丧失宝贵的客户资源。

如果企业对客户的投诉处理不当，那么投诉的客户不仅会流失到竞争对手那边，而且还会将其不满广为传播，从而容易引发其他客户的流失。同时，由于客户的口碑效应，企业在吸引新客户时的难度会加大，而且公司的信誉也会下降，发展受到限制，甚至生存受到威胁。

“250 定律”要求企业对任何客户都待之以诚，因为企业如果得罪了一位客户，也就可能得罪了另外 250 位客户；如果让一位客户难堪，就可能有 250 位客户在背后为难你；只要你不喜欢一个人，就可能有 250 个人讨厌你。借助互联网，这些不开心的客户很容易让成千上万的人知道他的感受。因此，企业必须要在这个不愉快的事情发生之前将其迅速解决。

例如，日本某百货公司在接待美国记者基泰丝出现失误后，立即采取紧急行动，通过 35 次紧急电话的搜寻，终于找到了基泰丝。在工作人员真诚地表示歉意，解释失误原因之后，深受感动的基泰丝用《35 次紧急电话》代替了早已准备披露的对该公司不利的报道《笑脸背后的真面目》，转而对该公司大加赞扬。

客户投诉的成功处理可以带来回头客业务。因为客户常常依靠企业处理投诉的诚意和成效评判一个企业的优劣，如果投诉的结果令客户满意，他们会对企业留下好印象。

美国 TRAP 公司的研究表明，在不满意的客户中，不投诉的客户只有 9% 的概率会再上门，投诉的客户有 15% 的概率会再上门，投诉得到解决的客户则有 54% 会再上门，如果投诉可以迅速解决，客户则有 82% 会再上门。可见，有投诉不一定是坏事，关键是看企业怎样处理。

总之，世界上没有任何一个企业敢拍着自己的胸脯说：“我的企业永远不会出现失误，也永远不会出现危机。”从这个角度来讲，客户投诉在所难免。企业要与客户建立长期的、相互信任的伙伴关系，就要妥善处理客户的抱怨或投诉，把处理投诉看作一个弥补产品或服务欠佳造成的损失以及挽回不满意的客户的机会，把处理投诉看作恢复客户对企业的信赖、避免引起更大的纠纷和恶性事件的大好机会，此外，也要把处理投诉看作促进自身进步和提升客户关系的契机。

三、处理客户投诉的四部曲

（一）让客户发泄

客户是给企业带来利润的人，是企业的衣食父母，也是能够使企业失败的人，因此，客户不应是企业争辩或斗智的对象，企业在口头上占了上风的时刻，就是失去他们的时刻。

为此，客户来投诉时，我们应该热情地招呼对方，真诚地对待每一位前来投诉的客户，并且体谅对方不好的语气——客户在投诉时情绪难免会过于激动。心理专家说，人在愤怒时，最需要的是情绪的宣泄，只要将心中的怨气宣泄出来，情绪便会平静下来，所以企业要让投诉的客户充分发泄心中的不满乃至愤怒。

企业在让客户发泄时要注意聆听和认同两个环节。

1. 聆听

要做一个好的聆听者，认真聆听，不无礼、不轻易打断客户说话，不伤害客户的自尊心和价值观。聆听时要注意用眼神关注客户，使他感觉到自己、自己的话、自己的意见被重视，从而鼓励他说出心里话，同时还要协助客户表达清楚。

另外，可以在客户讲述的过程中不时点头，不时用“是的”“我明白”“我理解”表示对投诉问题的理解，让客户知道你明白他的想法。此外，还可以复述客户说过的话，以澄清一些复杂的细节，更准确地理解客户所说的话，当客户在长篇大论时，复述还是一个总结谈话的技巧。

2. 认同

客户在投诉时，最希望自己能得到同情、尊重和理解，因此，这时候要积极地回应客户所说的话，如果你没有反应，客户就会觉得自己不被关注，就可能会被激怒。

认同的常用语有：“您的心情我可以理解”“您说的话有道理”“是的，我也这么认为”“碰到这种状况我也会像您那样”。

影响投诉问题解决的因素可能是多方面的，即使因为政策或其他方面的原因根本无法解决投诉的问题，但只要我们在与客户沟通的过程中始终抱着积极、诚恳的态度，那么也会使客户的不满情绪降低很多。

（二）记录投诉要点、判断投诉是否成立

要记录的方面有：投诉人、投诉对象、投诉内容、何时投诉、客户购买产品的时间、

客户的使用方法、投诉要求、客户希望以何种方式解决问题、客户的联系方式等。

在记录的同时，要判断投诉是否成立，投诉的理由是否充分，投诉的要求是否合理。如果投诉不能成立，也要用婉转的方式使客户认清是非曲直，耐心解释，消除误会。

如果投诉成立，企业的确有责任，就应当首先感谢客户，可以说“谢谢您对我说这件事……”“非常感谢，您使我有机会为您弥补损失……”要让客户感到他和他的投诉是受欢迎的，他的意见很宝贵。客户一旦受到鼓励，往往还会提出其他的意见和建议，从而给企业带来更多有益的信息。

其次要道歉，在道歉时要注意称谓，尽量用“我”，而不用“我们”，因为“我们很抱歉”听起来毫无诚意，像是在敷衍塞责。

俗话说“一语暖人心”，话说得悦耳动听，紧张的气氛自然也就缓和了。

（三）提出并实施可以令客户接受的方案

在道歉之后，就要着手为客户解决问题，要站在客户的立场上寻找解决问题的方案并迅速采取行动，否则就会让客户感到你是虚情假意的。

首先，要马上纠正引起客户投诉的错误。反应快表示你在严肃、认真地处理这件事，客户对此一定会很欣赏，拖延时间只会使客户感到自己没有受到足够的重视，会使客户想要投诉的心理变得越来越强烈。

其次，根据实际情况，参照客户的处理要求，提出解决投诉的具体方案，如退货、换货、维修、赔偿等。提出解决方案时，要注意用建议的口吻，然后向客户说明它的好处。

如果客户对方案不满意，可以问问他的意见。从根本上说，投诉的客户不仅是要你处理问题，而是要你解决问题。所以，如果客户觉得你提出的处理方案不是最好的解决办法时，你一定要向他讨教如何解决。

最后，抓紧实施客户认可的解决方案。

（四）跟踪服务

跟踪服务即对投诉处理后的情况进行追踪，可以通过电话或微信，甚至登门拜访的方式了解事情的进展是否如客户所愿，调查客户对投诉处理方案实施后的意见，如果客户仍然不满意，就要对处理方案再修正，重新提出令客户接受的方案。

跟踪服务体现了企业对客户的诚意，会给客户留下很深、很好的印象，客户会觉得企业很重视他提出的问题，是真心实意地帮他解决问题，这样就可以打动客户。

此外，通过跟踪服务对投诉者进行回访，并告诉他，基于他的意见，企业已经对有关工作进行了整改，以避免类似的投诉再次发生，这样做不仅有助于提升企业形象，而且可以把客户与企业的发展密切联系在一起，从而提高其忠诚度。

延伸阅读 7-2　　处理客户投诉常见的错误行为

（1）在事实澄清以前便承担责任，一味地道歉或者批评自己的同事。

（2）与客户争辩、争吵，不承认错误，只强调自己正确的方面，言辞激烈，带有攻击性。

（3）教育、批评、讽刺、怀疑客户，或者直接拒绝客户，说“这种事情绝对不会发生”。

（4）表示或暗示客户不重要，为解决问题设置障碍、吹毛求疵、责难客户，期待客户打退堂鼓。

（5）问一些没有意义的问题，以期找到客户的错误，避重就轻，假装关心，实际却无视客户的关键需求。

（6）言行不一，缺乏诚意，拖延或隐瞒。

延伸阅读 7-3　　如何应对三种特殊客户的投诉

（1）感情用事者。碰到这样的客户，务必保持冷静、镇定，让其发泄，仔细聆听并表示理解，尽力安抚，告诉客户一定会有令其满意的解决方案，语气谦和但有原则。

（2）固执己见者。碰到这样的客户，先表示理解客户，然后力劝客户站在互相理解的角度看问题，并耐心劝说和解释所提供的处理方案。

（3）有备而来者。碰到这样的客户，要谨言慎行，也要充满自信，明确表示解决问题的诚意。

四、提高处理客户投诉的质量

（一）建立便捷的投诉途径

根据美国消费者事务办公室的调查，90%～98% 的不满意的客户从不抱怨，他们仅仅是转到另外一家，或者是因为怕麻烦，或者是因为商品价值太低而不愿浪费时间和精力，还有的是因为不知道如何投诉。如果客户不将心中的不满讲出来，企业就很可能不知道自己哪里出错了，从而一错再错，结果是引起更多客户的不满。

因此，为了确保不满意的客户能够向企业提出自己的意见，就要想办法降低客户投诉的“门槛”，为客户提供各种便利的投诉途径，如开通免费投诉电话、24 小时投诉热线或者网上投诉等，并保持途径的畅通，让客户投诉变得简单。此外，企业还可以设置意见箱、建议箱、电子邮箱及微信公众号等，为客户提供便捷的投诉通道。例如，医院可以在走廊上设置“意见箱”“建议箱”或者向病人提供“评议卡”“意见卡”等。

总之，企业要创造条件方便客户投诉和提意见，并且尽可能降低客户投诉的成本，减少其花在投诉上的时间、精力和金钱等。

（二）建立完善的投诉系统

企业应建立完善的客户投诉系统，对每一位客户的投诉及处理都要做详细的记录，包括客户投诉的内容、处理投诉的过程及结果、客户是否满意等。这样做的目的是全面收集、统计和分析客户的意见，不断改进客户投诉的处理办法，并将获得的信息在整理后传达给其他部门，以便及时总结经验和教训，为将来更好地处理客户投诉提供参考。此外，要对投诉的处理过程进行总结与综合评价，提出改进对策，不断完善企业的客户投诉系统。

（三）奖励客户投诉

企业还可以设立奖励制度鼓励客户投诉。例如联邦快递就保证，如果客户在递交邮件的次日上午 10:30 前没有收到回复邮件，只要客户投诉，那么他的邮递费用全免。中国铁路上海局集团有限公司上海站则通过设立“乘客征求意见奖”，鼓励乘客投诉。

（四）提高一线员工处理投诉的水平

一线员工往往是客户投诉的直接对象，然而目前许多企业不注重这方面的训练，员工处理客户投诉凭的是经验和临场发挥，缺乏平息客户怨气的技巧。

企业应当利用各种形式，对一线员工进行培训，教会他们并使他们掌握处理客户投诉的技巧，使一线员工成为及时处理客户投诉的重要力量。此外，要赋予一线员工一定的权力，使他们在处理一些无法预见的问题时有相对大的自主权，以便他们对客户提出的意见和建议做出迅速的反应，从而保证为客户提供迅速、及时、快捷、出色的服务。另外，要注意对投诉处理人的心理调节，可采取：合理的自我宣泄，学会倾诉；转移注意力，多从事有益于身心健康的活动；处理投诉的人员之间相互多沟通；提高成就感等措施。

（五）警钟长鸣，防患于未然

首先，分析客户投诉的原因，查明造成客户投诉的直接责任人，并对直接责任人及其部门主管按照有关规定进行处罚，必要时将客户投诉及相关处理结果在企业内部通报，让每一个员工都知道这件事，以避免这类错误再度发生。

其次，提出“对症下药”的、可以防止投诉问题再次发生的措施，不断改进企业工作中的缺陷。

总之，企业要认真对待客户投诉，敞开心扉，与客户进行平等的沟通交流，这样，企业与客户之间就没有打不开的心结，化不开的冰。

课后练习

一、选择题（可能不止一个选项）

1. 客户沟通的内容主要是（　　）。

A. 信息沟通　　B. 意见沟通　　C. 理念沟通　　D. 情感沟通

2. 处理客户投诉的步骤是（　　）。

A. 让客户发泄　　B. 记录投诉要点　　C. 跟踪调查　　D. 提出解决方案

3. 在让客户发泄时要注意（　　）。

A. 聆听　　B. 辩解　　C. 制止　　D. 解释

4. 企业与客户之间的沟通应当是（　　），既要让客户了解企业，也要使企业了解客户。

A. 单向沟通　　B. 双向沟通　　C. 横向沟通　　D. 纵向沟通

5. 客户与企业沟通的途径有（　　）。

A. 电话　　B. 意见箱　　C. 呼叫中心　　D. 包装

二、判断题

1. 客户与企业的沟通，是客户将其需求或者要求反映给企业的行动。
2. 企业要方便客户与企业的沟通，尽可能降低客户投诉的成本。
3. 客户是产品或服务最直接的使用者和消费者，所以他们是最权威的评判者。
4. 企业应当利用各种形式对一线员工进行培训，使一线员工成为及时处理客户投诉的重要力量。
5. 投诉往往会带来珍贵的信息。

三、名词解释

信息沟通　　情感沟通　　理念沟通　　意见沟通

四、思考题

1. 客户沟通的作用与内容是什么？
2. 企业与客户沟通的途径有哪些？
3. 处理客户投诉的四部曲是什么？
4. 如何提高处理客户投诉的质量？

五、案例分析题

戴尔与客户的沟通

戴尔公司自创建以来，其年销售额一直以两位数的百分比增长，在不足20年的时间里，以1 000美元起家的戴尔公司已发展为年销售额320亿美元以上，股票上市10年就增值300倍的世界名企！戴尔公司带给世人的经验和启迪是不可忽视的，其中戴尔与客户沟通方面的成功经验就值得许多企业借鉴。

戴尔公司有独特的“按需配置、直线订购”的销售模式，允许客户自定义设计其喜欢的产品，自由选择和配置计算机的各种功能、型号和参数，同时，戴尔公司还根据客户的性质（企业或个人）、用途、资金预算等信息推荐合适的机型和配置，与客户进一步沟通和商讨，最后按客户确认的配置订单通知生产线。由于从产品的最初设计开始就是和客户互动的过程，因此这种灵活的定制方式真正实现了客户对产品功能的满意和需求个性化的满足。

戴尔公司的客户可以通过800免费销售热线订购自己所需的电脑，在使用过程中遇到任何问题也只需拨打全国统一免费电话，就会直接得到厂家的专业化服务。戴尔公司也由此及时、准确地了解了客户的使用体验和反馈意见，而这正是其他厂商花大力气也难以获取的信息。为确保服务的及时、周到，戴尔在全球各个客户服务中心都建立了一个服务电话网络。以中国为例，有100多个免费电话可以直接打到厦门工厂。

戴尔公司通过计算机电话集成系统对打入的电话进行整理，并建立了一个客户信息数据库，在开展售后服务时，客户只需把计算机序列号告诉服务的工程师，他们便能准确地查出客户所购计算机的所有配置和当地采购信息，并据此提供及时、准确的解决方案。

在按照客户的要求设计、生产并交付产品后，戴尔公司还想方设法了解客户使用产品的体验，以获得修改设计或改变制造程序的灵感，根据客户的直接反馈改进产品。例如，公司技术支持工程师通过拜访重要客户、接听客户打入的免费技术咨询电话获得相关信息，经过归纳整理后提交公司研发部门进行进一步的分析和研究。因而，戴尔公司的主导产品始终能够围绕客户完美的使用体验不断改进，新产品的开发也始终能够适应客户需求的发展趋势。

对于一些全球大客户，戴尔对其个性化需求的满足更是做到了细致入微的程度，公司专门派驻小组，针对每位客户的特殊需要提供“专一整合服务”，为客户提供终身的技术支持和服务，以维持终身制的客户关系。

1995年，戴尔公司建立了戴尔在线网站www.dell.com，客户可以直接登录网站，通过界面友好的人机对话，在网上获得信息并进行交易，完成从配置到价格、从订购、交付到售后服务的全过程。

戴尔在线网站帮助戴尔公司更准确、快捷地了解客户需求，有计划地组织生产，提供直销、网上查询和预订服务，根据客户订货组织生产，最大限度地满足了客户需求。网站的功能主要包括客户自助查询产品信息、客户自助查询订货数据、支付或调整账单、网上故障诊断和技术支持等。戴尔公司还建立了一个全面的知识数据库，包含戴尔公司提供的硬件和软件中可能出现的问题和解决方法。

总之，戴尔公司坚持以客户为中心，利用先进的计算机技术、便捷的现代通信手段和蓬勃发展的互联网，与客户进行完美的沟通，使大规模定制生产得以完美实现，最大限度地满足了客户个性化的需求，让客户满意。

案例思考题：

戴尔公司是如何与客户进行沟通的？你怎样评价戴尔与客户沟通的做法？

CHAPTER 8

第八章 客户满意

引例

招商银行的 4A 服务

95555 是招商银行集自动、人工于一体的全国统一客户服务号码，客户可通过拨打 95555 获得 24 小时不间断的、全方位的一站式服务。作为招行的一个优势，电话服务具有以下服务特色：超时空的 4A 服务——任何客户（any guest——个人客户、公司客户等银行所有的客户）可以在任何时间（anytime——每年 365 天、每天 24 小时不间断）、任何地点（anywhere——家里、办公室、旅途中）以任何方式（anyway——电话、手机、传真、互联网、电子邮件等）获得银行服务，为客户提供了沟通便利，也帮助客户节省了时间和精力，因此客户比较满意。

启示：招商银行的 4A 服务，使客户可以不受时间、空间、方式的限制来接受服务，超出了客户的预期，因此可以让客户满意。

第一节　客户满意的概念、判断与意义

一、客户满意的概念

奥利弗（Oliver）认为客户满意是客户得到满足后的一种心理反应，是客户对产品或服务满足自己需要的一种判断，判断的标准是看这种产品或服务满足客户需求的程度。换句话说，客户满意是客户对所接受的产品或服务进行评估，以判断产品或服务是否能达到他们所预期的程度。

亨利·阿赛尔认为："客户满意取决于商品的实际消费效果和消费者预期的对比，当商品的实际消费效果达到消费者的预期时，就导致了客户满意，否则就会导致客户不满意。"

菲利普·科特勒认为："客户满意是指个人通过对产品的可感知效果与他的预期值比

较后所形成的愉悦或失望的感觉状态。”

综上所述，客户满意是一种心理活动，是客户的主观感受，是客户的预期被满足后形成的状态。当客户的感知没有达到预期时，客户就会不满、失望；当感知与预期一致时，客户是满意的；当感知超出预期时，客户就感到“物超所值”“喜出望外”，就会很满意。

二、客户满意的判断

客户是否满意一般可以从下面几个指标来判断。

（一）美誉度

美誉度是客户对企业或者品牌的褒扬程度。借助美誉度，可以知道客户对企业或品牌所提供的产品或服务的满意状况。一般来说，持褒扬态度、愿意向他人推荐企业及其产品或者服务的客户，肯定对该企业或该品牌提供的产品或服务是非常满意或满意的。

（二）指名度

指名度是客户指名消费或购买某企业或某品牌的产品或服务的程度。如果客户在消费或购买过程中放弃其他选择而指名购买、非此不买，表明客户对该企业或该品牌的产品或服务是非常满意的。

（三）忠诚度

忠诚度是客户购买或消费了某企业或某品牌的产品或服务之后，愿意再次购买的程度。如果客户持续购买，一般表明客户是满意的。如果客户不再购买而改购其他企业或品牌的产品或服务，表明客户很可能不满意。通常来说，客户对该企业或该品牌的重复购买次数越多，表明客户的满意度越高，反之则越低。

（四）容忍度

容忍度是指客户在购买或消费了某企业或某品牌的问题产品或服务之后愿意包容、容忍的程度。一般来说，客户容忍度越高，表明客户越满意，反之则越低。例如，当产品或服务出现事故时，客户如果仍然能表现出容忍的态度（既不投诉，也不流失），那么表明这个客户对该企业或该品牌肯定不是一般的满意。又如，当某企业或某品牌的产品或服务的价格上调时，如果客户表现出很强的承受能力，那么也表明客户对该企业或该品牌肯定不是一般的满意；相反，如果客户立马流失，那么说明客户对该企业或该品牌的满意度不够高。

（五）购买额

购买额是指客户购买某企业或某品牌的产品或服务的金额多少。一般而言，客户对某企业或某品牌的购买额越大，表明客户对该企业或该品牌的满意度越高，反之，则表明客户的满意度越低。

（六）购买决策时间的长短

一般来说，客户购买决策越迅速，购买决策时间越短，说明他对该企业或该品牌的满意度越高，反之，则可能说明他对该企业或该品牌的满意度越低。

总之，客户满意是一种暂时的、不稳定的心理状态，为此，企业应该经常性地测试。例如可以经常性地在现有的客户中随机抽取样本，向其发送问卷或打电话询问其对企业的产品或服务是否满意？如果满意，达到了什么程度？哪些方面满意？哪些方面不满意？对改进产品或者服务有什么建议？如果客户的满意度普遍较高，那么说明企业为客户提供的产品或服务是受欢迎的，企业与客户的关系是处于良性发展状态的，企业就应再接再厉，发扬光大；反之，企业则需多下功夫、下大力气改进产品或服务。

三、客户满意的意义

（一）客户满意是形成客户忠诚的基础

从客户的角度来讲，他们没有理由让自己继续接受不满意的产品或服务，也就是说，企业如果上次不能让客户满意，就很可能得不到客户的再次眷顾与垂青。卡多佐（Cardozo）首次将客户满意的观点引入营销领域时，就提出客户满意会带动再购买行为。菲利普·科特勒也认为，留住客户的关键是客户满意。一般来说，客户满意度越高，客户的忠诚度就会越高；客户满意度越低，客户的忠诚度就会越低。所以说，客户满意是形成客户忠诚的基础，是保持老客户的最好方法。

（二）客户满意是企业战胜竞争对手的最好手段

客户及其需要是企业建立和发展的基础，如何满足客户的需要，是企业成功的关键。如果企业不能满足客户的需要，而竞争对手能够使他们满足，那么客户很可能就会流失，投靠到能让他们满意的其他企业。市场竞争的加剧，足以让客户有更加充裕的选择空间，竞争的关键是比较哪家企业更能让客户满意，因为“如果我们不关照客户，那么别人是会代劳的”。谁能更好地、更有效地满足客户需要，让客户满意，谁就能够营造竞争优势，从而战胜竞争对手、赢得市场。正如著名企业家福特所说：“最有效、最能满足客户需求的企业，才是最后的生存者。”

（三）客户满意是企业取得长期成功的必要条件

客户满意可以节省企业维系老客户的费用，同时，满意的客户的口头宣传还有助于降低企业开发新客户的成本，树立企业的良好形象。美国客户事务办公室提供的调查数据表明：平均每个满意的客户会把他满意的购买经历告诉至少 12 个人，在这 12 个人里面，在没有其他因素干扰的情况下，有超过 10 个人表示一定会光临；平均每个不满意的客户会把他不满意的购买经历告诉 20 个人以上，而且这些人都表示不愿接受这种恶劣的服务。据美国汽车业的调查，一个满意的客户会引发 8 笔潜在的生意，其中至少有一笔成交，而一个不满意的客户会影响 25 个人的购买意愿。可以说，客户满意是企业持续发展的基础，是企业取得长期成功的必要条件。

总之，客户满意是维护客户关系最重要的因素，在完全竞争的市场环境下，没有哪家企业可以在客户不满的状态下得到发展。所以，企业要想维护客户关系，就必须努力让客户满意。

第二节 影响客户满意的因素

现实中很多人认为，让客户满意的办法就是尽可能地为客户提供最好的产品和最好的服务。这个出发点没有问题，但它忽略了其中隐含的两个问题。

首先，要不要考虑成本问题？回答是肯定的，以盈利为目的的企业必须讲成本，而不能不顾一切地付出代价，否则可能得不偿失、入不敷出，给企业造成亏损。

其次，要不要考虑效果问题？回答同样是肯定的，因为企业为客户提供最好的产品和最好的服务的目的就是要让客户满意，但现实是，即使企业竭尽全力为客户提供了最好的产品和最好的服务，也不一定能够让客户满意。

可见，让客户满意不能蛮干，企业必须找到事半功倍、代价较小而又能够让客户满意的路径，这就要追本溯源，搞清楚影响客户满意的因素到底是什么。

实际上，从菲利普·科特勒“满意是指个人通过对产品的可感知效果与他的预期值相比较后所形成的愉悦或失望的感觉状态”的定义中，我们不难看出影响客户满意的因素就是：客户感知价值与客户预期。

一、客户感知价值

客户感知价值是客户在购买或者消费过程中，企业提供的产品或服务给客户带来的价值，它等于客户购买产品或服务所获得的总价值与客户为购买该产品或服务所付出的总成本的差额。

（一）客户感知价值对客户满意的影响

假设 A、B、C 三家企业同时向一个客户供货，客户对 A、B、C 三家企业的预期值都是 b，A、B、C 三家企业给客户的感知价值分别是 a、b、c，并且 a＞b＞c。

那么，购买后，客户对 C 企业感觉不满意，因为客户对 C 企业的预期值是 b，但是 C 企业给他的实际感知价值是 c，而 b＞c，也就是说，C 企业所提供的产品或服务没有达到客户的预期值，因此使客户产生不满。

客户在购买前对 B 企业的预期值为 b，而客户实际感受到 B 企业的产品或服务的感知价值刚好是 b，也就是说，B 企业所提供的产品或服务刚好达到了客户的预期，所以客户对 B 企业是满意的。

客户在购买前对 A 企业的预期值为 b，而客户实际感受到 A 企业的产品或服务的感知价值是 a，而 a>b，也就是说，A 企业给客户提供的感知价值不但达到而且超过了客户的预期值，从而使客户对 A 企业非常满意。

这个例子说明了客户感知价值对客户满意的重要影响，即如果企业提供的产品或服务的感知价值达到或超过客户预期，那么客户就会满意或者非常满意。而如果感知价值达不到客户预期，那么客户就会不满意。

（二）影响客户感知价值的因素

影响客户感知价值的因素有客户总价值和客户总成本两大方面，即一方面是客户从消费产品或服务中所获得的总价值，包括产品价值、服务价值、人员价值、形象价值等；另一方面是客户在消费产品或服务中需要耗费的总成本，包括货币成本、时间成本、精神成本、体力成本等。

进一步说，客户感知价值与产品价值、服务价值、人员价值、形象价值成正比，与货币成本、时间成本、精神成本、体力成本成反比。

1. 产品价值

产品价值是由产品的功能、特性、品质、品种、品牌与式样等所产生的价值，它是客户需要的中心内容，也是客户选购产品的首要因素。在一般情况下，产品价值是决定客户感知价值大小的关键因素和主要因素。产品价值高，客户的感知价值就高；产品价值低，客户的感知价值就低。

假如产品的质量不稳定，即使企业与客户建立了某种关系，这种关系也是脆弱的，很难维持下去，因为它损害了客户的利益。所以，企业应保持并不断提高产品的质量，这样才能提升产品价值，进而提升客户感知价值，使客户关系建立在坚实的基础上。

假如产品缺乏创新，样式陈旧或功能落伍，跟不上客户需求的变化，客户感知价值就会降低，客户自然就会不满意，还会“移情别恋”“另觅新欢”，转向购买新型的或者更好的同类产品或服务。

此外，随着收入水平的提高，客户的需求层次也有了很大的变化，面对日益繁荣的市场，许多客户产生了渴望品牌的需求，同时，品牌还充当着企业与客户联系情感的纽带。因此，企业可以通过塑造品牌形象为客户带来更大的感知价值。

2. 服务价值

服务价值是指伴随产品实体的出售，企业向客户提供的各种附加服务，包括售前、售中、售后的产品介绍、送货、安装、调试、维修、技术培训、产品保证，以及服务设施、服务环境、服务的可靠性和及时性等因素所产生的价值。

服务价值是构成客户总价值的重要因素之一，对客户感知价值的影响也较大。服务价值高，客户感知价值就高；服务价值低，客户感知价值就低。虽然再好的服务也不能使劣质的产品成为优等品，但优质产品会因劣质服务而失去客户。例如，有些企业的服务意识淡薄，服务效率低，对客户草率、冷漠、粗鲁、不礼貌、不友好、不耐心；客户的问题不能得到及时解决，咨询无人理睬、投诉没人处理等都会导致客户感知价值低。企业只有不断提高服务质量，才能使客户感知价值增大。

总之，优异的服务是提升客户感知价值的基本要素与不可缺少的部分，出色的售前、售中、售后服务对增加客户总价值和减少客户的时间成本、精神成本、体力成本等方面的付出具有极其重要的作用。

例如，有着台湾地区“经营之神”的台塑集团前总裁王永庆先生，年轻时曾经开过米店。那时还没有送货上门的服务，但是王永庆却主动给客户送米，而且还帮客户将米倒进米缸里。如果米缸里还有米，他就将旧米倒出来，将米缸刷干净，然后将新米倒进去，将旧米放在上层——这样米就不至于因存放过久而变质。就是这样的举动让客户感动得不得了，都铁了心要买他的米。

3. 人员价值

人员价值是指企业“老板”及全体员工的经营思想、工作效率、经营作风、业务能力及应变能力等所产生的价值。例如，一个综合素质较高的工作人员会比综合素质较低的工作人员为客户创造的感知价值更高。

此外，工作人员是否愿意帮助客户、理解客户，以及工作人员的敬业精神、响应时间和沟通能力等因素也会影响客户感知价值。例如，“全国优秀售票员”李素丽的服务给乘客带来温暖、尊重、体贴和愉悦的感受，而冷漠的乘务人员则会给乘客带来不安全感、不舒服感。

凯马特（Kmart）是美国一家著名的大型折扣连锁店。虽然它的卖场很大，店里陈列的商品品种繁多、价格便宜，但客户如果想找店员询问有关问题却不是件容易的事，因为为了节约人工成本，这里的店员很少，客户在这里虽然满足了购买便宜商品的欲望，但是无法感觉到店员对他们付出的一点点关心，于是在客户心中就产生了被冷落的感觉。也就是说，客户在这里得不到多少人员价值，影响了客户对凯马特的满意。

4. 形象价值

形象价值是指企业在社会公众中形成的总体形象所产生的价值，它在很大程度上是产品价值、服务价值、人员价值三个方面综合作用的反映和结果，包括企业的品牌、价值观念、管理哲学等产生的价值，还包括企业“老板”及其员工的经营行为、道德行为、态度作风等产生的价值。

企业形象价值高，有利于提升客户感知价值。如果企业形象在客户心目中较好，客户就会谅解企业的个别失误。相反，如果企业原有的形象不佳，经营过程中存在不合法、不道德、不安全、不健康和违背社会规范的行为，那么任何细微的失误也会造成客户的极大反感。

竞争对手可以说是无所不在，无时不有，但企业在竞争中不要损人利己、相互拆台、造谣、诽谤、中伤，否则最终只能导致两败俱伤。相反，如果企业能与对手建立良好的竞争关系，则会塑造一个阳光的企业形象，从而提升客户感知价值。

典型的例子是美国梅西百货公司把客户介绍给竞争对手的一反常态的做法，既获得了广大客户的普遍好感，又向竞争对手表示了友好和亲善，不仅树立了良好的企业形象，也改善了经营环境，因此该公司生意日趋兴隆。

5. 货币成本

货币成本是客户在购买、消费产品或服务时必须支付的金额，是构成客户总成本的主要的和基本的因素，是影响客户感知价值的重要因素。客户在购买产品或服务时，无论是有意还是无意，总会将价格与其消费所得相比较，希望以较小的货币成本获取更多的实际利益，以保证自己在较低的支出水平上获得较大的满足。

即使一个企业的产品或服务再好，形象再好，如果需要客户付出超过其预期价格很多的货币成本才能得到，客户也不会乐意。因此，如果客户能够以低于预期价格的货币成本买到较好的产品或服务，那么客户感知价值就高，反之，客户感知价值就低。

6. 时间成本

时间成本是客户在购买、消费产品或服务时必须花费的时间，它包括客户等待服务的时间、等待交易的时间、等待预约的时间等方面。

激烈的市场竞争使人们更清楚地认识到时间的宝贵与重要。在相同情况下，客户所花费的时间越少，客户购买的总成本就越低，客户感知价值就越高。相反，客户所花费的时间越多，客户购买的时间成本就越高，客户感知价值就越低。因此，企业必须努力提高效率，在保证产品或服务质量的前提下，尽可能减少客户时间的支出，从而降低客户购买的总成本，提高客户感知价值。

如今，对客户反应时间的长短已经成为某些行业，如快餐业、快递业和报业成功的关键因素。例如，麦当劳为了突出“快”字，站柜台的服务员要身兼三职——照管收银机、开票和供应食品，客户只需排一次队，就能取到他所需要的食物。

7. 精神成本

精神成本是客户在购买产品或服务时必须耗费精神的多少。在相同情况下，精神成本越低，客户总成本就越低，客户感知价值就越高；相反，精神成本越高，客户感知价值就越低。

一般来说，客户在一个不确定的情况下购买产品或者服务，都可能存在一定的消费风险。例如：预期风险，即当客户的预期与现实不相符时，他们就会有失落感，产生不满；形象风险或心理风险，如客户担心购买的服装太前卫会破坏自己的形象，或担心购买价格低的产品被人取笑，或购买价格高的产品又会被人指责摆阔、炫富等；财务风险，即购买的产品是否物有所值、保养维修的费用是否太高、将来的价格会不会更便宜等；人身安全风险，如某些产品的使用可能隐含一定的风险，如驾驶汽车、摩托车可能造成交通事故等，这些可能存在的消费风险，都会导致客户精神成本增加，如果企业不能降低客户的精神成本，就会降低客户感知价值。

例如，同一个月份、甚至同一周购买的产品，仅差一天或者几天，价格就不一样，这会让客户时常要担心今天买会不会亏了？明天会不会更便宜？从而增加了客户的精神成本和负担，降低了客户感知价值。

又如，旅馆不守信用，旅客预订的客房无法按时入住，而旅馆没有任何补偿行为，这也会增加旅客的精神成本，从而降低客户感知价值。

根据日本知名管理顾问角田识之的研究，一般交易活动中买卖双方的情绪热度呈现出两条迥然不同的曲线：卖方从接触买方开始，其热忱便不断升温，到签约时达到巅峰，等收款后便急剧降温、一路下滑；然而，买方的情绪却是从签约开始逐渐上升，但总是在需要卖方服务的时候，却发现求助无门——这往往是买方产生不满的根源。如果买方始终担心购买后，卖方的售后服务态度会一落千丈，那么就会犹豫是否要购买。

客户的精神成本往往是企业的失误造成的，也可能来自企业制度和理念上的漏洞。例如，有些通信企业为了防止客户有意拖欠话费和减少欠费，而采取了预交话费的办法，一旦客户通话费用超过预交话费，账务系统就自动中断对客户的服务。这种办法的确有效地防止了欠费，但同时也让从来就没想有意欠费的客户十分反感和不满，觉得这是对自己的不尊重、不信任，从而增加了客户的精神成本，降低了客户感知价值。于是，这些客户在一定的外因促使下很容易叛离企业，寻找能信任他们的更好的合作伙伴。

8. 体力成本

体力成本是客户在购买、消费产品或服务时必须耗费体力的多少。在相同情况下，体力成本越低，客户感知价值就越高；相反，体力成本越高，客户感知价值就越低。

在紧张的生活节奏与激烈的市场竞争中，客户对购买产品或服务的方便性要求也在提高，因为客户在购买过程的各个阶段均需付出一定的体力。如果企业能够通过多种渠道减少客户为购买产品或服务而花费的体力，便可以降低客户购买的体力成本，进而提升客户感知价值。

总之，客户总是希望获得最多的产品价值、服务价值、人员价值、形象价值，同时又希望把货币成本、时间成本、精神成本、体力成本降到最低，只有这样客户感知价值才会最高。

二、客户预期

客户预期是指客户在购买、消费之前对感知价值，即产品价值、服务价值、人员价值、形象价值、货币成本、时间成本、精神成本、体力成本等方面的主观认识或期待。

（一）客户预期对客户满意的影响

为什么会出现不同的人接受同一产品或者服务，有的人感到满意，而有的人感到不满意的情况呢？因为他们的预期不同。

为什么会出现同一人接受不同的产品或者服务，好的不能让他满意，而不够好的却能使他满意的情况呢？因为好的产品或者服务比他预期的要差，而不够好的产品或者服务却比他预期的要好。

例如，客户对自己等待时间满意与否，取决于客户对等待时间的预期值和实际等待的时间的对比。比如，客户预期等待 10 分钟，实际上却等待了 30 分钟，这很可能引起客户的极度不满意。同样等了 10 分钟，预期 6 分钟等待时间的客户会比预期 30 分钟等待时间的客户不满意。

又如，假设 A、B、C 三个客户同时进入一家餐厅消费，A、B、C 三个客户对餐厅的预期值分别是 a、b、c，并且 a＞b＞c，餐厅为他们提供的服务的实际值都是 b。那么，消费后，A 对餐厅感到不满意，因为 A 在消费前对餐厅抱有很大的预期，其预期值为 a，但是他实际感受到的餐厅服务只是 b，而 a＞b，也就是说，餐厅所提供的产品和服务没有达到 A 客户的预期值，使 A 客户产生失落感，所以 A 客户对餐厅是不满意的。B 客户在消费前的预期值为 b，而他实际感受到的餐厅服务刚好达到了他心中的预期值 b，所以 B 客户对餐厅是满意的。C 客户在消费前的预期值为 c，在消费过程中，餐厅服务达到了 b，而 b＞c，也就是说，餐厅所提供的产品和服务不但达到而且超过了 C 客户的预期值，从而使 C 客户产生“物超所值”的感觉，所以 C 客户会对餐厅非常满意。

这个例子说明了客户预期对客户满意是有重要影响的，也就是说，如果企业提供的产品或服务达到或超过客户预期，那么客户就会满意或很满意；如果达不到客户预期，那么客户就会不满意。

例如，以往快递在 3 天之内就能够收到，这次超过 5 天仍未收到，就会使客户难以接受。又如，以往 1 个月都不能收到退款，现在 15 天就能够收到退款，就会使客户感觉比较好。

（二）影响客户预期的因素

客户预期不是与生俱来、一成不变的，而是后天得来且动态变化的。一般说来，影响客户预期的因素有以下几个方面。

1. 客户的价值观、需求、习惯、偏好等

不同的客户由于性别、年龄、身份及消费能力等的差异，会产生不同的价值观、需求、习惯、偏好等，进而面对同样的产品或服务会形成不同的预期。

2. 客户以往的消费经历、消费经验、消费阅历等

客户在购买某种产品或服务之前往往会结合他以往的消费经历、消费经验，对即将要购买的产品或服务产生一个心理预期值。

例如，以往快递在3天之内就能够收到，那么这一次客户也预期在3天之内能够收到；如果以往客户需要1个月才能够收到退款，那么现在也会预期1个月才能够收到退款。

又如，客户过去吃一份快餐要10元，那么他下次再去吃快餐可以接受的价格，即对快餐的价格预期值也是10元；如果过去吃一份快餐只要5元，那么他下次再去吃快餐可以接受的价格，即对快餐的价格预期值就是5元。

再如，客户以往打热线电话在10秒钟之内就能够接通，这一次超过20秒仍无人接听就会难以接受；反之，以往热线电话很难打进，现在1分钟内被受理，客户感觉就比较好。

没有消费经历和消费经验的客户如果有消费阅历（即目睹别人消费），那么也会影响他的预期——如果看上去感觉不错就会形成较高的预期，如果看上去感觉不好则会形成较低的预期。

此外，一般来说，新客户与老客户对同一产品或服务的预期往往不同，新客户由于没有消费经历、消费经验而往往预期过高或过低，而老客户由于有丰富的消费经历、消费经验而使预期比较中性。

知识扩展8-1 **锚定效应**

所谓锚定效应，是指人们对事物的判断容易依赖最初的印象。虽然人们都知道对事物的判断依赖第一印象并不科学和准确，但还是无法摆脱第一印象的影响。

例如，你喜欢的某品牌牛仔裤原本卖50美元一条，现在35美元的折扣价一定会让你很动心，而最初的50美元起到“锚”的作用，影响了人们的预期。因此，在对产品进行促销时，把原价写在折扣价的旁边会使消费者容易接受折扣价。

又如，推销员为了推销90平方米售价170万元的房子，会先带客户看一套100平方米售价200万元的房子，使客户有一个心理定式——每平方米2万元，这就影响了客户对房价的预期，这样，当客户看到每平方米低于2万元的房子时，就比较容易满意。

再如，星巴克里摆放的依云矿泉水基本上不是拿来卖的，而是给你看的。依云矿泉水在星巴克一般标价20多元，作为星巴克咖啡的陪衬，它向你传递一个潜台词——你看，一瓶水都卖20多元，我20～30元的咖啡还能算贵吗？

3. 他人的介绍

人们的消费决定总是很容易受到他人尤其是亲戚朋友的影响，他们的介绍对客户预期的影响较大。如果客户身边的人极力赞扬，说企业的好话，那么就容易让客户对该企业的产品或服务产生较高的预期；相反，如果客户身边的人对企业进行负面宣传，则会使客户对该企业的产品或服务产生较低的预期。

例如，某客户的朋友告诉客户，某宾馆的服务好极了，自然该客户对该宾馆的预期值就会很高；如果朋友告诉客户，某宾馆的服务糟糕透了，自然该客户对该宾馆的预期值就会很低。

4. 企业的宣传与承诺

企业的宣传与承诺主要包括广告、产品外包装上的说明、员工的介绍和讲解等，根据这些，客户会对企业的产品或服务在心中产生一个预期值。例如，如果药品的广告宣称服用三天见效，那么药品的服用者也就预期三天见效；如果广告宣称服用三周见效，那么药品的服用者也就预期三周见效。

如果企业肆意地夸大宣传自己的产品或服务，就会让客户产生过高的预期值，而客观的宣传，就会使客户的预期比较理性。例如，如果企业预先提醒客户可能需要等待，就会使客户有一个心理准备、产生需要等待的预期。研究表明，那些预先获得通知需要等待的客户会比那些没有获得需要等待通知的客户满意。

5. 价格、包装、环境等有形展示线索

客户还会凭借价格、包装、环境等看得见的有形展示线索来形成对产品或服务的预期。例如，如果餐厅环境污浊，服务人员穿着邋遢，不修边幅的话，显然会令客户将其定位为低档消费场所，认为其根本不可能提供好的服务；相反，较高的价格、精美或豪华的包装、舒适高雅的环境等可使客户产生较高的预期。

第三节　如何让客户满意

从上一节我们知道，客户预期和客户感知价值是影响客户满意的因素。那么，如果企业能够把握客户预期，并且让客户感知价值超出客户预期，就能够实现客户满意（见图 8-1）。

一、把握客户预期

（一）把握客户预期的重要性

1. 确保实现客户满意

从前文可知，如果客户感知价值达到或超过客户预期，那么客户就会满意或很满意；如果客户的感知价值达不到客户预期，那么客户就会不满意。因此，为了确保实现客户满意，企业必须把握客户预期，这样才能使企业所有让客户满意的努力有的放矢，否则即使客户感知价值再高，也未必能够实现客户满意。

2. 控制和降低实现客户满意的成本

从前文可知，如果企业能够把握客户预期，那么就可以控制和降低实现客户满意的

成本——只要让客户感知价值超出客户预期一点点，就能够事半功倍地获得客户满意。这既是实现客户满意最经济的思路，也是最科学的思路。

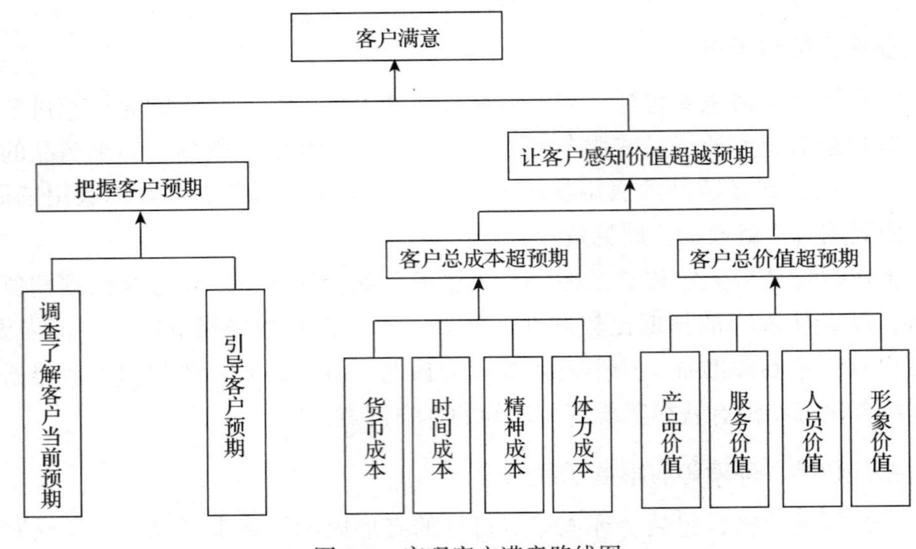

图 8-1 实现客户满意路线图

（二）如何把握客户预期

企业要把握客户预期可以通过两个路径，一是调查了解客户当前预期，二是引导客户预期。

1. 调查了解客户当前预期

企业可以通过各种市场调查的方式了解客户当前对企业提供的产品价值、服务价值、人员价值、形象价值、货币成本、时间成本、精神成本、体力成本等各个方面的预期。充分了解客户当前预期可以使企业让客户满意的措施有的放矢、事半功倍。

2. 引导客户预期

我们知道，如果客户预期过高，一旦企业提供给客户的产品或服务的感知价值没有达到客户预期，客户就会感到失望，导致客户不满。但是，如果客户预期过低，客户可能就没有兴趣来购买或消费企业的产品或服务了，会跑到竞争对手那边去了。可见，客户预期过高、过低都不行，企业必须主动出击——既要引导客户产生良好的预期，又要引导客户产生合理的预期。

（1）如何引导客户产生良好的预期

首先，以当前的努力和成效引导客户形成良好预期。客户的价值观、需求、习惯、偏好等属于企业不可控的因素，企业可以作为的余地和机会不大。但是，如果企业能够认真做好当前的工作，从小事做起，从细节做起，努力使客户获得美好的体验，长此以往、坚持不懈就能够使客户获得积极的、正面的消费经历、消费经验、消费阅历以及他人的介绍等，从而使客户形成对企业的良好预期。

其次，通过宣传及沟通与承诺来引导客户形成良好预期。例如，“小罐茶”在面市时打出了“小罐茶，大师作”的广告语，声称小罐茶的制茶工艺来自中国八大名茶中最具代表性的8位泰斗级制茶大师，这样有利于形成客户对小罐茶是高端茶的预期。

案例 8-1　三家企业通过广告语引导客户产生良好预期

肯德基的广告语：“美味安全、高质快捷；营养均衡、健康生活；立足中国，创新无限。”

京东的广告语：“多仓直发，极速配送”“正品行货，精致服务”“天天低价，畅购无忧”“网购上京东，省钱又放心”。

三只松鼠的广告语：“五香手撕牛肉，够辣够劲道”“非常美味的牛肉干，让爱吃的你随时尽享大口吃肉的快感”“好肉，牛后腿肉，嚼劲十足；好吃，肉中藏筋，硬度适中；好色，秉承原色，货真价实”“内蒙古传统工艺风干，精心烘烤，原汁原味；精心秘制卤料，久火慢炖而成，味道香浓，闻之让人想流口水的好味道。”

最后，通过企业文化、理念、宗旨、制度、规则、价格、包装、环境等来引导客户形成良好预期。例如，一般来说，客户对价格高的产品或服务的预期高，而精美的包装、优美的环境、高档的装修、现代化的设施与装备等有形展示也会形成客户的良好预期。另外，服务机构处在繁华的地段、服务人员统一着装及标准化的服务也有利于形成客户的良好预期。此外，满目的证书和奖状，冠有××之星、××标兵、××模范称号也都会增强客户的良好预期。

（2）如何引导客户产生合理的预期

客户预期过高将给企业实现客户满意造成一定的困难，所以企业要想办法引导客户形成合理的预期。

首先，根据自身的实力进行实事求是、恰如其分的宣传与承诺。企业只能宣传与承诺其能够做得到的事，而不能过度宣传与承诺，这样可以避免客户产生不切实际的过高预期。并且，如果企业在宣传与承诺时恰到好处并且留有余地，或者干脆自我揭短、丑话说在前头，使客户的预期保持在一个合理的状态，那么客户感知价值就很可能轻松地超过客户预期，客户就会因感到“物超所值”而“喜出望外”，自然对企业十分满意。

例如，大众甲壳虫从最开始就直接指出自己的缺点，如又小又丑，然后再告诉你这些缺点能给你带来哪些好处，比如经济实惠。又如，日本美津浓公司销售的运动服里有纸条写着：此运动服乃用最优染料、最优技术制造的，遗憾的是还做不到完全不褪色，会稍微褪色。这种诚实的态度赢得了客户的信任，假如运动服的褪色不明显，客户反而会很满意。因此，这家公司每年的销售额都达4亿日元。再如，迪斯尼乐园作为全球三大娱乐服务品牌之一，也非常善于在各个环节设定客户预期，而后往往给客户以超值惊喜。有一种娱乐设施依照广播通知需要等待45分钟，这时选择等待的客户就会对其产生需要等待45分钟的预期。然而，迪斯尼乐园总是能够在不到45分钟时就提前让客户达成心愿，这样的结果客户总是很满意。

企业的宣传与承诺如果得以实现，将在客户中建立可靠的信誉。正所谓“低调做人，高调做事”——如IBM所说：“所做的超过所说的且做得很好，是构成稳固事业的基础”。相反，如果企业过度承诺和宣传，夸大其词，客户预期就会被凭空抬高，从而造成客户感知价值与客户预期的差距，导致客户不满。例如，人们对承诺捐赠却没有兑现的企业的反感程度，远大于未捐赠也未提捐赠的企业，就说明了这一点。

其次，通过沟通来引导客户的合理预期。例如，企业可以说明产品或服务价格高的各种合理原因，以及强调比竞争对手的服务、价值等方面更优的表现，如“一分钱一分货，虽然价格高但性价比突出”等，从而引导客户接受相对较高的价格，如果再在现实中给客户一点优惠，那么客户就会很满意了。

延伸阅读8-1 通过沟通引导客户合理预期

（1）向客户展示其忽视的因素

客户：“这件衣服100元可以卖吗？”

店员：“对不起，太低了，要200元！”

客户：“这不是普通棉布做的吗？怎么这么贵呀？”

店员：“噢，您没看出来吧？这可是正宗的巴西进口的精细棉，不会起皱、透气性也很好，所以要贵些！”

客户：“是这样啊，好吧，那我买两件！”

（2）修正对方的经验

客户：“这件童装多少钱？”

店员：“200元。”

客户：“怎么这么贵！我上次给自己买的比这件大多了，但只要100元，除了布料比这件多些外，其他没什么不一样的啊？！怎么这件这么贵？”

店员：“噢，是这样的，童装虽然用的布料少，但做工更精细、要求更高，所以价格会更贵些！”

（3）修正对方的思维模式

客户：“这部手机多少钱？”

店员：“2 000元。”

客户：“上星期我的一个朋友在另外一家店买才花了1 500元啊！”

店员：“噢，那几天这款手机刚上市，为了做广告所以按优惠价格销售，当时我们这里也是卖1 500元，可现在促销期已经过了，所以要按正常价格销售了。”

最后，通过恰当的规则、价格、包装、环境等来引导客户的合理预期。假如规则、价格、包装、环境等恰到好处，不过度、过高、过好、过美，客户一般就不会产生不切实际的预期。

知识扩展 8-2 **通过规则引导客户合理预期**

首先，千万不要随便给予优惠，否则客户会提出更进一步的要求，直到你不能接受。

其次，让客户感到获得当前这样的优惠已经很不容易。

最后，当客户提出过分的要求时，可表现出为难情绪，如说明自己权力有限，需要向上面请示："对不起，在我的处理权限内，我只能给你这个价格。"然后再话锋一转，"不过，因为您是我的老客户，我可以向经理请示一下，看能不能再给你些额外的优惠。但估计很难，我也只能尽力而为。"这样客户的预期值就不会太高，即使得不到优惠，他也会感到你已经尽力而为，不会怪你。

总之，企业要实现客户满意就必须采取相应的措施来把握客户预期，让客户的预期值在一个恰当的水平，这样既可以吸引客户，又不至于让客户因为预期落空而失望，产生不满。一般来说，引导客户预期的上限是企业能够带给客户的感知价值，下限是竞争对手能够带给客户的感知价值。此外，企业在引导客户预期时应当做到实事求是、扬长避短——引导客户多关注对企业有利的方面、忽略对企业不利的方面。

二、让客户感知价值超越客户预期

如果企业善于把握客户预期，然后为客户提供超预期的感知价值，就能够实现客户满意。

例如，一对已经相处了多年的恋人，在过去几年的情人节那天，先生总是送女士 9 朵玫瑰，而今年这位先生送女士 99 朵玫瑰，这大大超出了她的预期，她会怎样呢？她高兴得几乎跳了起来！

为了让客户感知价值超越客户预期，企业要努力使产品价值、服务价值、人员价值、形象价值等高于客户预期，使货币成本、时间成本、精神成本、体力成本等低于客户预期。

（一）产品价值超预期

为了实现客户满意，企业应当努力让影响产品价值的产品质量、产品功能、产品创新等超出客户的预期。

首先，产品质量是提高客户感知价值和客户满意度的基础，高质量的产品本身就是出色的推销员和维系客户的有效手段，无论如何也不能强求人们去购买那些质量低劣的产品。企业如果不能保证产品质量，或是产品质量随时间的推移有所下降，那么，即使客户曾经满意，也会逐渐不满意。通用电气公司前CEO杰克·韦尔奇说：“质量是通用维护客户忠诚最好的保证，是通用对付竞争者的最有力的武器，是通用保持增长和盈利的唯一途径。”众多世界品牌的发展历史告诉我们，客户对品牌的满意，在一定意义上也可以说是对其质量的满意。只有过硬的质量，才能提升客户感知价值，才能真正在人们的心目中树立起金字招牌，受到人们的爱戴。所以，企业应保证并不断地提高产品质量，使客户满意建立在坚实的基础上。

其次，产品功能也是影响产品价值的重要内容，企业应当尽力根据每个客户的不同需求来制造功能强大的产品，从而提高客户的满意度。例如，美国的戴尔公司按照客户的订单进行生产，不仅满足了客户对数量的要求，而且满足了客户对质量、花色、式样或款式等方面的要求，真正做到了适销对路。又如，为适应各地消费群体的不同需求，海尔为北京市场提供了具有最新技术的昂贵的高档冰箱；为广西市场开发了有单列装水果用的保鲜室的“果蔬王”冰箱；海尔冰箱从“大王子”到“小王子”再到“双开门”，为的就是适应上海居民住房很小的现状，后来又为上海家庭生产了瘦长体小、外观漂亮的“小小王子”冰箱。由于满足了不同客户群的需求，客户对海尔的美誉度和满意度得到了大幅度提升，海尔也得到了丰厚的回报。四川的客户反映，海尔的洗衣机在洗地瓜时，出水道经常堵塞。为了满足四川农民轻松洗地瓜的要求，海尔又为四川市场开发了“地瓜洗衣机”，能洗土豆、地瓜。尽管“地瓜洗衣机”的销量不大，却真正体现了产品开发以客户为导向的理念，因而提高了客户感知价值和满意度。

最后，企业要努力创新，不断推出新产品，创造新价值。任何产品和服务都有其生命周期，随着市场的成熟，原有的产品和服务带给客户的利益空间越来越小，因此，企业要顺应客户需求，不断地根据客户的意见和建议，站在客户的立场上去研究和设计产品，不断创新的产品可以为客户带来更好的体验甚至惊喜，这样就能够不断提高客户感知价值，从而提高客户的满意度。此外，通过科技开发提高产品的科技含量，不仅可以更好地满足客户的需要，而且可以构筑竞争者进入的壁垒，有效地阻止竞争对手进攻。

例如，英特尔（Intel）公司从Intel 186、286、386、486、586到赛扬、奔腾系列，无一不是创造了市场奇迹，在不断提升产品价值的同时，提升了客户的感知价值，进而实现了客户满意。

又如，肯德基自从在北京前门开出中国第一家餐厅到如今，已在中国近300个城市开设了6 000多家连锁餐厅，是中国规模最大、发展最快的快餐连锁企业之一。几十年来，肯德基坚持“立足中国、融入生活”的策略，推行“营养均衡、健康生活”的食品健康政策，积极打造“美味安全、高质快捷；营养均衡、健康生活；立足中国、创新无限”的“新快餐”，在产品多样化上不断创新，尤其注重蔬菜类、高营养价值食品的开发，如今产品已增加到60种。目前，除了吮指原味鸡、香辣鸡腿堡、香辣鸡翅等代表产品外，由中国团队研发的老北京鸡肉卷、新奥尔良烤翅、四季鲜蔬、早餐粥、蛋挞等都受到好评和欢迎。

（二）服务价值超预期

随着购买力水平的提高，客户对服务的要求也越来越高，能否给客户提供优质的服务已经成为提高客户感知价值和客户满意度的重要因素。这就要求企业站在客户的角度，想客户所想，在服务内容、服务质量、服务水平等方面提高档次，从而提升客户感知价值，进而提高客户满意度。

例如，麦当劳快餐店专门设置了儿童游乐园，供孩子们边吃边玩，游乐园里播放用重金聘请的美国著名小丑演出的电视节目，这些滑稽逗乐的节目，常使小孩们笑得前仰后合。麦当劳快餐店还专门为小孩举办生日庆祝会，吃什么、花多少钱，由家长决定，一切游乐服务则由麦当劳快餐店负责。

又如，美国前总统里根访问上海时下榻锦江饭店，饭店打听到里根夫人喜爱鲜艳的服饰，于是特意定做了一套大红缎子的睡衣，里根夫人穿上它竟然很合身，她感到很惊喜，对锦江饭店的细致服务自然非常满意。一任斐济总统身材高大，来华访问期间一直没有穿到合脚的拖鞋，他到达上海时也下榻锦江饭店，出乎他预料的是，锦江饭店为他专门定做了特大号的拖鞋，不用说，总统非常满意，而且对锦江饭店也留下了深刻的印象。

再如，马蜂窝曾拍摄过一个关于明信片环球旅行求婚记的微电影，这个事件的背景是一对热爱旅行的年轻情侣要结婚，于是在马蜂窝上发布了一个帖子，希望收集到世界各地的朋友寄来的明信片。马蜂窝很重视这个帖子，并将其顶上了主页头条，许多人看到了纷纷响应，而这对情侣也由此收到了200多张来自世界各地的祝福。该微电影在网上发布后，观看、分享上万次，使更多人对马蜂窝印象深刻且深受感动。

案例 8-2　　南航提升特殊旅客出行的体验

"四优关爱"服务的对象为特殊旅客群体。南航通过提供优先值机、优先安检、优先登机、优先行李交付等服务，消除特殊旅客在外出行时的担忧和焦虑，献上更多体贴和关爱。

"木棉童飞"是针对无人陪伴儿童的一项增值服务，在家长托付无人陪伴儿童后，地面服务系统的工作人员会全程护送小朋友们值机、登机，拍下精彩瞬间并及时上传系统。系统随即向家长预留的手机号码发送短信和验证码，家长可以通过南航微信公众号查看和下载孩子乘机的照片。

"心信相印"服务的对象是无人陪伴老人及儿童，南航通过短信、电话等方式向申请成功的特殊旅客的家属传递该旅客所乘航班涉及延误的相关信息，为旅客提供更贴心、更暖心、更温馨的服务。

此外，售前、售中、售后的服务也是提升客户感知价值的重要环节。例如，企业在售前及时向客户提供充分的关于产品性能、质量、价格、使用方法和效果的信息；在售中提供准确的介绍和咨询服务；在售后重视信息反馈和追踪调查，及时处理和答复客户的问题和意见，对有问题的产品主动退换，对故障迅速采取措施排除或者提供维修服务。

如上海大众启动“24 小时服务全国统一寻呼网络”，实现了服务支持功能的属地化，不论客户身在何处，不管车辆遇到什么情况，只要拨打服务电话，便随时可以得到专业应急服务，从而提升客户感知价值和满意度。

案例 8-3 IBM 的服务价值

“IBM 就是服务”是美国 IBM 公司一句响彻全球的口号，IBM 从客户或用户的要求出发，帮助用户安装调试、排除故障、定期检修，同时培养技术人员，及时解答他们提出的各种技术问题，提供产品说明书和维修保养的技术资料，听取他们在使用产品后的评价和意见等。通过多种多样的服务，使客户或用户达到 100% 的满意，从而建立起企业的信誉，营造出独特的 IBM 文化。

在美国纽约停电事件中，当时纽约证券交易所都关闭了，银行一片混乱。在这紧要关头，IBM 纽约分部的每个员工都在忘我地工作，争取把客户的损失降到最低限度。在 25 个小时的停电期间，户外温度高达 35℃，空调、电梯、照明一概没有，IBM 的员工不辞辛苦地爬上高楼，包括 100 多层的世界贸易中心大楼，带着各种急需的部件为用户维修设备。

另一起是费城信赖保险公司大楼失火事件，当时所有的导线都被烧坏了，电脑上的其他主要部件及设备也被破坏，IBM 立即调来服务小组，进行 24 小时不停顿的抢修，经过连续三天的昼夜抢修，终于使信赖保险公司恢复了正常业务，几乎没有耽误什么工作。

正是 IBM 这种优质、及时的服务赢得了客户满意，奠定了公司繁荣兴旺的基础。

当客户有困难时，如果企业能够伸出援手，例如利用自己的社会关系帮助客户解决他的孩子入托、升学、就业等问题，雪中送炭，就会令客户因感动而满意。当客户因为搬迁不方便进店购买时，如果企业能主动送货上门，就会使客户觉得自己得到了特殊的关心而满意。当客户因为资金周转问题不能及时支付购买产品的费用时，如果企业能通过分期付款、赊账的形式予以援助，那么客户就会因心存感激而满意。

（三）人员价值超预期

人员价值包括“老板”及全体员工的经营思想、工作效益与作风、业务能力、应变能力以及服务态度等。

优秀的员工在客户中享有很高的声望，对于提高企业的知名度和美誉度，提高客户感知价值和客户满意度都具有重要意义。例如，当你走进家门口的一家超市，拿起一瓶醋看了看，然后又放了回去，这时老板走过来告诉你：“先生，您夫人平常买的是 ××

牌子的醋，她是我们的老客户了，可以记账消费，而且都打九折，您只要签个名，就可以拿走。”这家超市老板的人员价值就比较高，他首先认得自己的常客，并且认得她的丈夫——你，而且记得她一贯购买的品牌，不仅如此，这家超市还允许老客户记账、赊账。因为超出了你的期待，你自然会对这家超市留下好印象。

企业可以通过培训和加强管理制度的建设来提高员工的业务水平，提高员工为客户服务的娴熟程度和准确性，从而提高客户感知价值，进而提高客户满意度。例如，星巴克对员工进行深度的专业培训，使每位员工都成为咖啡方面的专家，他们被授权可以和客户一起探讨有关咖啡种植、挑选和品尝的话题，还可以讨论有关咖啡的文化甚至奇闻、轶事，以及回答客户的各种询问，所以客户在星巴克能够获得很高的人员价值。

（四）形象价值超预期

企业是产品或服务的提供者，其规模、品牌、公众舆论等内在或外部的表现都会影响客户对它的判断。企业形象好，会形成对企业有利的社会舆论，为企业的经营发展创造一个良好的氛围，也提升了客户对企业的感知价值，从而提高对企业的满意度，因此企业应高度重视自身形象的塑造。

企业形象的提升可以通过形象广告、公益广告、新闻宣传、赞助活动、庆典活动、展览活动等方式来进行。形象广告是以提高企业的知名度，展示企业的精神风貌，树立企业美好形象为目标的广告。公益广告是企业为社会公众利益服务的非营利性广告或者非商业性广告，它通过艺术性的手法和广告的形式表现出来，营造出一种倡导良好作风、提高社会文明程度的氛围或声势。公益广告具有极强的舆论导向性、社会教育性，是体现发布者对社会、对环境关怀的一种最有效的表达方式，可以提升发布者的形象。新闻宣传是企业将发生的有价值的新闻，通过大众传播媒介告知公众的一种传播形式。由于新闻宣传具有客观性、免费性、可信性等特点，所以对提高企业的知名度、美誉度十分有利。赞助活动是企业以不计报酬的方式，出资或出力支持某项社会活动或者某一社会事业，如支持上至国家、下至社区的重大社会活动，或支持文化、教育、体育、卫生、社区福利事业。赞助活动可以使企业的名称、产品、商标、服务等得到新闻媒介的广泛报道，有助于树立企业热心社会公益事业、有高度的社会责任感等的形象，从而扩大企业的知名度和美誉度，赢得人们的信任和好感。庆典活动，如开业典礼、周年纪念、重大活动的开幕式和闭幕式等，由于其隆重性能够引起社会公众的较多关注，因此，借助庆典活动喜庆和热烈的气氛来渲染企业形象，往往能够收到意想不到的效果。展览活动是通过实物、文字、图片、多媒体来展示企业的成就和风采，有助于公众和客户对企业的了解。

例如，广东民企香雪药业得知“非典”有蔓延的迹象后，第一时间增加了 1 000 万元的广告经费，买断了当地主要电视台和主流媒体的黄金时段及黄金版面，大做公益广告，其中就有献给白衣天使和坚守岗位的劳动者的电视短片《感谢你》。正是这种对公众利益的关心和对公益事业的支持，使香雪药业给公众留下了一个良好的印象，也提升了企业的形象价值。

又如，沃尔玛积极资助公立和私立学校，还成立特殊奖学金，资助拉丁美洲的学生到阿肯色州念大学。沃尔玛在公益活动上大量长期的投入及活动本身所具有的独到创意，大大提高了品牌知名度，成功塑造了沃尔玛在广大客户心目中的卓越形象。

案例 8-4　星巴克不断提高客户的总价值

星巴克采用的是自助式的经营方式，客户在柜台点完餐，可以先去找个位置稍加休息，也可以到旁边的等候区观看店员调制咖啡，等客户听到服务生喊可以取餐后，就可以满怀喜悦地去端取咖啡。在用品区有各式各样的调味品，如奶糖、奶精、肉桂粉及一些餐具，客户可以自行拿取。

由于采用自助式经营方式，来到店里的客户不会被迎面一声“请问您需要什么”而弄得失去心情，自助服务还让客户摆脱了长长的等候队伍，减少了等候时间，并给了他们更多的控制权……让星巴克如此吸引人的正是这份自由的体验。

为了确保优势，星巴克一直以来从未放弃过在产品和服务中注入新的价值。根据口味、消费时尚、节气时令等的变化，星巴克在主力产品咖啡的品种上的推陈出新让人应接不暇。

除此之外，星巴克在特色服务上的创新也一直没有懈怠，它在部分旗舰店设置了自动咖啡机，提高了服务速度；它向客户销售一种 5～500 美元的购物卡，将交易时间减少了一半；在美国本土，它建立星巴克快递公司，便于客户利用电话或网络预购饮料和点心；在世界市场上，它正逐步进行着将互联网服务引入咖啡店的试点，目前在中国京津两地的部分商店，人们已经开始享受一边品尝咖啡一边无线上网的高雅的商务生活；甚至在一些地区，如广州，星巴克正尝试性地在其二层开设一个约 20 平方米的高标准商务会议室。

（五）货币成本低于预期

合理地制定产品价格也是提高客户感知价值和满意度的重要手段。因此，企业定价应以确保客户满意为出发点，依据市场形势、竞争程度和客户的接受能力来考虑，尽可能做到按客户的“预期价格”定价，千方百计地降低客户的货币成本，坚决摒弃追求暴利的短期行为，这样才能提升客户感知价值，提高客户满意度。

例如，作为“世界 500 强”领袖企业的沃尔玛在与供应商的关系方面，绝对站在客户采购代理的立场上，苛刻地挑选供应商，顽强地讨价还价，提出“帮客户节省每一分钱”的宗旨和“天天平价、始终如一”的口号，并努力实现价格比其他商号更便宜的承诺，这无疑是使沃尔玛成为零售终端之王的根本所在。

又如，美国西南航空把自己定位为票价最低的航空公司，公司的策略是在任何的市场环境下，都要保持最低的票价。按照传统的经商原则，当飞机每班都客满，票价就要上涨，但西南航空不提价，而是增开班机，有时西南航空的票价比乘坐陆地的运输工具还要便宜。

此外，企业还可以通过开发替代产品，以及使用价格低的包装材料或者使用大包装等措施，不断降低产品的价格，降低客户的货币成本，从而提高客户感知价值和满意度。

当然，降低客户的货币成本不仅仅体现在价格上，还体现在提供灵活的付款方式和资金融通方式等方面。当客户规模较小或出现暂时财务困难时，企业向其提供延期付款、赊购等信贷援助就显得更为重要。

（六）时间成本低于预期

在保证产品与服务质量的前提下，尽可能减少客户的时间支出，从而提高客户感知价值和满意度。

例如，世界著名的花王公司在销售其产品的商场中安装摄像头，以此来记录每位客户决定购买花王的产品所用的时间。花王公司根据这些信息改进了产品的包装和说明，对产品摆设进行重新布置以及调整产品品种的搭配，让客户可以在最短时间内完成消费行为。经过产品摆设的重新布置和品种调整后，客户决定购买花王的产品所用的时间比过去少了 40 秒。

又如，如果你是美国租车公司安飞士（Avis）的老客户，你乘飞机到达目的地后，不用做任何事情，就可以直接到安飞士在机场的停车场找你租的车，这时你会发现钥匙已经插在车里面了，你发动汽车就可以把它开走，只要在门口把你的证件给工作人员看一眼就可以了，没有任何多余的手续，根本不用到柜台去排队。这样周到的服务节省了客户的宝贵时间，降低了客户的时间成本，提升了客户感知价值，也提高了客户满意度。

再如，沃尔玛商场经营项目繁多，包括食品、玩具、新款服装、化妆用品、家用电器、日用百货、肉类果蔬等，而且力求富有变化和特色，以满足客户的各种喜好，为的是推行“一站式”购物新概念——客户可以在最短的时间内以最快的速度购齐所有需要的商品。这种降低客户时间成本的购物方式，提升了客户感知价值，提高了客户满意度。

在麦当劳，当客户排队等候人数较多时，麦当劳会派出服务人员给排队客户预点食品，这样，当该客户到达收银台时，只要将点菜单提供给收银员即可，提高了点菜的速度，同时，实施预点食品还能降低排队客户的“不耐烦”心理，提高了客户忍受力，可谓一举两得。

汇丰银行把有些分支机构改为昼夜银行业务中心，客户可以在方便的时候处理自己的账户。同时，汇丰银行还建立了电话及 e-Banking 银行业务，方便客户使用自己的账户及利用电话和互联网随时随地方便地进行交易，节省了客户的时间成本。

（七）精神成本低于预期

降低客户的精神成本最常见的做法是推出承诺与保证。例如，汽车企业承诺永远公平对待每一位客户，保证客户在同一月份购买汽车，无论先后都是同一个价格，这样今天购买的客户就不用担心明天的价格会更便宜了。

对于安全性、可靠性越重要的购买或消费，企业的承诺就越重要。例如，美容业推出“美容承诺”，并在律师的确认下，与客户签订美容服务责任书，以确保美容服务的安全性、无后遗症等。许多世界著名企业都对服务质量进行承诺，像新加坡航空公司、迪斯尼和麦当劳，这些公司都对其服务质量进行全面承诺，为的就是降低客户的精神成本，提高客户感知价值和满意度。

此外，企业为了降低客户的精神成本，还可以为客户购买保险。例如，航空公司、旅行社、运输公司等为旅客或乘客买了保险，目的就是减少客户的购买风险，从而降低客户的精神成本和货币成本。在韩国的一些高层旅馆里，每个房间的床下都备有一条“救命绳”，绳子坚韧结实，端部有金属环，遇到火灾或其他险情，旅客来不及从门撤出，可以用这条救命绳套在室内稳固的物体上，迅速从窗口顺墙滑下逃生。天有不测风云，人有旦夕祸福，有了这条“救命绳”，旅客就可以高枕无忧了！

另外，企业提供细致周到、温暖的服务也可以降低客户的精神成本。例如，在为客户维修、安装时，自己带上拖鞋和毛巾，安装好后帮客户把房间打扫干净，把对客户的打扰减少到最低限度……这些细节都充分体现了企业对客户的关怀、体贴和尊重，从而降低了客户的精神成本，给客户留下美好的印象。

如果客户想到的企业都能给予，客户没想到的企业也能提供，这必然使客户感到企业时时刻刻对他的关心，从而会对企业满意。

例如，客户在外出差，手机电池没电了，但客户又没带充电器，如果拨打通信公司的服务热线，通信公司便马上提供租用电池或充电服务，客户一定会感到通信公司的服务超出了他的预期而非常满意，从内心深处对公司产生亲近感。

又如，当我们到银行办理业务的时候，填写各种单据是一件非常头痛的事情，但是，招商银行就推出窗口免填单服务——客户不再需要填写任何单据，而只需要告诉窗口的服务代表自己想要办理的业务就够了，剩下的手续会由服务代表替你完成。由于招商银行推出免填单的服务超出了客户的预期，客户自然对招商银行满意。

此外，企业还要积极、认真、妥善地处理客户投诉，从而降低客户的精神成本。

（八）体力成本低于预期

如果企业能够通过多种销售渠道接近客户，并且提供相关的服务，那么就可以减少客户为购买产品或服务所花费的体力成本，从而提高客户感知价值和满意度。

对于装卸和搬运不太方便、安装比较复杂的产品，企业如果能为客户提供良好的售后服务，如送货上门、安装调试、定期维修、供应零配件等，就会减少客户为此所耗费的体力成本，从而提高客户感知价值和满意度。

例如，商店为购买电冰箱、彩电、洗衣机、家具的客户送货上门，镜屏厂为客户免费运输、安装大型镜屏，解决运输、安装两大困难，这些都降低了客户的体力成本，低于客户预期的体力成本，从而提高了客户感知价值和满意度。

案例 8-5 宜家提高客户感知价值的策略

宜家家居是目前世界上最大的家居供应商，瑞典知名的家居企业，是20世纪中几个令人炫目的商业奇迹之一。宜家自1943年初创，从一点“可怜”的文具邮购业务开始，现在已经发展到在全球共有200多家连锁商店，分布在42个国家，雇用了7万多名员工的企业航母。

一、不断提高客户总价值

宜家产品系列广泛，共有10 000多种产品供客户选择，基本上任何品位的客户都能在宜家买到所需的家居产品，客户无须往返于不同的专卖店去购买家居用品。客户在宜家可以找到从客厅家具、玩具、煎锅到餐具刀叉，从办公家具到绿色植物的所有物品。宜家还有一种“四季被”，属三被合一，一层是温凉舒适的夏季被，一层是中暖度的春秋被，你也可以把两层放在一起，那就是温暖的冬季被。

宜家除木制家具外，还有陶土、金属、玻璃、硬纸等制品。小到杯子、刀叉，大到组合家具，宜家的产品简约、精美、时尚、温馨，搭配丰富的色彩，不矫揉造作。在满足人们物质、生理需要的同时，也满足了人们对美感的需求，这就是宜家创造的家居文化。另外，绝大部分的宜家产品都被设计成可以分拆运输的结构，外包装是平板式，这样可以充分利用运输和储存的空间。

在宜家，商品测试是夺人眼球的一道风景线。在厨房用品区，宜家出售的厨柜从摆进卖场的第一天就开始接受测试器的测试，橱柜的柜门和抽屉不停地开、关着，数码计数器显示了门及抽屉可承受开关的次数。也许你难以相信，即使它经过了35年、26万次的开和关，橱柜门仍能正常工作！

此外，宜家还致力于不断提高服务价值，如提供：送货上门——送货服务只收取合理的费用，运费从未被加进您购买家具的售价中；组装服务——宜家的家具都采用平板包装，内含指示和说明及宜家的特殊工具，客户可以自行组装，如果需要帮忙，宜家也乐意提供上门服务；布料加工服务——宜家为客户提供指定式样的窗帘、靠垫套和桌布的布料加工服务；付款方式——宜家接受现金、转账支票及有银联、VISA和MASTER标记的借记卡和信用卡；儿童服务——宜家为孩子们专门开设了由专人看护的儿童乐园，孩子们可以在商场内任意玩耍。宜家餐厅和咖啡厅为孩子们准备了儿童餐、高脚凳和奶瓶加温设施。

30年前，宜家集团便开始有计划地参与环境保护事宜，涉及的方面包括：材料和产品、森林、供货商、运输、卖场环境等。1990年制定宜家第一个环境保护政策；1991年开始履行关于热带林木使用的严格规定；1992年禁止在宜家产品及其生产过程中使用对高空大气中的臭氧层有害的CFCs和HCFCs；1995年采用严格标准，控制偶氮染料的使用；1998年按照环境标准评审宜家在欧洲的所有运载设备；2000年为了推动林业的可持续发展，宜家在瑞典出资支持了一项林业专业研究……这些举措都大大提高了企业的形象价值。

二、不断降低客户总成本

由于宜家的大多数货品采用平板包装，客户可以方便地将其运送回家并独立进行组装，这样客户就节省了提货、组装、运输等费用，享受了低价格。宜家还不断采用新材料、新技术来提高产品性能并降低价格。例如，奥格拉是近乎完美的一种椅子，很漂亮、很结实、很实用，重量又轻。起初，奥格拉椅子用木材生产，随着市场变化，其价格变得太高，遂采用平板包装降低成本；当平板包装也不能满足低成本要求时，宜家的设计师采用复合塑料替代木材；后来，为了进一步降低成本，宜家将一种新技术引入了家具行业——通过将气体注入复合塑料，节省材料并降低重量，并且能够更快地生产产品。

宜家倡导“我们做一些，你来做一些，宜家为你省一些”的理念。所以，宜家采用自选方式，以减少卖场的服务人员。目前仍有不少商家“趁火打劫”，而宜家的雨伞在下雨天会打折出售。此外，宜家还推出人性化的退换货政策：只要包装和货品没有损坏，并保持出售时的状态，便可在60天内带上原始发票或收银条及银行卡收据和完整的货品，前往购物卖场更换等值货品或退款，这些措施都降低了客户的货币成本。

宜家的卖场设计有其标准规范，客户进入卖场后，地板上有箭头指引客户按最佳顺序逛完整个卖场。主通道旁边为展示区，展示区的深度不会超过4米，以保证客户不会走太长的距离。展示区按照客厅、餐厅、工作室、卧室、厨房的顺序排列，这种顺序是从客户习惯出发制定的。这种展示方法有利于给客户一个装饰效果的整体展示，还有利于连带购买，同时又为客户降低了购物时间成本。

宜家规定，除非客户要求店员帮助，否则店员不得主动向客户推销，不得像其他家具店的店员一样对着客户喋喋不休，以便降低客户的精神成本，让客户静心浏览、体验，轻松、自在地逛商场和挑选家具。

宜家还精心为每件商品制定“导购信息”，产品的价格、功能、使用规则、购买程序等几乎所有的信息都一应俱全。例如，宜家会用漫画的形式告诉客户如何鉴别毛毯的质量：一是把地毯翻开来看它的背面；二是把地毯展开来看它的里面；三是把地毯折起来看它鼓起来的样子；四是把地毯卷起来看它团起来的样子。

宜家还鼓励、引导客户进行随意全面的体验，比如拉开抽屉，打开柜门，在地毯上走走，试一试床和沙发是否坚固等。所有能坐的商品，客户无一不可坐上去试试感觉，一些沙发、餐椅的展示处还特意提示客户：“请坐上去！感觉一下它是多么的舒服！”

此外，宜家的《商场指南》里写着：“请放心，您有14天的时间可以考虑是否退换。”

立体式的逼真展示，无人打扰的购物氛围，自由自在的随心体验，还有体贴入微的配套服务都让人感觉在宜家就像在家里一样放松、惬意。客户在逛宜家时，累了可以在床或沙发上休息，饿了，宜家餐厅有美味实惠的瑞典食品和适合本地客户口味的食品，在北欧淳朴浪漫的音乐环境中，客户心情渐归平静，回归自然，而宜家洗手间的水永远比五星级酒店的水更温暖，一年四季都是舒适的温度……这些美好的环境叫人不忍离去，宜家就这样用“春风化雨”的方式俘获了每位客户的心。

总之，宜家是“处心积虑”努力降低客户的总成本，为客户创建温馨、娱乐的购物体验。宜家已不仅仅是一个家具销售商，它更出售一种生活方式、一种家居文化——不奢华不夸张，在简单中体现品质和品位，以科技照顾生活的每个细节，正如其广告语所说的：“好生活，宜家有办法。”

总之，如果企业能够把握客户预期，并且让客户感知价值超出客户预期，就能够实现客户满意。

课后练习

一、选择题（可能不止一个选项）

1. 客户的满意是由以下哪两个因素决定的？(　　)。

A. 客户的预期和感知　　B. 客户的抱怨和忠诚

C. 产品的质量和价格　　D. 产品的性能和价格

2. 以下影响客户满意的因素是（　　）。

A. 客户预期　　B. 客户心情　　C. 客户性别　　D. 客户年龄

3. 以下影响客户预期的因素是（　　）。

A. 消费经历　　B. 消费偏好　　C. 消费阶段　　D. 包装

4. 如果企业善于把握客户预期，然后为客户提供超预期的（　　），就能够使客户产生惊喜。

A. 感知价值　　B. 服务价值　　C. 产品价值　　D. 形象价值

5. 企业要让（　　）保持在一个恰当的水平，这样既可以吸引客户，又不至于让客户失望而不满。

A. 客户预期　　B. 客户感知　　C. 客户满意　　D. 客户心情

二、判断题

1. 客户预期越低就越容易满足。
2. 客户满意是企业持续发展的基础，是企业取得长期成功的必要条件。
3. 如果企业试图使客户的预期低一些，那么价格、包装、有形展示等也就应该高些、好些、考究些。
4. 企业要提高客户满意度，可以引导甚至修正客户对企业的预期。
5. 客户满意是一种心理活动，是客户的需求被满足后形成的愉悦感或状态，是客户的主观感受。

三、名词解释

客户满意　　　　客户预期　　　　客户感知价值

四、思考题

1. 影响客户满意的因素有哪些？
2. 影响客户预期的因素有哪些？
3. 影响客户感知价值的因素有哪些？
4. 如何让客户满意？

五、案例分析题

哈雷品牌的百年辉煌

从 1903 年第一辆哈雷摩托诞生到今天，100 多年来，哈雷经历了战争、经济衰退、萧条、罢工、买断和回购、国外竞争等种种洗礼，但它直面这些考验并善于把握这些考验所带来的市场机会，使其能绝处逢生。

100 多年来，哈雷以其超凡的生命力和脱俗的竞争力，创造出了让人目不暇接的世界摩托车制造行业一连串“唯一”：百年来唯一一家始终不离摩托车制造老本行的企业；唯一规模最大、生产时间最长的 V2 缸摩托车生产者；唯一一家把品牌升华为图腾的超长寿企业……由于它浓缩了激情、自由、狂热的独特品牌个性，最终登峰造极地幻化为一种信仰、一种精神象征、一种品牌文化、一种生活方式，因此也创造出一个世界品牌的神话。

哈雷百年辉煌的一个主要因素是它从制造哈雷摩托开始，就不仅仅致力于摩托车的设计与生产，而同时也在精心营造一种独具特色的“哈雷文化”。

一个世纪的沉浮，一个世纪的文化沉淀，孕育出丰富灿烂的哈雷文化——自由、神圣、美国精神、哈雷传统和男子气概等，一直作为哈雷品牌的精神要义，令无数的哈雷车迷们为之倾倒，为之痴狂。

在哈雷文化中的每一个小群体都有共同的核心价值，但不同的群体由于其特殊的地位而对这一核心价值的诠释也不尽相同。哈雷精神建立在一系列核心价值之上，其中个人自由尤为重要，它包括两个方面，即解放和特许，相应地有两个标志，即展翅的哈雷雄鹰和奔驰的哈雷骏马。展翅的哈雷雄鹰象征着美国的民主、政治的自由，体现着从各种限制中解放出来，包括汽车、办公室、时刻表、权威和各种关系，从工作和家庭中解放出来。

奔驰的骏马是一个暗喻，常常用在诗歌和小说之中，它来自西部牛仔和西部的民间英雄，这突显了表现美国人文和价值取向的“牛仔精神”。因为哈雷是美国摩托业唯一幸存的品牌，因此它也代表着美国。在哈雷文化中，美国主义也是一个重要的价值观。这种爱国主义色彩体现在诸多方面，如哈雷集会时的美国国旗、文身和车体艺术等。此外，哈雷文化也很重视男子气概，这可以在诸多方面得到体现。它们宣扬的口号是“真男人穿黑色”等。

潜在于哈雷文化中的这些可以识别的精神或一系列的核心价值，获得了其所有成员不同程度的接受。这些精神和价值在产品或品牌以及消费者对其使用中得到了深刻体现，如哈雷公司始终坚持质量第一的信念，其对产品质量的要求是苛刻的，在工业化批量生产、追求规模效应的今天，哈雷公司仍然坚持手工工艺和限量生产，从而使每一辆哈雷车的品质都很过硬，给每一位车迷都留下坚固、耐用、物有所值的满足感。

奔放洒脱、彰显个性、张扬自我、崇尚自由，创造了一个将人性与产品融为一体的精神象征，树立了品牌文化的魅力。

学者冯国江分析说，哈雷文化从一个侧面记录了美国整整一个世纪从工业到科技、文化雄踞世界的历史。因此，骑哈雷摩托就是对美国精神和美国文化的接纳与认同。对美国人来说，骑哈雷摩托比遵守法律更能表达爱国精神，正是这样，哈雷摩托让无数的车迷陶醉、倾倒。

案例思考题：

1. 哈雷摩托是怎样管理客户预期的？
2. 哈雷摩托是怎样超越客户预期的？
3. 客户为什么会对哈雷摩托满意？

第九章 客户忠诚

引例

米粉圈

小米公司在官方网站建立了小米社区，将有共同爱好、共同价值观的粉丝进行聚拢，通过同城会、米粉节等不断加强社区的活力与磁场，并在小米社区平台引导粉丝进行内容创造，与核心粉丝用户建立良好的互动关系，通过一系列的优惠措施以及尊崇体验带给核心粉丝更高的溢价。小米还通过微信平台对粉丝遇到的产品售后问题进行维护，以解决产品设计缺陷可能产生的粉丝流失问题。同时，小米在各大媒体社交工具上都保持零距离贴近客户，包括小米手机的创始人雷军在内的公司高层管理者每天都会亲自做一系列的客服工作，耐心解答部分用户的提问。总之，小米通过构建稳固的粉丝群，打造集群社区，得到了粉丝的认同与追随。

启示：小米通过小米社区、同城会、米粉节等，与粉丝建立良好的互动关系，使粉丝有了归属感，感到自己被重视、被尊重，因而提高了对小米的忠诚度。

第一节 客户忠诚的含义、判断与意义

一、客户忠诚的含义

客户忠诚是指客户一再重复购买，而不是偶尔重复购买同一企业的产品或服务的行为。

奥利弗认为客户忠诚就是对偏爱产品或服务的深度承诺，在未来一贯地重复购买并因此产生的对同一品牌或同一品牌系列产品或服务的重复购买行为，而不会因市场情景的变化和竞争性营销力量的影响产生转移行为。

有学者把客户忠诚细分为：行为忠诚、意识忠诚和情感忠诚，但对企业来说，如果客户只有意识忠诚或情感忠诚，却没有行为忠诚，那么他对企业就没有直接意义，企业

能够从中获得多少收益是不确定的，而只有行为忠诚才能够给企业带来实实在在的利益。因此，企业不会排斥虽然意识不忠诚、情感不忠诚，但行为忠诚的客户——因为他们实实在在地、持续不断地购买企业的产品或服务，帮助企业实现利润。不过，企业应当清醒的是，意识不忠诚、情感不忠诚的客户难以做到持久的行为忠诚。理想的“客户忠诚”是行为忠诚、意识忠诚和情感忠诚三合一，同时具备这三者的客户是难能可贵的！

本书主要研究和介绍的是客户的行为忠诚。

二、客户忠诚的判断

客户是否忠诚一般可以从下面几个指标来判断。

（一）客户重复购买的次数

客户重复购买的次数是指在一定时期内，客户重复购买某种品牌产品的次数。一般来说，客户对某品牌产品重复购买的次数越多，说明他对这一品牌的忠诚度越高，反之则越低。有些企业为了便于识别和纳入数据库管理，将客户忠诚量化为连续三四次及以上的购买行为，但现实中不同消费领域、不同消费项目有很大差别。例如，有的产品或服务，我们一生可能会消费几千次甚至更多，而有的产品或服务，我们一生可能只能消费几次甚至一次。因此，不能一概而论，不能简单地用次数来判断客户是否忠诚，更不能跨消费领域、跨消费项目进行比较，因为这样比较是没有意义的。

（二）客户对竞争品牌的态度

一般来说，对某种品牌忠诚度高的客户会自觉地排斥其他品牌的产品或服务。因此，如果客户对竞争品牌的产品或服务有兴趣并有好感，那么就表明他对该品牌的忠诚度较低，反之，则说明他对该品牌的忠诚度较高。

（三）客户对价格的敏感程度

客户对价格都是非常重视的，但这并不意味着客户对价格变动的敏感程度相同。事实表明，客户对其喜爱和信赖的产品或服务的价格变动的承受能力强，即敏感度低；对其不喜爱和不信赖的产品或服务的价格变动的承受力弱，即敏感度高。因此，企业可以依据客户对价格的敏感程度来衡量客户对某品牌的忠诚度。一般来说，对价格的敏感程度高，说明客户对该品牌的忠诚度低；对价格的敏感程度低，说明客户对该品牌的忠诚度高。

（四）客户对产品或服务质量的承受能力

任何产品或服务都有可能出现各种质量问题，即使是名牌产品或服务也很难避免。如果客户对该品牌的忠诚度较高，当出现质量问题时，他们会采取宽容、谅解和协商解决的态度，不会因此而失去对它的偏好；相反，如果客户对品牌的忠诚度较低，当出现质量问题时，他们会深感自己的正当权益被侵犯了，从而会产生强烈的不满，甚至会通过法律方式向品牌索赔。当然，运用这一指标时，要注意区别事故的性质，即是严重事故还是一般事故，是经常发生的事故还是偶然发生的事故。

（五）客户购买费用的多少

客户对某一品牌支付的费用占购买同类产品支付的费用总额的比例如果高，即客户购买该品牌的比重大，说明客户对该品牌的忠诚度高；反之，则说明其对该品牌的忠诚度低。

（六）客户挑选时间的长短

客户购买往往都要经过对品牌的挑选，但由于信赖程度的差异，客户对不同品牌的挑选时间是不同的。通常，客户挑选的时间越短，说明他对该品牌的忠诚度越高；反之，则说明他对该品牌的忠诚度越低。

三、客户忠诚的意义

（一）“忠诚”比“满意”更能确保企业的长久收益

“客户满意”不等于“客户忠诚”，如果企业只能实现“客户满意”不能实现“客户忠诚”，那么意味着自己没有稳定的客户群，这样经营收益就无法确保，因为只有忠诚的客户才会持续购买企业的产品或服务，才能给企业带来持续的收益。

假设某企业每年的客户流失率是10%，每个客户平均每年给企业带来100美元的利润，吸收一个新客户的成本是80美元。企业现决定实施客户忠诚计划，将客户年流失率从10%降低到5%，该计划的成本是每个客户20美元。分析这家企业客户终生价值的变化情况：每年流失10%的客户，意味着平均每个客户的保留时间大约是10年，每年流失5%的客户，意味着平均每个客户的保留时间大约是20年。忠诚计划实施前，平均每个客户的终生价值为：10年×100美元/年－80美元＝920美元。忠诚计划实施后，平均每个客户的终生价值为：20年×（100美元/年－20美元/年）－80美元＝1 520美元。通过实施客户忠诚计划，平均每个客户的终生价值增加了600美元，也就是说，平均每个客户给企业创造的价值增加了600美元。

（二）使企业的利润增长并获得溢价收益

忠诚客户因为对企业信任、偏爱，而会重复购买企业的产品或服务，还会放心地增加购买量，或者增加购买频率。忠诚客户还会对企业的其他产品连带地产生信任，当产生对该类产品的需求时，会自然地想到购买该品牌的产品，从而增加企业的销售量，为企业带来更大的利润。

此外，忠诚客户会很自然地对该企业推出的新产品或新服务产生信任，愿意尝试所忠诚的企业推出的新产品或新服务，因而他们往往是新产品或新服务的早期购买者，从而为企业的新产品或新服务的上市铺平前进的道路。

另外，忠诚客户对价格的敏感度较低、承受力强，比新客户更愿意以较高价格来接受企业的产品或服务，而不是等待降价或不停地讨价还价。由于他们信任企业，所以购买贵重产品或服务的可能性也较大，因而忠诚客户可使企业获得溢价收益。

美国学者弗雷德里克·F. 赖希黑尔德（Frederick F. Reichheld）的研究成果也表明，客户忠诚度提高 5%，企业的利润将增加 25%～85%，随着企业与客户维持商业关系时间的延长，忠诚客户会购买更多的产品或服务，其产生的利润呈递增趋势。

（三）降低开发新客户的成本、交易成本和服务成本

1. 降低开发客户的成本

随着企业间为争夺客户而展开的竞争日趋白热化，企业争取新客户需要花费较多的成本，如广告宣传费用、推销费用（如向新客户推销所需的佣金、推销人员的管理费用及公关费用等）、促销费用（如免费使用、有奖销售、降价等所产生的费用），还有大量的登门拜访以及争取新客户的人力成本、时间成本和精神成本……因此，企业开发新客户的成本非常高，而且这些成本还呈不断攀升的趋势。例如，电视广告费用不断上涨，企业若要维持原有的广告份额，就必须不断增加广告费用。所以，对于许多企业来说，最大的成本就是开发新客户的成本。

然而，比起开发新客户，留住老客户的成本要相对“便宜”很多，特别是客户越“老”，其维系成本越低，有时候一些定期的回访或者听取他们的抱怨就能奏效。即使是激活一位中断购买很久的“休眠客户”的成本，也要比开发一位新客户的成本低得多。美国的一项研究表明：吸引一个新客户要付出 119 美元，而维系一个老客户只需要 19 美元，也就是说，获得一个新客户的成本是维系一个老客户的成本的 6 倍还多。

总之，如果企业的忠诚客户多了，客户忠诚度提高了，就可以降低企业开发新客户的压力和支出。

2. 降低交易成本

交易成本主要包括搜寻成本（即为搜寻交易双方的信息所发生的成本）、谈判成本（即为签订交易合同所发生的成本）、履约成本（即为监督合同的履行所发生的成本）三个方面，支出的形式包含金钱、时间和精力。

由于忠诚客户比新客户更了解和信任企业，另外，忠诚客户与企业已经形成一种合作伙伴关系，彼此之间已经形成一种信用关系，所以交易的惯例化可使企业大大降低搜寻成本、谈判成本和履约成本，从而降低企业的交易成本。

3. 降低服务成本

首先，服务老客户的成本比服务新客户的成本要低很多。例如，在客户服务中心的电话记录中，新客户的电话往往要比老客户多得多，这是因为新客户对产品或服务还相当陌生，需要企业多加指导，而老客户因为对产品或服务了如指掌，因此不用花费企业

太多的服务成本。

其次，由于企业了解和熟悉老客户的预期和接受服务的方式，所以可以更容易、更顺利地为老客户提供服务，并且可以提高服务效率和减少员工的培训费用，从而降低企业的服务成本。

（四）降低经营风险并提高效率

据统计，如果没有采取有效的措施，企业每年要流失 10% ～ 30% 的客户，这样造成的后果是企业经营的不确定性增加了，风险也增加了。

忠诚的客户群体和稳定的客户关系，可使企业不再疲于应付因客户不断改变而带来的需求的变化，有利于企业制定长期规划，集中资源去为这些稳定的、忠诚的客户提高产品质量和完善服务体系，并且降低经营风险。

同时，企业能够为老客户提供熟练的服务，不但意味着效率会提高，而且失误率会降低，事半功倍。此外，忠诚客户易于亲近企业，能主动向企业提出改进产品或服务的合理化建议，从而提高企业决策的效率和效益。

（五）获得良好的口碑效应

随着市场竞争的加剧，各类广告信息的泛滥，人们面对大量眼花缭乱的广告难辨真假，无所适从，对广告的信任度在大幅度下降。“口碑”是比当今“满天飞”的广告更具有说服力的宣传，人们在进行购买决策时，往往越来越重视和相信亲朋好友的推荐，尤其是已经使用过产品或消费过服务的人的推荐。例如，万科房产销售就有相当大的比例得益于原有客户的口碑。

忠诚客户是企业及其产品或服务的有力倡导者和宣传者，他们会将对产品或服务的良好感觉介绍给周围的人，主动地向亲朋好友和周围的人推荐，甚至积极鼓动其关系范围内的人购买，从而帮助企业增加新客户。

美国有一项调查表明，一个高度忠诚的客户平均会向 5 个人推荐企业的产品和服务，这不但能节约企业开发新客户的费用，而且可以在市场拓展方面产生乘数效应。一个对欧洲 7 000 名客户的调查报告表明，60% 的被调查者购买新产品或新品牌是受到家庭或朋友的影响。

可见，忠诚客户的正面宣传是难得的免费广告，可以使企业的知名度和美誉度迅速提高，通过忠诚客户的口碑还能够塑造和巩固良好的企业形象。

（六）获得客户队伍的壮大

假设有三家公司，A 公司的客户流失率是每年 5%，B 公司的客户流失率是每年 10%，C 公司的客户流失率是每年 15%，再假设三家公司每年的新客户增长率均为 15%。

那么 A 公司的客户存量将每年增加 10%，B 公司的客户存量将每年增加 5%，而 C 公司的客户存量则是零增长。

这样一来，7 年以后 A 公司的客户总量翻一番，14 年后 B 公司的客户总量也将翻一番，而 C 公司的客户总量始终不会有实质性的增长。

可见，客户忠诚度高的企业，能够获得客户数量的增长，从而壮大企业的客户队伍。

（七）为企业发展带来良性循环

随着企业与忠诚客户关系的延续，忠诚客户带来的效益呈递增趋势，这样就能够为企业的发展带来良性循环——客户忠诚的企业，增长速度快，发展前景广阔，可使企业员工树立荣誉感和自豪感，有利于激发员工士气；客户忠诚的企业获得的高收入可以用于再投资、再建设、再生产、再服务，也可以进一步提高员工的待遇，进而提升员工的满意度和忠诚度；忠诚员工一般都是熟练的员工，工作效率高，可以为客户提供更好的、令其满意的产品或服务，这将更加稳固企业的客户资源，进一步强化客户的忠诚；客户忠诚的进一步提高，又将增加企业的收益，给企业带来更大的发展，从而进入下一个良性循环……

美国贝恩策略顾问公司通过对几十个行业长达 10 年的“忠诚实践项目”调查，发现客户忠诚是企业经营成功和持续发展的基础和重大动力之一。

总之，客户忠诚能确保企业的长久收益，使企业的利润增长并获得溢价收益，能节省开发新客户的成本、交易成本和服务成本，降低经营风险并提高效率，能获得良好的口碑效应及客户队伍的壮大，为企业发展带来良性循环，保证了企业的可持续发展。可以说，忠诚客户的数量决定了企业的生存与发展，忠诚的质量，即忠诚度的高低，反映了企业竞争能力的强弱。

第二节　影响客户忠诚的因素

一、客户是否满意

从上一节关于客户满意的意义中我们知道，客户忠诚和客户满意之间有着千丝万缕的联系。一般来说，客户满意度越高，客户的忠诚度就会越高；客户满意度越低，客户的忠诚度就会越低。可以说，客户满意是推动客户忠诚最重要的因素。但是，客户满意与客户忠诚之间的关系又没有那么简单，它们之间的关系既复杂，又微妙。

（一）满意则可能忠诚

满意使重复购买行为的实施变得简单易行，同时也使客户对企业产生依赖感。统计结果表明：一个满意的客户，6 倍于一个不满意的客户更愿意继续购买企业的产品或服务。

根据客户满意的状况，可将客户忠诚分为信赖忠诚和势利忠诚两种。

1. 信赖忠诚

当客户对企业及其产品或服务完全满意时，往往表现出对企业及其产品或服务的信赖忠诚。信赖忠诚是指客户在完全满意的基础上，对使其从中受益的一个或几个品牌的产品或服务情有独钟，并且长期、指向性地重复购买。信赖忠诚的客户在思想上对企业及其产品或服务有很高的精神寄托，注重与企业在情感上的联系，寻求归属感。他们相信企业能够以诚待客，有能力满足客户的预期，对所忠诚的企业的失误也会持宽容的态度。当他们发现该企业的产品或服务存在某些缺陷时，能谅解并且主动向企业反馈信息，而不影响他们再次购买。他们还乐意为企业做免费宣传，甚至热心地向他人推荐，是企业的热心追随者和义务宣传员。

信赖忠诚的客户在行为上表现为指向性、重复性、主动性、排他性购买。当他们想购买一种他们曾经购买过的产品或服务时，会主动寻找原来向他们提供过这一产品或服务的企业。有时因为某种原因没有找到他们所忠诚的企业，他们也会搁置需求，直到所忠诚的企业出现。他们能够自觉地排斥“货比三家”的心理，能在很大程度上抗拒其他企业提供的优惠和折扣等诱惑，而一如既往地购买所忠诚的企业的产品或服务。信赖忠诚的客户是高依恋的客户，他们的忠诚最可靠、最持久，他们是企业最为宝贵的资源，是企业最重要的客户，是企业最渴求的。他们的忠诚也表明企业现有的产品或服务对他们是有价值的。

2. 势利忠诚

当客户对企业及其产品或服务不完全满意，只是对其中某个方面满意时，往往表现出对企业及其产品或服务的势利忠诚。例如：有些客户是因为“购买方便”而忠诚；有些客户是因为“价格诱人”而忠诚；有些客户是因为“可以中奖”“可以打折”“有奖励”“有赠品”等而忠诚；有些客户是因为“流失成本太高”——或者风险更大，或者实惠变少，或者支出增加等而忠诚……

总之，势利忠诚是客户为了能够得到某个（些）好处或者害怕有某个（些）损失，而长久地重复购买某一产品或服务的行为。一旦没有了这些诱惑和障碍，他们也就不再“忠诚”，很可能就会转向其他更有诱惑的企业。可见，“势利忠诚”是“虚情假意”的忠诚，他们对企业的依恋度很低，很容易被竞争对手挖走。因此，企业要尽可能实现客户的信赖忠诚，但是，如果实在无法实现客户的信赖忠诚，可以退而求其次——追求实现客户的势利忠诚，因为这种忠诚比较常见、比较容易实现，也能够给企业带来利润，值得企业的重视。

（二）满意也可能不忠诚

一般来说，满意的客户在很大程度上会是忠诚的客户，但实际上满意和忠诚之间并不像人们所想象的那样存在着必然的联系。许多企业发现：有的客户虽然满意，但还是离开了。据《哈佛商业评论》报告显示，对产品满意的客户中，仍有 65%～85% 的客户会选择新的替代品，也就是说满意并不一定忠诚。

满意也可能不忠诚的原因大概有以下几种：客户没有因为忠诚而获得更多利益，客户对企业的信任和情感不够深，客户没有归属感，客户的转换成本过低，企业与客户联系的紧密程度低，企业对客户的忠诚度低，员工对企业的忠诚度低，以及客户自身因素，如个人客户想换“口味”丰富一下自己的消费经历，或者因为企业客户的采购主管、采购人员、决策者的离职等都会导致客户虽然满意但不忠诚。

（三）不满意则一般不忠诚

一般来说，要让不满意的客户忠诚可能性是很小的，如果不是无可奈何、迫不得已，客户是不会“愚忠”的。例如，客户不满意企业污染环境，或不承担社会责任，或不关心公益事业等，就会对企业不忠诚。又如，企业对客户的投诉和抱怨处理不及时、不妥当，客户就会对企业不忠诚。一个不满意的客户迫于某种压力，不一定会马上流失、马上不忠诚，但条件一旦成熟，他就会不忠诚。

（四）不满意也有可能忠诚

一般来讲，客户不满意通常就不会忠诚，但是，有时尽管客户不满意也可能因为惰性或者迫于无奈而忠诚。有两种情况，一种是惰性忠诚，另一种是无奈忠诚。

1. 惰性忠诚

惰性忠诚是指客户尽管对产品或者服务不满，但是由于本身的惰性而不愿意去寻找其他供应商或者服务商。对于这种忠诚，如果其他企业主动出击，还是容易将他们挖走的。

2. 无奈忠诚

无奈忠诚是指在卖方占主导地位的市场条件下，或者在不开放的市场条件下，尽管客户不满却因为别无选择，找不到其他替代品，不得已只能忠诚。例如，市场上仅有一个供应商，在这样的垄断背景下，尽管不满意，客户也只能别无选择地忠诚，因为根本没有“存有二心”的机会和条件。

虽然惰性忠诚和无奈忠诚能够给企业带来利润，企业可以顺势、借势而为，但是企业切不可麻痹大意、掉以轻心，因为不满意的忠诚是靠不住的、很脆弱的，一旦时机成熟，这类不满意客户就会毫不留情地流失。

从以上的分析来看，客户忠诚在很大程度上受客户满意的影响，但是这种影响不绝对，满意的客户也并不一定忠诚，如可能因为没有忠诚的动力或者压力。所以，企业要想实现客户忠诚，除了让客户满意外，还得考虑影响客户忠诚的其他因素，需要其他手段的配合。

二、客户因忠诚能够获得多少利益

追求利益是客户的基本价值取向。调查结果表明，客户一般也乐于与企业建立长久关系，其主要原因是客户希望从忠诚中得到优惠和特殊关照，如果能够得到，就会激发他们与企业建立长久关系。如果老客户没有得到比新客户更多的优惠和特殊关照，那么就会抑制他们的忠诚，这样老客户会流失，新客户也不愿成为老客户。因此，企业能否提供忠诚奖励将影响客户是否持续忠诚。

然而，当前仍然有许多企业总是把最好、最优惠的条件提供给新客户，甚至有的企业利用大数据“杀熟”，而使老客户的待遇还不如新客户，这其实是鼓励“后进”，打击“先进”，这是一个倒退，将大大损害客户忠诚度。衣不如新，人不如故。一个人如果对待一个有十年交情的老朋友还不如新结识的朋友，那么有谁会愿意和这样的人做长久的朋友？其实，新客户的“素质”是个未知数，你不知道最后他们会带来什么，而老客户伴随着企业历经风雨，是企业的功臣。如果一个企业连老客户都不珍惜，那又怎能令人相信它会珍惜新客户？再新最终也会变旧，企业切不可喜新厌旧，否则只会让老客户寒心，受伤害的他们将不再忠诚而会流失。新客户看到老客户的下场，也会望而却步，因为老客户今天的境遇或下场就是新客户明天的境遇或下场！

所以，企业要让老客户得到更多的实惠，享受更多的奖励，这样才会激励客户对企业的忠诚。当然，利益要足够大，要能够影响和左右客户对是否忠诚的选择。

三、客户的信任和情感

（一）信任因素

由于客户的购买存在一定的风险，君子不立危墙之下，客户为了避免和减少购买过程中的风险，往往倾向于与自己信任的企业保持长期关系。市场上确实有一些企业只追求眼前利益，“一切向钱看”，不顾及客户的感受，但这种企业是不可能得到客户信任的，而没有得到客户信任的企业肯定得不到客户的忠诚。研究显示，信任是构成客户忠诚的核心因素，信任使重复购买行为的实施变得简单易行，同时也使客户对企业产生依赖感。

例如，衣蝶百货是一家只卖女性衣服的专卖店，服务策略是用周到的服务来创造令人感动的体验。例如，它们的洗手间会给人喜出望外的体验，里面有高品质的护肤乳液和香精。洗手台有专职的服务人员，清洁工作非常到位，没有水渍。为了防止马桶坐垫不卫生，衣蝶百货为客户提供了自动胶膜，还提供女性个人私密用品卫生棉。由于衣蝶百货站在女性的角度来想，方便了在外购物的女性们，从而赢来了很多忠诚的客户。

（二）情感因素

如今，情感对客户是否忠诚的影响越来越不能忽视，这是因为企业给予客户利益，竞争者也同样可以提供类似的利益，但竞争者难以攻破情感深度交流下建立的客户忠诚。

企业与客户一旦有了情感交融，就会使客户与企业从单纯的买卖关系升华为休戚相关的伙伴关系。当客户与企业的感情深厚时，客户就不会轻易背叛，即使受到其他利益的诱惑也会掂量掂量其与企业感情的分量。

美国人维基·伦兹在其所著的《情感营销》一书中也明确指出：“情感是成功的市场营销的唯一的、真正的基础，是价值、客户忠诚和利润的秘诀。”

加拿大营销学教授杰姆·巴诺斯通过调查研究指出，客户关系与人际关系有着一样的基本特征，包括信任、信赖、社区感、共同目标、尊重、依赖等内涵，企业只有真正站在客户的角度，给客户以关怀，与客户建立超越经济关系之上的情感关系，才能赢得客户的心，赢得客户的忠诚。

四、客户是否有归属感

假如客户感到自己被企业重视、尊重，有很强的归属感，就会不知不觉地依恋企业，因而忠诚度就高；相反，假如客户感觉自己被轻视，没有归属感，就不会依恋企业，忠诚度也就低。

例如，星巴克最忠诚的消费者每月光顾星巴克店的次数高达 18 次，因为他们把星巴克当作一种除居家和办公之外的第三场所，他们可以在星巴克体验到在别的地方无法体验的情调和氛围，他们还能从星巴克的服务中感受到某种情谊和归属感，甚至能够从中获得某种精神的提升。

又如，穷游网保持客户黏性依靠的是其丰富实用的旅游咨询和服务，以及良好的社区气氛。穷游网将后台加工制作的集成式攻略单列为一个版块，将客户生成的攻略和客户间的问答互动一起放入了论坛版块。注册网友拥有自己的主页，可以发帖、上传照片、问答等，也可以给其他用户发私信。注册网友在穷游网上免费得到了其他网友提供的旅游信息，然后在自己亲身体验之后又回来回报网站，分享自己的旅游经历，如此这样的循环往复，使客户具有强烈的归属感，从而吸引了众多客户对穷游网持续的关注与忠诚。

五、客户的转换成本

转换成本指的是客户从一个企业转向另一个企业需要面临多大的障碍或增加多大的成本，是客户为更换企业所需付出的各种代价的总和。

转换成本可以归为以下三类：一类是时间和精神上的转换成本，包括学习成本、时间成本、精神成本等；另一类是经济上的转换成本，包括利益损失成本、金钱损失成本等；还有一类是情感上的转换成本，包括个人关系损失成本、品牌关系损失成本。情感转换成本比另外两个转换成本更加难以被竞争对手模仿。

转换成本是阻止客户背叛的一个缓冲力，如果客户从一个企业转向另一个企业，会损失大量的时间、精神、金钱、关系和感情，那么，即使目前他们对企业不是完全满意，也会三思而行，慎重考虑，不会轻易背叛。

例如，企业实行累计优惠计划，那么频繁、重复购买的忠诚客户就可以享受奖励，而如果客户中途背叛、放弃就会失去即将到手的奖励，并且原来积累的利益也会因转换而失效，这样就会激励客户对企业的忠诚。

但是，企业必须认识到，引导胜于围堵。如果企业仅仅靠提高转换成本来维系客户的忠诚，而忽视为客户创造价值和利益，那将会置客户于尴尬和无奈的境地。尽管可能出现一时的门庭若市、兴隆与红火，但是一旦情况有变将导致门庭冷落和客户的流失。

六、客户对企业的依赖程度

我们知道，如果两个物体的接触面非常光滑，摩擦系数很小，那么这两个物体彼此就很容易“滑溜”；相反，如果两个物体的表面粗糙，摩擦系数很大，那么这两个物体就没有那么容易“开溜”。这个时候，“摩擦阻力”成了“牵挂”。

我们还知道，化学反应比物理反应稳定，如果两个企业之间的关系不是表层的关系，而是深层的、高级的、相互渗透的关系，那么分开就不是件容易的事了。

经验表明，客户购买一家企业的产品越多，对这家企业的依赖就越大，客户流失的可能性就越小，就越可能忠诚。如 360 安全公司通过网上智能升级系统，及时为使用其产品的客户进行升级，并且可以免费下载一些软件，从而增强了客户对其的依赖性。

我们也知道，婚姻的稳定单靠“满意”是不够的，因为人们对“满意”的追求往往是无止境的，谁也不能保证自己是最美、最帅、最年轻、最好的，要防止见异思迁、朝三暮四，除了靠“满意”外，还要靠感情、靠责任、靠纽带——为什么相对来说三口之家比两口之家稳定呢？因为夫妻双方有了共同的骨肉和牵挂，彼此要分手就很不容易了！

同理，企业可以与客户通过交叉持股或者双方共同成立合资、合伙或合作企业等形式，建立双方共同的利益纽带，你中有我，我中有你，这样彼此就不容易分开了。

另外，企业与客户双方的合作关系是否紧密，企业提供的产品或服务是否渗透到客户的核心业务中间，企业的产品或服务是否具有显著的独特性与不可替代性——如果是，客户对企业的依赖程度就高，忠诚度也就高；反之，则客户对企业的依赖程度低，一旦他们发现更好、更合适的企业，便会毫不犹豫地转向新的企业。

总之，如果一个企业对客户来说是可有可无的，那怎么能够奢望客户会对这家企业忠诚？相反，如果客户离不开一家企业，那么客户想不忠诚都不行。

例如，当今客户手机上的 App 太多已经成为痛点，如果一个 App 可以集合多个功能，显然会赢得客户的青睐。美团 App 就集合了团购、外卖、打车、单车、酒店、机票车票、快驴进货等诸多功能，简直是生活百科全书，也就是说吃住行都能用美团 App，不知不觉中，许多客户离不开美团，渐渐忠诚于美团了。

七、企业对客户的忠诚度

忠诚应该是企业与客户之间双向的、互动的，不能追求客户对企业的单向忠诚，而忽视了企业对客户的忠诚。正像宜家提出的那样：“通过给予忠诚来获得忠诚。”

假如企业对客户的忠诚度高，忠心耿耿、一心一意地为客户着想，不见异思迁，能够不断地为客户提供满意的产品或服务，就容易获得客户忠诚。

相反，假如企业喜新厌旧、见异思迁、朝秦暮楚，不能持续地为客户提供满意的产品或服务，那么客户的忠诚度就会降低。

案例 9-1　　苹果公司以自己的忠诚换取客户的忠诚

苹果公司规定每一个App商店的应用开发者和应用开发商必须要重视用户的隐私，必须保护好用户的数据信息，不能保留用户数据的任何备份，在用户不再使用这款App的时候，必须要把用户的数据删得一干二净，否则一经发现App有保留用户数据的行为，苹果App商店将直接把这款App下架，不会再次上架。

苹果保护消费者隐私的举措，塑造了良好的企业形象，赢得了客户的忠诚。

延伸阅读 9-1　　每所学校都应关注校友发展，不论贫富

“人大女毕业生遇变故成低保户 一家9口住漏雨土坯房”事件报道后，中国人民大学校方施以援手，备受赞许。有公众号文章就说，“当我一无所有，至少还是人大校友”。

其实，每所学校只要用心，都可以及时跟踪所有校友的发展，并且不论贫富，不将“能否捐赠”作为发展校友关系的考量，而是帮助所有校友获得更好的发展——这与学校的条件和实力无关，关键在于有无这方面的意识。当然，有些学校把精力集中在已功成名就的校友身上，而对普通校友的关注不够，这种情况亟待改变。中国人民大学关注陷入困境的伍继红，就是个范本。

八、员工对企业的忠诚度

研究发现，员工的满意度、忠诚度与客户的满意度、忠诚度之间呈正相关的关系。这是因为，一方面，只有满意的、忠诚的员工才能愉快地、熟练地提供令客户满意的产品或服务；另一方面，员工的满意度、忠诚度会影响客户对企业的评价，进而影响其对企业的忠诚度。

此外，有些客户之所以忠诚于某家企业，主要是因为与之联系的员工的出色表现，如专业、高效、娴熟以及与他们建立的良好私人关系。因此，如果这个员工离开了这家企业，客户就会怀疑该企业是否仍能满足他们的需要，尤其是在一些特别依赖员工个人出色表现的企业，如名医、名师、名厨等特殊员工的忠诚对客户忠诚的影响尤其显著。

九、客户自身因素

以下几种客户自身的因素也会影响客户的忠诚。

（1）客户遭遇某种诱惑。

（2）客户遭遇某种压力。

（3）客户需求出现转移。例如，客户原来喝白酒，现在注意保健而改喝葡萄酒了，这样，如果白酒生产企业不能及时满足客户新的需求（如供应葡萄酒），那么客户就不会继续忠诚。

（4）客户搬迁、成长、衰退、破产。

（5）客户重要当事人的离职、退休等。例如，客户的采购主管、采购人员、决策者的离职等都会导致客户虽然满意但不忠诚。

（6）客户朝三暮四。有的客户由于信念、性格等原因天生就没有忠诚感，习惯于朝秦暮楚、见异思迁，要让这样的客户忠诚显然是非常困难的。

以上这些因素是客户本身造成的，是企业无法改变的客观存在。

总之，影响客户忠诚的因素有：客户是否满意、客户因忠诚能够获得多少利益、客户的信任和情感、客户是否有归属感、客户的转换成本、企业与客户业务联系的紧密程度、企业对客户的忠诚度、员工对企业的忠诚度、客户自身因素等。客户是否忠诚，有时是单一因素作用的结果，有时是多个因素共同作用的结果。

第三节 如何实现客户忠诚

从以上影响客户忠诚的因素分析中我们知道，企业必须废除一切妨碍和不利于客户忠诚的因素，强化一切推动和有利于客户忠诚的因素，这样就能实现客户忠诚。具体来说有以下几种做法。

一、努力实现客户完全满意

客户越满意，忠诚的可能性就越大，而且只有最高等级的满意度才能实现最高等级的忠诚度。为此，企业应当追求让客户满意，甚至完全满意。

例如，施乐公司在进行客户满意度的评估中发现，不仅满意与再购买意愿相关，而且完全满意的客户的再购率是满意客户的 6 倍。为了追求客户完全满意，施乐公司承诺在客户购买后 3 年内，如果有任何不满意，公司保证为其更换相同或类似的产品，一切费用由公司承担，这样就确保了相当多的客户愿意持续忠诚于施乐。

实现客户满意的策略已经在第 8 章进行了阐述。

案例 9-2　　联邦快递追求客户完全满意

早期，联邦快递将客户满意度和服务表现定义为准时送达的包裹的数量占所有包裹数的百分数。而后，通过多年的客户投诉记录分析，联邦快递发现准时送达只是客户满意的一个标准，还有其他因素影响客户满意。联邦快递总结出，客户满意包括应该避免的 8 种服务失败，具体是：送达日期错误；送达日期没错，但时间延误；发运遗漏；包裹丢失；对客户的通知错误；账单及相关资料错误；服务人员表现不佳；包裹损坏。

所以，联邦快递有两个宏伟目标：每一次交流和交易都要达到 100% 的客户满意；处理每一个包裹都要100%达到要求。联邦快递每天都分别跟踪12个服务质量指标，以从总体上衡量客户满意度。另外，公司每年都要进行多次的客户满意度调查。多数服务机构在衡量客户满意度时，会将“有些满意”和“完全满意”的比例合二为一，但联邦快递却不这样。正是坚持了这样的服务标准，联邦快递成为美国历史上第一个在成立后的最初10年里销售额就超过10亿美元的公司。

联邦快递追求客户完全满意的做法换来的是客户对联邦快递的高度忠诚。

二、奖励客户的忠诚

我们知道，想要让某人做某事，如果能够让他从做这件事中得到好处，那么他自然就会积极主动地去做这件事，而用不着别人引导或监督。

同样的道理，企业想要赢得客户忠诚，就要对忠诚客户进行奖励，奖励的目的就是要让客户从忠诚中受益，得到激励，从而使客户在利益驱动下忠诚（哪怕是势利忠诚）。

（一）如何奖励

1. 财务奖励

财务奖励客户忠诚的代表形式是频繁营销计划，它最早产生于20世纪70年代初，也称为老主顾营销规划，指向经常或大量购买的客户提供奖励，目的是促使现有客户对企业的忠诚。奖励的形式主要有折扣、积分、赠品、奖品等优惠和好处，以此来表示对老客户的关爱，奖励他们重复购买。

例如，有家餐厅将客户每次用餐的账目记录在案，自然，账目总金额大的客户都是该餐厅的常客。到了年终，餐厅将纯利润的10%按客户账目总金额大小的比例向客户发放奖金。这项“利润共享”的策略，使得该餐厅天天客满。

又如，美国一家公司为了把它的咖啡打入匹兹堡市场，向潜在客户邮寄了一种代金券，客户每购一听咖啡凭代金券可享受35%的折扣，每听中又附有一张折价20美分的代金券，这样，客户就会不断地被这种小利小惠所刺激，从而对该产品保持长久的兴趣。

再如，航空公司推出“里程奖励”活动，对乘坐航空公司班机的乘客进行里程累计，当里程累积到一定公里数时，就奖励该乘客若干里程的免费机票。美国西南航空公司最早推出对乘客在积累了一定的里程后，可以与自己的伴侣一起享受一次免费的国内飞行的计划。这一计划一经推出便大获成功，许多公司纷纷仿效推出了各种各样的奖励计划，像美洲航空公司、美国西北航空公司和美国联合航空公司等都开发了频繁飞行计划，用来奖励忠诚的乘客。忠诚的乘客通过累积的里程数可以获得折扣或者免费机票或者头等舱的高级座位。现在国内的航空公司也纷纷推出了自己的“常旅客计划”来奖励忠诚的乘客。

由于获得新客户要比留住老客户的成本大得多，因此，企业总是希望能够拥有越来越多的老客户，并且通过老客户吸引更多的新客户。为此，企业可以给老客户更多的优惠，从而发展长期的客户关系。比较典型的是通过建立会员制给会员一定的优惠价格。一般来说，会员一次性支出的会费远小于以后每次购物所享受到的超低价优惠，还可以享受其他特殊服务，如定期收到有关新到货品的样式、性能、价格等资料，以及享受送货上门的服务等。

例如，阿里巴巴曾推出88会员活动，用户只需要88块钱就可以获得天猫、饿了么、优酷、虾米、淘票票等产品的权益，而单独买这些会员，则需要626元，而且这个会员对淘气值低于1 000的用户，要888元才能购买。当用户成为88会员后，在购物的时候，一想到自己是淘宝会员，而且还是九五折，就会先想到在淘宝上购买。对整个阿里来说，88会员还可以打通天猫、饿了么、优酷、虾米、淘票票等产品的用户，实现用户共享。

案例 9-3 开市客会员的忠诚

开市客（Costco）是美国最大的连锁会员制仓储量贩店，自成立以来就致力于以最低价格提供给会员高品质的品牌商品，20年来综合毛利率始终位于10%～11%，其盈利主要来自会员费收入——开市客所有商品的价格比其他零售店至少低15%，然而要想在这里购物，顾客必须交纳45～100美元不等的年度会员费。

当消费者交了这笔年费成为会员后，如果经常来开市客购物的话，他们就会觉得这点儿会员费交的实在太值了。因为他们只要多买一些优价优质的商品就赚回来了！另外，开市客还允许会员携带多位亲友一同购物，并提供分单结账服务，来实现口碑相传，扩大会员基数。并且，绝大多数会员都选择了继续交纳会员费，续费的比例达到了惊人的86%，而企业60%的利润也来自这些会员费。

开市客会员费收入则成为公司的主要利润。2018年31亿美元的利润几乎全部来自全球9 600万会员的会员费！同时，开市客每年的会员续费率是90%，也就是说忠诚的顾客达到90%。

此外，实行以旧（产品）折价换新（产品）也能够起到奖励客户忠诚的作用。例如，华为Mate 40系列开启100元订金预订，老客户享福利，以旧换新最高补贴3 000元。又如，苹果的旧机经上门评定或拿去苹果专卖店进行评定后，会有对应的折算价格，折算价格就是购买新机的减免价格。如此一来，苹果的老客户就会更愿意继续购买苹果的产品，并不断更新换代，循环往复。

2. 其他配套奖励

这里的其他配套奖励是指特权、优待、机会、荣耀等财务利益以外的奖励。

例如，为了提高分销商的忠诚度，企业可以采取以下措施。

（1）授予分销商以独家经营权。如果能够作为大企业或名牌产品的独家经销商或者代理商，可以树立分销商在市场上的声望和地位，有利于提高分销商的积极性和忠诚度。

（2）为分销商培训销售人员和服务人员。特别是当产品技术性强，推销和服务都需要一定的专门技术时，这种培训就显得更加重要。如美国福特汽车公司在向拉美国家出售拖拉机的过程中，为其经销商培训了大批雇员，培训内容主要是拖拉机和设备的修理、保养和使用方法等。此举使福特公司加强了与其经销商的关系，提高了经销商在拖拉机维修服务方面的能力，也迅速扩大了福特公司拖拉机的经销量。

（3）为分销商承担经营风险。如某企业明确表态：只要分销商全心全意地经营本企业的产品，就保证不让其亏本；在产品涨价时，对已开过票但还没有提走的产品不提价；在产品降价时，对分销商已提走但还没有售出的产品，按新价格冲红字。这样分销商就等于吃了定心丸，敢于在淡季充当蓄水池，提前购买和囤积，使企业的销售出现淡季不淡、旺季更旺的局面。

（4）向分销商提供信贷援助。如允许延期付款、赊购，当分销商规模较小或出现暂时财务困难时，这种信贷援助就显得更为宝贵。

（5）还可由企业出资做广告，也可以请分销商在当地做广告，再由企业提供部分甚至全部资助，以及提供互购机会，既向分销商推销产品，又向分销商购买产品。

（二）奖励要注意的问题

首先，客户是否重视本企业的奖励。如果客户对奖励抱着无所谓的态度，那么企业就不必花“冤枉钱”。

其次，不搞平均主义，要按忠诚度高低、重购次数来区别奖励。

再次，不孤注一掷，要细水长流。即要注重为客户提供长期利益，因为一次性奖励并不能产生客户的忠诚，而且还浪费了大量的财力，即使奖励有效，竞争者也会效仿跟进。因此，企业要考虑自己是否有能力持续对客户进行奖励，能否承受奖励成本不断上升的压力，否则就会出现尴尬的局面——坚持下去，成本太高；取消奖励，企业信誉受影响。

最后，奖励是否出于真诚，如奖励形式是否可以选择，领取奖励是否方便等。

例如，特易购的“俱乐部卡”的积分规则十分简单易懂，客户可以从他们在特易购消费的数额中得到1%的奖励，每隔一段时间，特易购就会将客户累积的奖金换成“消费代金券”，邮寄到消费者家中。这种方便实惠的积分卡吸引了很多家庭的兴趣，据特易购自己的统计，俱乐部卡推出的头6个月，在没有任何广告宣传的情况下，就取得了17%左右的“客户自发使用率”。为此，特易购的“俱乐部卡”被很多海外商业媒体评价为“最善于使用客户数据库的忠诚计划”和“最健康、最有价值的忠诚计划”。

（三）奖励计划的弱点

首先，未能享受到奖励计划的客户可能对企业产生不满。

其次，企业之间的奖励计划大战使客户享受到越来越多的优惠，客户的预期会越来越高，因而企业为了迎合客户的预期所投入的奖励成本也会越来越高。

最后，由于奖励计划操作简单，很容易被竞争者模仿。如果多数竞争者加以仿效，则奖励计划会趋于雷同，结果企业提高了成本却不能形成相应的竞争优势，奖励计划反而成为企业的负担。但是企业又不能轻易中断这些奖励计划，因为一旦停止就会产生竞争劣势。于是，企业面临一个恶性循环：奖励计划—初显成效—大量仿效—失去优势—新的奖励计划……企业成本不断上升，但成效甚微，最多也只是获得势利忠诚的客户。

三、增强客户的信任与感情

（一）增强客户的信任

一系列的客户满意产生客户信任，长期的客户信任有利于客户忠诚的形成。因此，企业要持续不断地增强客户对企业的信任，这样才能获得客户对企业的忠诚。

有些企业试图通过“搞关系”“走后门”来“搞定”客户，但事实上，客户清楚，“搞关系”“走后门”都带有赤裸裸的目的，凡事若以利始，便难以义终。所以，“搞关系”“走后门”无法获得客户信任，无法获得长期且稳定的客户关系，随时存在土崩瓦解的可能。

那么，企业怎样才能增加客户的信任呢？第一，要牢牢树立“客户至上”的观念，想客户之所想，急客户之所急，解客户之所难，帮客户之所需，企业所提供的产品或服务要确实能够满足客户需要。第二，要提供广泛且值得信赖的信息（包括广告），当客户认识到这些信息是值得信赖且可接受的时候，企业和客户之间的信任就会逐步产生并得到强化。第三，要针对客户可能遇到的风险，提出保证或承诺并切实履行，以减少他们的顾虑，从而赢得他们的信任。第四，要尊重和保护客户的隐私，使客户有安全感，进而产生信赖感。第五，要认真处理客户投诉，如果企业能够及时、妥善地处理客户的投诉，也能够赢得客户的信任。

例如，“为客户创造最大的营运价值”是沃尔沃卡车公司始终追求的目标，每做一笔销售，沃尔沃工作人员都要为客户量身定做一套“全面物流解决方案”，算运费、算路线、算效率，甚至算到油价起伏对盈利的影响。精诚所至，金石为开，客户当然会将信任的眼光投向沃尔沃卡车，并成为其忠诚的客户，沃尔沃公司得到的回报是节节攀升的盈利。

又如，医院可以在患者中建立健康档案或者病员信息资料库，对患者的生日、病情、出院时间等做详细记录，并在营销部门下创建随访中心负责与患者保持长期的联系。这样，当患者出院后医院仍然可以和他们取得联系，了解他们的健康状况，给他们送去慰问和祝福，征求他们对医院工作的意见和建议。只有让患者感受到医院对他们的关心，才能获得患者对医院的信任。另外，医院的社会知名度和公众美誉度也直接影响患者的信任，因此，医疗机构需注重医院的形象宣传，积极参与社会公益活动，如定期开展义诊、医疗保健知识宣传、居民体检等活动，以及邀请居民参观等，从而树立医院良好的社会公众形象。此外，品牌能给人们以信赖的感受，因此医院要重视品牌建设，可以通过塑造人员品牌、技术品牌、服务品牌、设备品牌、环境品牌，来增进患者对医院的信赖程度，唤起其忠诚倾向，从而使医院形成持久、稳定的患者群。

美团外卖作为国内知名网上订餐的平台，精心挑选了众多优质外卖商家，为客户提供快速、便捷的线上订餐服务。美团外卖还制定了具有法律效应的《美团点评餐饮安全管理办法》，为了鼓励更多客户曝光不良商家，美团外卖还给予成功举报的客户相应的现金红包奖励，同时与社会各界广泛合作、共同治理，并承诺所有与餐饮安全相关的投诉保证 24 小时内有解决方案。此外，美团外卖规定配送人员要持有健康证，衣帽清洁，不能直接接触餐品；配送箱清洁，配送过程中不能把餐品与有害的物品一起存放和配送；同时保证餐品安全所需的温度、湿度……美团外卖这一系列的努力换来了客户的信任，也增强了客户的忠诚度。

（二）增强客户的感情

联邦快递的创始人弗雷德·史密斯（Fred Smith）有一句名言："想称霸市场，首先要让客户的心跟着你走，然后才能让客户的腰包跟着你走"。因此，企业在与客户建立关系之后，还要努力寻找交易之外的关系，如加强与客户的感情交流和感情投资，这样才能巩固和强化企业与客户的关系。那么如何增强客户对企业的情感呢？

1. 积极沟通，密切交往

企业应当积极地与客户进行定期或不定期的沟通，了解他们的想法和意见，并邀请他们参与企业的各项决策，让客户觉得自己很受重视。对于重要的客户，企业负责人要亲自接待和登门拜访，努力加深双方的情感联系，并且发展联盟式的客户关系。在客户的重要日子（如生日、结婚纪念日、升迁、乔迁之喜、子女上大学、厂庆日等），采取恰当的方式予以祝贺，如寄节日贺卡、赠送鲜花或礼品等，让客户感觉到企业实实在在的关怀就在身边。

例如，汽车销售大王吉拉德在他经销汽车的十多年间，每个月给客户寄一张不同款式的、像工艺品那样的精美卡片。为此，他每月要寄出 1.3 万多张卡片，而客户会将这些卡片长期保存，并视吉拉德为亲密朋友。

此外，企业可以邀请客户参加娱乐活动，如打保龄球、观赏歌舞、参加高级晚会等，在过年、过节时举行客户游园会、客户团拜会、客户酒会、客户答谢会等显示客户尊贵地位之类的活动，喝喝茶、唱唱歌、喝喝酒，再读一封热情洋溢的感谢信，也可以增进客户对企业的友情，强化关系。

例如，玛贝尔（MaBelle）钻饰是香港利兴珠宝公司推出的大众钻饰品牌，自成立以来已经在香港开设了 46 家分店，成为深受时尚人士青睐的钻饰品牌。玛贝尔经常为"VIP 俱乐部"会员安排与钻饰无关的各种活动，如母亲节为妈妈们准备了"母亲节 Ichiban 妈咪鲍翅席"，情人节为年轻情侣筹办浪漫的"喜来登酒店情人节晚会"，为职业和兴趣相近的会员安排的"酒店茶点聚餐"，以及节假日为年轻会员安排的"香港本地一日游”。香港的生活节奏非常快，人们学习工作很紧张，人际交往比较少，这些活动不但给会员提供了难忘的生活体验，而且还帮助他们开拓交际圈，部分会员通过俱乐部结识了不少朋友。很多会员参加过玛贝尔组织的一些活动后，不但自己成了玛贝尔的忠诚客户，而且邀请自己的亲友也加入玛贝尔的俱乐部。

2. 超越期待，雪中送炭

沃尔玛的创始人山姆·沃尔顿常对员工说：“让我们以友善、热情对待客户，就像在家里招待客人一样，让他们感觉到我们无时无刻不在关心他们的需要。”

生活中我们常说“将心比心，以心换心”，企业与客户之间特别需要这种理解与关心，当企业对处于危困之中的客户“雪中送炭”时，企业很可能为自己培养了未来的忠诚客户。

如今，客户对酒店的要求越来越高，尤其是老客户，他们不希望每次用餐都要做一些相同的事情，如回答“喝点什么酒”“吃些什么菜”“需要什么烟”等这样的老问题。因为这会使老客户感到自己是酒店的陌生人，心中自然不快。如果酒店能够做到对老客户喜欢喝的酒、吃的菜、抽的烟都记得一清二楚，那么就会使老客户有“在家的感觉”，也就能够提升老客户的满意度和忠诚度。

新加坡文华东方大酒店实施了一项“超级服务”计划，就是服务人员要尽可能地满足客户的需要，不管是否属于分内的事。有一天，酒店咖啡厅来了四位客人，他们一边喝咖啡，一边拿着文件在认真地商谈问题，但咖啡厅的人越来越多，嘈杂的人声使这四位客人只好大声说话。受过“超级服务”训练的服务员觉察到这一点，马上向客房部打电话，询问是否有空的客房可以借给这四位客人临时一用，客房部立即答应提供一间。当这四位客人被请到这间免费的客房并知道这是为了让他们有一个不受干扰的商谈环境时，他们对这样好的“超级服务”感到难以置信。事后他们在感谢信中写道：“我们除了永远是您的忠实客户之外，我们所属的公司以及海外来宾，将永远为您做广告宣传。”

案例 9-4　　华为的“客户心”

通信产业会因为技术标准、频率波段不同，衍生出不同的产品，一个电信商可能会为了满足消费者，用到三种技术标准，采购三套不同的机台，其中安装与后续维修的费用甚至高过单买机台本身。以一个制造商的角度，当然希望客户可以多买，因为客户买的产品越多，它越能赚取更多服务费。这个算盘连小学生都会打，但华为走了一个逆向的路：我来帮客户省钱！华为反过来站在电信商的角度思考，主动研发出把三套标准整合在一个机台的设备，帮客户省下了 50% 的成本。

一般派四五个工程师到客户端驻点就算是大手笔，华为却可以一口气送上一组 12 人的团队，与客户一起讨论、研发出最适合的产品。若产品出问题，即使地点远在非洲乞力马扎罗火山，华为也是一通电话立刻派工程师到现场，与客户一起解决问题，不像其他企业为了节省成本，多半用远端视频遥控。

“你们脑袋要对着客户，屁股要对着领导”，这是任正非反复不断对底下人说的话。他认为，大部分公司会腐败，就是因为员工把力气花在讨好主管，而非思考客户需求。因此，他明文禁止上司接受下属招待，就连开车到机场接机都会被他痛骂一顿：“客户才是你的衣食父母，你应该把时间力气放在客户身上！”

总之，企业只有通过对客户的理解、体贴及人性化经营，真心付出、以诚相待，才能增强客户的信任与情感，才能与客户建立长期友好的关系。

四、建立客户组织

建立客户组织可以使电商企业与客户的关系正式化、稳固化，使客户感到自己有价值、受欢迎、被重视，而产生归属感。客户组织还使企业与客户之间由短期关系变成长期关系，由松散关系变成紧密关系，由偶然关系变成必然关系，因而有利于企业与客户建立超出交易关系之外的关系。

例如，上海益民商厦设立了“客户假日俱乐部”，每周六举办产品知识讲座，内容有电脑、黄金珠宝、皮革等产品的性能、使用和保养等知识，受到了消费者的欢迎。商厦还设立了“老客户联谊会”，建立了老客户档案，经常为他们寄发产品信息资料，过节时还邀请他们参加聚会，并听取他们的意见，从而牢牢地“拴住”了一大批忠诚的客户。

又如，国外有一家著名的化妆品公司组建了客户俱乐部，规定：凡是老客户，每年可以免费美容若干次，购买产品可以享受优惠，介绍新客户参加俱乐部还给予一定的奖励。因此，该公司形成了一支几百万的忠诚客户队伍。

再如，张裕公司发现国内葡萄酒的高端客户正在逐步增长和成熟，认为有必要先人一步发现这些高端客户，然后通过提供高品质的新产品、个性化服务与文化附加值来留住他们。张裕公司设立张裕·卡斯特 VIP 俱乐部就是为了实现这一目标，目前它是国内首个由葡萄酒厂商创办的高级酒庄俱乐部，旨在长期专注于为高端红酒消费群提供专业的会员服务以及专有交流空间。体验式营销是俱乐部的最大特色之一，近百名来宾在张裕·卡斯特 VIP 俱乐部首席国际品酒顾问克瑞斯的指导下，一边欣赏葡萄酒的色泽和清亮度，一边轻摇酒杯，学着俯身贴鼻，让葡萄酒的香味扩散至全身，亲身体验葡萄酒文化的熏陶。除了会员关系管理、一对一体验式的会员活动等常规服务外，张裕·卡斯特 VIP 俱乐部还拥有一本会员刊物《葡萄酒鉴赏》，能为读者提供葡萄酒鉴赏指导，同时实现个性化服务以及文化附加值的功能。张裕发言人表示，个性化服务与文化附加值是目前国际上通行的葡萄酒营销模式，张裕就是要趁洋品牌在中国展开“真刀实枪的竞争”前尽快与国际接轨，并抢先占据中国葡萄酒文化的创造者和引领者的地位。

海尔集团在全国 50 多个城市成立了海尔俱乐部，凡购买海尔产品总金额达到会员资格要求的客户都可以成为海尔俱乐部的会员。海尔俱乐部依据客户贡献的不同将会员分为准会员、会员、金卡会员，并确定不同会员享有不同的权利。海尔通过俱乐部这种特殊的渠道对客户进行感情投资，如每年给会员过生日，会员可以享受延长保修期 5 年的待遇，会员可以应邀参加俱乐部定期组织的文体活动，并可以获赠半年当地报纸等一系列优惠政策。事实表明，海尔俱乐部增进了海尔与客户的感情交流，使海尔的企业文化与品牌形象深入人心，不仅提高了会员的忠诚度，而且在促使准会员向会员发展的过程中使客户关系增值。

美国哈雷摩托车公司建立客户俱乐部后，每年向会员提供一本杂志（介绍摩托车知识，报道国际、国内骑乘赛事）、一本旅游手册，并且提供紧急修理服务、保险项目等，俱乐部还经常举办骑乘培训班和周末骑车大赛，以及向度假会员廉价出租本公司的摩托车，这些措施都大大促进了会员对公司的忠诚。

沃尔玛的山姆会员店也实行会员制经营，会员可享受各种免费和优惠的服务，虽然利润率调低了一些，但实行会员制给沃尔玛带来了许多利益。首先，以组织约束的形式，把大批不稳定的客户变成了稳定的客户，客户忠诚的时间大为延长，客户忠诚度也显著提高；其次，会员长期在山姆会员店购物，很容易产生购买习惯，从而培养了客户的品牌忠诚，也培育了稳定的客户队伍；最后，虽然个人会费是一笔小数目，但对会员众多的山姆会员店来说，却是一笔相当可观的收入，往往比销售的纯利润还多，同时会费也在一定程度上构成了客户转换购买的壁垒。总之，实行会员制使沃尔玛的客户维系成本降到了最低水平，同时又实现了客户的高度忠诚。

同样，迪士尼也把客户俱乐部当作创造和维护良好的客户关系的战略武器，600 万迪士尼乐园优惠卡的持有者能够得到一份特别的杂志，在购买门票和商品时可以打折，在与迪士尼的合作伙伴如德尔塔航空公司和全国汽车租赁公司交易时，也可以享受特定优惠。迪士尼还经常与俱乐部会员交流，鼓励他们及其家人经常到迪士尼乐园游玩。总之，客户俱乐部使迪士尼获得了大批忠诚和稳定的客户。

案例 9-5 “万客会”是“聚客”会

“深圳万科地产客户俱乐部”，简称万客会，通过会刊、网页、活动邀请函等多种方式和会员维护联络，当会员发现感兴趣的信息时，他们就会主动关注，前往参加活动。

万客会的会员并不仅仅是万科业主，还包括了对万科感兴趣的人士、单位或组织，这与别的发展商组织的会员俱乐部不一样。万客会真正实现了创立时的初衷，“与万科老客户，或想成为万科客户，或不想成为万科客户但想了解万科的消费者交流沟通”。

为吸引客户眼球，深圳地产界开始热衷于促销，买房子送宝马汽车，一纸博士文凭可获万元优惠等各类新招层出不穷。而此时，深圳万科地产有限公司却推出了“万客会”，在地产界率先推出了“忠诚计划”，无论性别、国籍，均可入会，不收取任何费用，条件是填写一份包括职业、年薪等情况的个人资料和现居住状况、购房置业理想的问卷。

万客会为会员提供了近十项优惠，包括提前收到万科地产最新推出的楼盘资料和售楼全套资料；可以优先选购房产、选择朝向、挑选楼层；可以自由选择参加万客会举办的各类公众社会活动，享用万客会精选商号所提供的购物折扣和优惠价格等。

最早，本着为会员谋取更多利益的原则，万客会除了给会员一系列优惠，还向会员赠送管理费，引起其他会员组织相继效仿。实施一段时间后，万客会抛弃了这种做法，推出了欢笑积分计划——会员在推荐亲友购买万科楼盘时享有推荐购房积分奖励，入会满一年的资深会员购买万科楼盘时享有购房特别积分奖励，成为业主会员再次选购万科楼盘时，还可以享有老业主重购房特别积分奖励。根据会员积分等级的不同，万客会为会员提供了欢笑分享之旅、现金等礼品。

为了给会员提供更多的增值服务，成立之初，万客会与一些商家结成联盟，会员凭会员卡在特约商户消费可以享受到独特的会员价格。这不仅是为会员提供实实在在的优惠，更是会员入会后的尊贵象征。

在商家的选择上，万客会有自己的标准：第一，守法经营；第二，品牌、形象有一定的社会知名度，在其行业里的地位与万科在房地产行业的地位相匹配；第三，商品明码实价，而万客会会员享受的的确是独特的会员价。万客会挑选商家的过程及后期的评估非常严格，入选的商家也并非终身连任。

万客会精选的商家最初几乎都是与房地产行业密切相关的，如家居、装修、装饰等，现在则衣食住行样样皆全。万科集团与中国银行又联合策划了全国联名信用卡推广计划，并在北京率先实施。对于北京万科三个项目的业主来说，这张卡除了具有长城信用卡的所有功能外，还因为嵌入了智能卡芯片，可以作为万科门禁系统的钥匙，充当起识别万科业主身份的智能卡。业主所持有的联名卡可以代收物业管理费等多种生活用费，为他们减去许多日常生活中的烦琐事务。联名卡可以使万科业主在中行享有“中银理财”优惠服务，亦可在中行与万科指定的特约商户享有消费打折优惠。另外，万科将其全球建材战略供应商纳入联名卡合作范围，邀请了包括科勒、多乐士、西门子、丹丽等知名企业共同为持卡人提供产品优惠服务，算得上是家居生活“一卡通”。

五、提高客户的转换成本

一般来讲，如果客户在更换品牌或企业时感到转换成本太高，或客户原来所获得的利益会因为更换品牌或企业而损失，或者将面临新的风险和负担，那么客户就会尽可能不转换，这样就可以加强客户忠诚。

（一）提高客户转换的学习成本、时间成本、精神成本

例如，软件企业一开始为客户提供有效的服务支持，包括提供免费软件、免费维修保养及事故处理等，并帮助客户学习如何正确地使用软件。一段时间以后，客户学习软

件使用所花的时间、精神将会成为一种转换成本，使客户在别的选择不能体现明显的优越性时自愿重复使用该软件，成为该软件及其企业的忠诚客户，而不会轻易转换。

（二）提高客户转换的财务成本

例如，航空公司的贵宾卡、超市的积分卡等，也可以提高客户的转换成本，因为客户一旦转换就将损失里程奖励、价格折扣等利益，这样就可以将客户“套牢”，使客户尽量避免转换其他公司而尽可能地忠诚于该公司。

案例 9-6 COSTA 的打折卡

当你走进 COSTA 咖啡点了一杯 36 元的拿铁咖啡，准备掏出钱包付款时，服务员告诉你“先生，这杯价格 36 元的咖啡，你今天可以免费得到”。

服务员接着说：“你办理一张 88 元的打折卡，这杯咖啡今天就是免费的了。并且这张卡全国通用，你在任何时候到 COSTA 咖啡消费，都可以享受 9 折优惠。”

调查表明，有 70% 左右的客户都会购买这张打折卡。此策略可谓一箭双雕。

一是提高客户第一次消费的单价。对于客户来说，咖啡的价值是 36 元，办一张打折卡 88 元，送一杯咖啡，然后这张卡以后还可以持续打折，挺好的。但是，真实的情况是你多花了 53 元，因为打折是建立在你消费的基础上，你不消费，这张卡对你完全没有用，就算你消费那也是给他持续贡献利润。

二是锁住客户。当你响应了 COSTA 咖啡的主张之后，你获得了一张打折卡，就在你办卡的一瞬间，其实他们已经锁定了你的消费。由于 COSTA 咖啡与星巴克咖啡定价接近，所以当你下一次要喝咖啡的时候，因为有这张打折卡，所以你基本不会考虑星巴克。

（三）提高客户转换的情感成本

例如，客户购买了一定数额的玛贝尔钻饰后，就可能注册为“VIP 俱乐部”会员。公司要求员工必须定期通过电子邮箱、电话、手机短信等方式和客户建立个人关系，这种私人关系无疑增加了客户的情感转换成本。此外，客户参与及客户定制在增加客户满意度的同时，也增加了客户的情感投入，即增加了转换成本，因而能够提高他们的退出障碍，从而有效地阻止客户的流失。

案例 9-7 “米粉”因参与而忠诚

提高客户参与感是提升客户对品牌的黏性和忠诚度的重要手段。雷军曾经说过：“从某种程度上讲，小米贩卖的不是手机，而是参与感。”

小米手机不仅将客户视为产品的使用者，在小米手机的开发者眼中，粉丝也极有可能成为小米手机的开发者，因此在产品的设计中，小米手机创新性地引入了客户参与机制，给予发烧友客户参与产品创造和改进的机会，并且积极收集海量的客户意见进行软件设计和更新，与粉丝一起做好的手机。在小米手机论坛上，每周都能读到数千篇客户反馈的帖子，其中也不乏来自粉丝的深度体验报告和心得。在部分重要功能的设计和确定上，小米手机的工程师们充分挖掘并利用隐藏在论坛中的强大的粉丝力量，通过网络问卷调查及投票的方式征询客户的意见。在小米每周更新的四五十甚至上百个功能中有1/3来源于粉丝。借助微博、微信和论坛的力量使粉丝与手机开发者完成零距离互动，在娱乐化的互动过程中也增强了粉丝对产品和品牌的信任。

另外，小米手机从产品研发、营销、传播、服务各个环节充分激发粉丝的自组织参与和创造，先推出手机开发论坛“MIUI”，招募100个智能手机发烧友参与功能研发，再以这100个种子客户为中心逐步向外扩充，招募1 000个测试客户、1万个体验客户，进行新功能的测试体验和反馈，再带动10万忠实粉丝和千百万普通粉丝的口碑营销和持续消费。

小米手机以“和粉丝做朋友”为己任，一方面以MIUI论坛为平台聚集粉丝参与开发和传播，不断激发和满足粉丝需求，不断升级产品保持粉丝参与热度；另一方面充分利用社交互动进行营销服务，实时响应粉丝反馈，提供精细化服务体验，强化粉丝对小米品牌的参与度、认同感和忠诚度，从而使小米品牌在智能手机的红海大战中异军突起。

小米手机这种将终端消费者的参与融入产品设计过程的做法，使得粉丝们因自身的参与而加深了对小米的牵挂和忠诚。

当然，企业还可以通过股权投资或者与客户签订合作协议或合同来提高客户的转换成本，那么一般情况下，客户将不会轻易违约、流失、和企业断交。

六、加强业务联系，提高不可（易）替代性

（一）加强业务联系

加强业务联系是指企业渗透到客户的业务中，双方形成战略联盟与紧密合作的关系。假如企业能够向客户提供更多、更宽、更深的服务，如为客户提供生产、销售、调研、管理、资金、技术、培训等方面的帮助，就能与客户建立紧密的联系，从而促进客户忠诚。

例如，企业可以通过以下两个方面来促进零售终端客户的忠诚。一是向零售终端提供销售支持，包括：向终端提供广告支持；向终端提供产品展示陈列、现场广告和售点促销等助销支持；人员支持，派驻促销，驻点促销（某些店）；向终端提供销售工具和设备的援助，比如免费提供货架等；及时送货，保证货源，随时掌握终端的合理库存，并且及时补货；协助终端上架产品，并做好理货和维护的工作；及时退还货，调整终端的

滞销库存；做好售后服务，及时主动地处理好客户的抱怨与投诉；经常与终端沟通，及时解决它们在销售中遇到的困难和问题。二是向零售终端提供经营指导，如在店铺装潢、商品陈列、合理库存、提升销量、节省费用、增加利润、广告策划和促销方面，给予终端以指导和辅导；针对终端经营中的问题提出一些合理化建议，从而帮助终端增强销售力和竞争力，提升整体经营水平。企业做好以上这两个方面将大大促进零售终端对企业的忠诚。

又如，小米公司投资了270多家生态链企业，并且不断地跨界，尝试新的服务领域。第一圈层是手机周边商品，鉴于小米手机已取得市场影响力和庞大的活跃用户群，手机周边是小米有先天优势的第一个圈层，如耳机、音箱、移动电源等；第二圈层是智能硬件，小米投资孵化了多个领域的智能硬件产品，如空气净化器、净水器、电饭煲等传统白电的智能化产品，也投资孵化了无人机、平衡车、机器人等极客互融类的智能玩具；第三个圈层是生活耗材，如毛巾、牙刷、旅行箱、跑鞋和背包等。小米公司通过投资生态链不断地加强与客户的业务联系，在一定程度上增强了客户对小米公司的忠诚。

宝洁的成功在很大程度上得益于其“助销”理念——帮助经销商开发、管理目标区域市场。宝洁公司提出了“经销商即办事处”的口号，就是要全面“支持、管理、指导并掌控经销商”。宝洁每开发一个新的市场，原则上只物色一家经销商（大城市一般物色两三家），并派驻一名厂方代表到经销商。厂方代表的办公场所一般设在经销商的营业处，他肩负着全面开发、管理该区域市场的重任，其核心职能是管理经销商及经销商下属的销售队伍。此外，宝洁公司还不定期派专业销售培训师前来培训，内容涉及公司理念、产品特点及谈判技巧等各个方面。宝洁公司通过“助销”行动密切了与经销商的关系，也使经销商对宝洁公司更加忠诚。

此外，企业如果能够为客户提供量身定制的服务来满足客户的特殊要求，也能够达到增进客户忠诚的目的。例如，特易购为女性购物者和对健康很在意的客户，特别推出了“瘦身购物车”。这种推车装有设定阻力的装置，客户可以自主决定推车时的吃力程度，阻力越大，消耗的卡路里就越多。推车购物过程中，客户的手臂、腿部和腹部肌肉都会得到锻炼，相当于进行一定时间的慢跑或游泳。手推车上还装有仪器，可以测量使用者的脉搏、推车速度与时间，并显示出推车者消耗的热量。这种“瘦身购物车”的造价是普通推车的7倍，但它的使用受到了客户的热烈欢迎，因为他们得到了其他商场没有提供的“健身服务”。

（二）提高不可（易）替代性

假如企业凭借自身的人才、经验、技术、专利、秘方、品牌、资源、历史、文化、关系、背景等为客户提供独特的、不可（易）替代的产品或者服务，就能够增强客户对企业的依赖性，从而实现客户忠诚。

例如，微软公司就是凭借其功能强大的Windows系列产品，几乎垄断了PC操作系统软件市场，欧特克（Autodesk）公司开发的功能实用、性能良好的AutoCAD在计算机辅助设计领域占有很高的市场份额，这两个公司都凭借不可（易）替代的产品或者服务赢得了客户的忠诚。

又如，B 站诞生之初就以弹幕闻名，并引领了弹幕这种独特的潮流，相比于其他视频网站动辄 60～90 秒的广告，B 站的视频观看过程更加“顺畅痛快”，用户也非常接受和认可其没有广告的特点，有利于增强客户对 B 站的忠诚。

日本的优衣库旗下有两个技术，一个就是 HEATTECH，是用在冬天的保暖面料，还有一个就是 AIRism，是用于夏天的非常凉爽透气的面料。其他品牌即使抄袭或者复制优衣库的款式，但是他们无法去抄袭或者复制 HEATTECH 和 AIRism 的技术，客户想买 HEATTECH 或者 AIRism 只能去优衣库。

再如，“IBM 就是服务”，这句话从国外传到国内，事实上 IBM 确实存在差异于竞争对手的绝对竞争优势：IBM 全球服务部不仅可以为客户提供基于软硬件维护和零配件更换的售后服务，更重要的还能提供诸如独立咨询顾问、业务流程与技术流程整合服务、专业系统服务、网络综合布线系统集成、人力培训、运维服务等信息技术和管理咨询服务，从而满足客户日益复杂的需求，正是这种服务实现了客户对 IBM 的忠诚。

北京第一机床厂有许多客户来自南方的乡镇企业，由于这些企业员工素质较低，从使用到维护，从生产工艺到流程都不适应，从而使厂里提供的数控机床不能发挥作用。针对此情况，北京第一机床厂采用了全过程维护、套餐式服务的模式。不但为购买机床的乡镇企业提供周到的售前售后服务，还把分外的事情也划入自己的服务范围——帮助企业培训操作、维修人员，帮助企业设计工艺流程、加工程序，并制定各种使用操作规程，大大提高了用户的使用效率和效果。这种支持服务的持续不断，不但使产品自身的问题随时得到解决，也相应地强化了双方的关系，而且良好的口碑在赢得了大批老用户的忠诚的同时，又吸引了许多新用户。

还如，阿里巴巴集团于 2014 年正式推出天猫国际平台，直接向国内消费者提供海外进口商品。作为一个媒体平台，天猫国际有效地整合了海外卖家与国内消费者的信息，解决了双方语言障碍的问题，以及传统海淘中支付不安全、无售后保障等问题。世界知名的百货公司和免税商店，如梅西百货、麦德龙、惠氏、花王、资生堂等全球知名零售商均在天猫入驻，并且大多数公司和天猫国际签署了独家的战略合同协议，这意味着，天猫国际拥有着其他平台无法得到的货源。在天猫国际入驻的商家大部分可以为消费者提供七天无理由退换货的服务，消费者需要退换的商品可以从保税区直接发货，具有很强的时效性。另外，平台还为消费者提供运费险，如果消费者有退换货的需要，则可以由平台承担退换货的大部分运费，消费者只需承担少部分邮寄费用。天猫国际承诺所有需退换商品均为国内退货，为消费者解决了传统海淘中售后无保障的难题。显然，这些独特的服务促进了消费者对天猫国际的忠诚。

案例 9-8　　利乐通过促进客户的成长实现客户忠诚

在利乐公司看来，它们提供给客户的是整体的解决方案，而不仅仅是设备或包装材料，甚至不仅仅是服务，是“远远大于包装”(more than the package)。为了给客户提供生意的解决方案，利乐提供给客户的增值服务是非常全面的，客户们买到的也不仅是利乐的产品和服务，而且是一种“成长素”——拥有利乐，就拥有了成长。

例如，利乐在中国市场采用了先进的关键客户管理系统，利乐公司的技术设备专家、包装设计人员、市场服务人员甚至财务经理都会与客户保持紧密联系，共同深入生产和市场一线，在设备引进、产品开发、技术培训、市场信息、营销体系构建、新品上市的全过程中积极投入，帮助本地客户发展壮大。难怪在中国液态奶常温无菌纸包装市场上，利乐是绝对的老大，市场份额可能达到95%。

利乐公司的设备都是成套销售的，而且价格很高。客户若投资一套利乐枕式液态奶生产线，一次性需投入几百万元，这对于一个乳品企业而言是一个很大的投资项目。因而，利乐公司先期发展较慢。利乐公司经过调查发现，很多相关企业对这种设备及产品包装相当感兴趣，只是觉得一次性投资太大，资金上有困难，才没有购买。

针对这一情况，利乐公司提出了“利乐枕”的设备投资新方案：客户只要拿出20%的款项，就可以安装成套设备投产。在以后的四年中，客户只要每年订购一定量的包装材料，就可以免交其余80%的设备款。这样客户就可以用这80%的资金去开拓市场或投资其他项目。利乐公司这一投资方案一出台，客户就迫不及待地争先签订合同，从而使利乐设备迅速扩大了市场份额，成了所有牛奶生产厂家的投资首选。由于厂家减少了投资额，可以用大部分资金来开拓市场，投入广告，积极参与公益活动，引导消费，这样一来，消费者很快接受了“利乐枕”这种包装形式，市场局面一下子打开，市场激起一股强劲的“利乐枕”风。利乐这一设备投资方案既赢得了客户和消费者，同时也提升了自身企业形象。

就是这样，利乐在输出一流产品的同时，也输出企业文化、管理模式、运营理念，深度介入了上下游客户的业务，与客户一起打造共同的核心竞争力，并且无偿地为客户提供全方位的服务，更关键的是，利乐公司通过自身的资源和组织的第三方资源，为每一个客户从战略决策建议、营销决策建议方面给予客户更高层面的服务和建议，从而使利乐与客户从交易关系变为合作伙伴关系，使一次性客户变成长期忠诚的客户。利乐正是在帮助和促进客户成长的同时，达到客户满意的目标，获得客户的认可，加强了客户对自己的依赖，从而创造和培养了一批对自己有持续需求的忠诚客户，使自己获得更大的发展。

七、以自己的忠诚换取客户的忠诚

企业不应忽视自己对客户的忠诚，而应以自己对客户的忠诚换取客户的忠诚。

例如，德国商业巨头麦德龙以现购、自运著称，主要特点是进销价位较低，现金结算，勤进快出，客户自备运输工具。麦德龙考虑到中国市场的情况，决定其服务对象是：中小型零售商、酒店、餐饮业、工厂、企事业单位、政府和团体，即主打团体消费，不为个人客户提供服务。麦德龙之所以不面向个体客户，是因为麦德龙的一条宗旨是“给中小零售商以竞争力”，既然已经为中小型零售商提供了服务，按照利益共享的原则，个人客户由中小型零售商负责提供服务。由于麦德龙充分考虑了中小型零售商的利益，忠诚于中小型零售商，所以也赢得了中小型零售商对麦德龙的完全满意和忠诚。在麦德龙的帮助下，它们增强了与大型超市竞争的能力。中小型零售商壮大了，自然增加对麦德龙的需求，双方相得益彰，形成双赢的格局。

又如，花旗银行和汇丰银行对客户的忠诚也是有口皆碑的。在拉丁美洲发生债务危机，各国金融局势动荡不安时，花旗银行不但没有停止所涉及国家的业务，反而积极支持这些国家度过危机。汇丰银行则注意在客户业务刚起步时就给予积极支持，这虽然承担了较大的风险，但客户一旦成功，便对支持它的银行保持特有的忠诚。

再如，华为员工在日本福岛核泄漏的恐怖威胁下，仍然展现了服务到底的精神，不仅没有因为危机而撤离，反而加派人手，在一天内就协助软银、E-mobile 等客户，抢通了 300 多个基站。自愿前往日本协助的员工，甚至多到需要经过身体与心理素质筛选，只有够强壮的人才能被派到现场。软银 LTE（long term evolution，长期演进）部门的主管非常惊讶：“别家公司的人都跑掉了，你们为什么还在这里？”当时负责协助软银架设 LTE 基站的专案组长李兴回答：“只要客户还在，我们就一定在！”正是这样，华为的客户忠诚度很高。

我们知道，终端门店承载着客户引流、样品展示、现场体验、需求挖掘、方案沟通和确定等功能，但自 2020 年 2 月起，由于受到新冠肺炎疫情的影响，终端门店受到门庭冷落的重大冲击。就在这个时候，许多生产厂商、卖场平台、电商平台纷纷伸出援手，帮助终端门店克服困难。红星美凯龙对自营商场的相关商户免除一个月租金及管理费，欧派家居启动 10 亿元补贴经销商，金牌厨柜宣布承担全国零售经销商一万多名员工一个月的工资……危难时刻见真情，这些同舟共济、共渡难关的做法密切了双方的关系，终端客户无疑会投桃报李，以自己的忠诚作为回报。

延伸阅读 9-2

为客户打伞

初春的一天上午，胡雪岩正在客厅里和几个分号的大掌柜商谈投资的事情。这时，外面有人禀告，说有个商人有急事求见。前来拜见的商人满脸焦急之色。原来，这个商人在最近的一次生意中栽了跟头，急需一大笔资金来周转。为了救急，他拿出自己全部的产业，想以非常低的价格转让给胡雪岩。

胡雪岩不敢怠慢，让商人第二天来听消息，自己连忙吩咐手下去打听是不是确有其事。手下很快就赶回来，证实商人所言非虚。胡雪岩听后，连忙让钱庄准备银子。因为对方需要的现银太多，钱庄里的又不够，于是胡雪岩又从分号急调大量的现银。第二天，胡雪岩将商人请来，不仅答应了他的请求，还按市场价来购买对方的产业，这个数字大大高于对方转让的价格。那个商人惊愕不已，不明白胡雪岩为什么连到手的便宜都不占，坚持按市场价来购买那些房产和店铺。

胡雪岩拍着对方的肩膀让他放心，告诉商人说，自己只是暂时帮他保管这些抵押的资产，等到他挺过这一关，可以随时赎回这些房产，只需要在原价上再多付一些微薄的利息就可以。胡雪岩的举动让商人感激不已，商人二话不说，在二人签完协议之后，他对着胡雪岩深深作揖，含泪离开了胡家。

胡雪岩的手下可就想不明白了。胡雪岩微微一笑："你肯为别人打伞，别人才愿意为你打伞。那个商人的产业可能是几辈人积攒下来的，我要是以他开出的价格来买，当然很占便宜，但人家可能就一辈子翻不了身。这不是单纯的投资，而是救了一家人，既交了朋友，又对得起良心。谁都有雨天没伞的时候，能帮人遮点雨就遮点吧。"

众人听了之后，久久无语。后来，商人赎回了自己的产业，也成了胡雪岩最忠实的合作伙伴。在那之后，越来越多的人知道了胡雪岩的义举，对他佩服不已。官绅百姓，都对有情有义的胡雪岩敬佩不已。胡雪岩的生意也好得出奇，无论经营哪个行业，总有人帮忙，有越来越多的客户来捧场。

八、加强员工管理

一方面，只有满意的、忠诚的员工才能愉快地、熟练地提供令客户满意的产品和服务，从而使客户忠诚；另一方面，员工的流失会影响客户忠诚。为此，企业一方面要通过培养员工的忠诚实现客户忠诚，另一方面要通过制度避免员工流失造成客户的流失。

（一）通过培养员工的忠诚实现客户忠诚

1. 寻找优秀的员工并加强培训

企业应寻找那些特质、潜力、价值观与企业的制度、战略和文化相一致的，才识兼备、技术娴熟、工作能力强的员工。此外，企业应培训员工树立"以客户为中心""客户至上"的理念，使每位员工认识到他们的工作如何影响客户和其他部门的人员，从而又最终影响到客户忠诚和企业的生存，并给予相关知识和技能的培训与指导。

2. 建立有效的激励制度

首先，企业要尊重员工的合理要求，充分满足员工的需要，在员工个人发展上舍得投资，及时解决员工遇到的问题，从而不断提高员工的满意度。

其次，企业要充分授权，即企业要赋予员工充分的权利和灵活性，从而使员工感到自己受重视、被信任，进而增强其责任心和使命感，激发其解决生产、服务等各环节问题的创造性和主动性，使每个员工都群策群力、同心同德，共同想办法赢得客户忠诚。

最后，要建立有助于促使员工努力留住客户的奖酬制度。

例如，美国的一家信用卡企业MBNA公司（后被英国劳埃德银行并购）就建立了这样一种奖酬制度，员工收入中的20%是与客户维护有关的奖金。这种奖酬制度激励了员工与客户进行有效的沟通，使该企业在过去几年中留住了一半试图终止业务关系的客户。

又如，华为公司不上市，而是把98.6%的股权开放给员工，除了不能表决、出售、拥有股票之外，股东可以享受分红与股票增值的利润，并且华为每年所赚取的净利几乎是100%分配给股东，有员工一年就拿120万元股利。在华为，即使一个刚入公司的本科生，年薪也至少15万元，工作2～3年就具备配股分红资格。华为有“1+1+1”的说法，也就是说，起初工资、奖金、分红的比例是相同的，但是随着年资与绩效的增长，分红与奖金的比例将会大幅超过工资。所以，华为的员工会把自己当成老板，待得越久，领的股份与分红越多，他们不会为了追求一两年的短期业绩目标而牺牲掉客户利益，而是会想尽办法服务好客户，让客户愿意长期与之合作，形成一种正向循环。

3. 不轻易更换为客户服务的员工

熟悉就会亲切，如果一个员工在服务客户的岗位上待的时间长了，不仅可以了解客户的兴趣与需求，而且能够给客户带来亲切与温暖。

例如，美国一家名为Au Bon Pain的咖啡饼屋连锁店的经理加里·阿伦森（Gary Aronson）只雇用愿意每周工作50～60小时的人（这一行业中每位员工平均每周的工作时间是40小时），他为此对员工多工作的10～20小时付了加班工资，为的是希望每天光顾的大部分客户能够见到同一张面孔为他服务。正是这样，该店的许多服务员能够记住一百多位老客户的名字和喜好，因此该店的客户“回头率”非常高。

（二）通过制度避免员工的流失造成客户的流失

虽然熟悉的员工能给客户带来亲切感，但是“成也萧何，败也萧何”，客户熟悉的员工的跳槽或离职可能会造成客户的流失。因此，企业可以通过扩大客户与企业的接触面，从而减少客户对企业员工个人的依赖。

1. 建立轮换制度

轮换制度即每隔一段时间更换与客户联系的员工，这样当某个员工离职时，能保证仍有客户熟知的其他员工为之服务。例如，麦肯锡公司就采用了咨询师轮岗制，公司每次会派不同的咨询师同客户接触和谈判，从而保证客户对公司多个咨询师的接触，并把新咨询师同客户的接触当作从不同视角发现问题的机会，因此客户也不会对咨询师轮换导致的服务质量产生疑问。在这种咨询师轮岗的情况下，如果一个咨询师离职，客户还可以同公司的其他咨询师继续合作，而不会产生客户流失现象。但是，员工轮换不宜过于频繁，因为如果客户还没来得及与员工建立良好的合作关系，这个员工就被调离，客户就会怀疑企业到底是否能够为他提供连续的服务。

2. 以客户服务小组代替“单兵作战”

由于团队的作用，单个员工对客户的影响被削弱，从而降低了员工流失导致客户流失的可能性。服务小组可采取多种形式，如宝洁的客户服务小组的成员是由跨部门的人员组成的，而海尔的客户服务小组成员则由同一部门不同级别的人组成。当然，以小组的形式服务客户要确保每个成员输出信息的一致性，自相矛盾的信息或缺乏团队精神都会让客户怀疑服务小组能否胜任他们的角色。

3. 通过数据库在企业内部实现客户资源的共享

企业要把各个员工所掌握的客户信息在企业内部共享，同时建立知识共享的企业文化，为员工创建一种开放的工作环境，并组织开展一些交流活动，如员工经验交流会等，让他们可以自由沟通、分享信息，从而在企业内部共享客户资源。这样，就不会出现由于某一员工的离开造成客户流失的情况，任何员工都能在其他员工的基础上发展与客户的关系。

以上策略在实现客户忠诚上所起的作用和效果会因行业、企业、客户的不同而不同，企业在实际工作中应当灵活应用。

课后练习

一、选择题（可能不止一个选项）

1. （　　）是指客户对某一特定产品或服务产生了好感，形成了偏好，进而重复购买的一种趋向。

   A. 客户满意　　B. 客户价值　　C. 客户忠诚　　D. 客户利润率

2. 客户忠诚一般是建立在（　　）基础之上的，因此提供高品质的产品、无可挑剔的基本服务，增加客户关怀是必不可少的。

   A. 客户的盈利率　　B. 客户忠诚　　C. 客户满意　　D. 客户价值

3. 影响客户忠诚的因素是（　　）。

   A. 客户满意　　B. 客户性别　　C. 客户年龄　　D. 客户期望

4. 评估客户忠诚度可以从（　　）去判断。

   A. 客户重复购买次数　　B. 客户对品牌的关注度

   C. 客户对产品质量事故的承受能力　　D. 客户对价格的敏感程度

5. 下面影响客户转换成本的因素有（　　）。

   A. 时间成本　　B. 精力成本

   C. 经济成本　　D. 情感成本

二、判断题

1. 客户满意与否不会对客户忠诚产生影响。
2. 忠诚的客户一定来源于满意的客户，满意的客户一定是忠诚的客户。
3. 维持老客户的成本大大高于吸引新客户的成本。
4. 客户忠诚能为企业节约服务成本。
5. 忠诚客户的数量决定了企业的生存与发展，忠诚度的高低决定着企业竞争能力的强弱。

三、名词解释

客户忠诚　　转换成本　　信赖忠诚　　势利忠诚　　惰性忠诚　　无奈忠诚

四、思考题

1. 客户忠诚的含义是什么？意义是什么？
2. 影响客户忠诚的因素有哪些？
3. 实现客户忠诚的策略有哪些？

五、案例分析题

小熊在线的客户经营术

小熊在线的生存哲学很明确：留住客户的心。

北京小熊在线信息系统咨询有限公司（以下简称小熊在线）的创始人兼CEO张睿是一个"怪人"，怪就怪在和很多互联网老板们相比，他既没有马云、郭凡生等人的侃侃而谈，也没有李彦宏、丁磊等人的雄才伟略，但他却有自己的原则：不接受大规模融资，只是几个熟识的朋友给一些赞助。很难想象在这样一个浮躁的年代，这样一个"烧钱"的行业，张睿能以"零成本"做起一个网站，并且延续至今，发展为国内最好的资讯门户网站之一，他的秘诀是什么？

"当时的域名和空间都是别人给的，我基本上没花什么钱却倾注了很多的心血。"张睿说。正因为如此，在以后的时间里不管有多少风险投资来找他谈融资问题，也不管多少公司向他表达过并购的意向，他始终不为所动。

专业用户的聚集地

大多数资讯网站都会增设IT资讯以外的其他论坛，如交友论坛、闲聊论坛等，还有一些靠更新社会及娱乐新闻来吸引大众眼球。

与此不同的是，小熊在线有40多个分论坛，但在这里你找不到交友论坛也找不到大众娱乐新闻论坛。小熊在线的专业性受到了大批专业人士的青睐。假如你的电脑出问题了，或是你希望有人为你推荐数码相机，只要你把问题贴到论坛上，不超过5分钟肯定有人回复。从不会让你有受冷落的感觉，这也是小熊在线经常在线人数超过3 000人的一个重要原因。

小熊在线90%以上的用户都是IT专业人士。张睿向《当代经理人》的记者表示，论坛是一个个人参与度很强的平台，小熊在线不是欢迎所有的用户，而是欢迎那些对硬件等产品感兴趣的用户，小熊在线与其他资讯网站的不同就在这里。其他网站可以通过设置论坛来吸引大众用户群的关注，而小熊在线只希望聚集专业人群。

小熊在线论坛65%以上的发帖是关于硬件类的讨论。在广大用户与版主的共同维护下，这里已经成了新产品、新技术、新经验的发源地。

除此之外，小熊在线还通过论坛发起过多次献爱心的捐助活动。例如，2004 年一名退伍军人做肝脏移植手术，小熊在线通过论坛发起并筹集了 6 万元的捐款；在 2004 年年底印度洋地震海啸事件中，小熊在线共筹集了 3 万元的捐款捐献给海外。

省钱的“一站式”服务

小熊在线可以为用户省很多钱。节省的钱来自小熊在线所提供的服务。在用户选择产品时，小熊在线会把与产品相关的信息先筛选一遍，筛选出对用户有价值的产品信息并呈现给用户参考及放心使用。

例如，用户要买一款价格在 3 000 元左右的数码相机，小熊在线会告诉用户能够选择的种类有哪些；多少价钱可以买到以及在哪里可以买到；如果用户在外地，小熊在线还会提供一些用户所在地相关产品的信息。

小熊在线还会为外地用户提供最快捷的服务，比如有的用户想买某品牌的某款数码相机，而此款相机只有在北京才能买到，用户只要将产品需求信息贴到网上，小熊在线便会在最短的时间内为用户买到最便宜的相机。小熊在线的这种无距离式服务得到了大批外地（北京以外）用户的好评。

无距离式的服务为小熊在线积累了大批的用户，于是小熊在线电子商城在用户的企盼中诞生了，小熊在线使用户不仅可以得到自己想要了解的资讯，同时也可以方便地购买到自己想要的产品，免去了解完产品信息后再花时间选购产品的时间。最重要的是，小熊在线的产品真的是物美价廉，一位经常光顾小熊在线商城的用户对《当代经理人》记者说。

目前，小熊在线电子商城已经建立了一套完善的服务体系，即“产品价格查询—产品评测讨论区—购买”的“一站式”服务体系。用户只要轻轻一点感兴趣的产品，产品的所有信息都会罗列出来，比如与其他产品的比较，具体价格是多少，网上买的价格是多少钱，线下的价格是多少，网上商铺的信誉度如何，哪些线下商店卖这款产品，网友、用户对这款产品的评价和使用体验等。这种“一站式”的服务方式为小熊在线留住了更多的用户。

电子商务部门负责人张凉说，来小熊在线电子商城购物的网友大都是抱着对小熊在线的信任来的，他们觉得在小熊在线买东西放心，每年电子商城的销售额超过 2 000 多万元，但是小熊在线并没有拿这个作为盈利点，电子商城赚的钱刚刚够电子商城十几个员工的工资。

留住年轻的心

小熊在线除了做好线上服务，为用户提供更多的方便以外，还通过丰富的线下活动来留住客户的心。对于小熊在线来说，校园活动已经成为其标志之一，如今“校园经济”已经成为新的经济增长点，但与现代商业下的“校园经济”不同的是，小熊在线时刻维护着自有的纯真和率直。

小熊在线通过举办校园音乐大赛、校园创意大赛等活动吸引了一批年轻的用户，小熊在线举办的音乐大赛为无数热爱音乐的学生提供了一个展示自己的平台。“我们宿舍的人几乎天天都要到小熊在线的网站上看看有没有新的活动。”一位北大的学生对《当代经理人》的记者说。当然，利用各种活动的举办，小熊在线在校园里赚足了人气，成为学生谈论的热门网站之一。

小熊在线具有多年的校园活动经验，成功筹办过多场大型的校园巡展、DIY大赛等活动，积淀了深厚的校园情节。每次原创音乐大赛通过正规、强大的媒体和音乐公司发掘校园原创歌曲精品，透过“音乐”这个主题为学生们提供一个展示自我的舞台。

小熊在线对潮流的把握，对当代大学生生活的关注，抓住了很多年轻的心。

案例思考题：

小熊在线实现客户忠诚的策略有哪些？

第四篇

客户关系的挽救

客户关系在建立阶段、维护阶段都随时可能破裂。如果企业没有及时采取有效措施，就可能造成客户的永远流失；相反，如果企业能够及时采取有效措施，就有可能使流失客户“浪子回头”，与企业“破镜重圆”“重归于好”，从而使破裂的客户关系得到修复。

客户关系的挽救，是企业挽救破裂的客户关系，挽回流失客户的过程。

第十章 客户的挽回

引例

UPS挽回流失的客户

UPS公司（美国联合包裹运送服务公司）曾遭遇了一次因15天的停运事故而导致的严重的客户流失的危机，一时间UPS公司有150万忠诚的客户转向了联邦快递等其他快运公司，成千上万的员工被解雇。遭受沉重打击的UPS公司意识到，必须立即挽回这些流失的客户。UPS公司迅速组织人员给这些流失的客户打电话，召开面对面的沟通会，向他们道歉，告诉他们业务已经恢复正常，并且保证不会再出现类似情况。UPS公司还发表了致歉信，同时在运费上给客户一定的折扣来抚慰受伤的客户。欣喜的是，这些措施很快取得成效，许多流失的客户回来了，在灾难过去的一年内，UPS公司的利润竟然提升了87%。

启示：从UPS公司挽回流失客户的案例中我们看到，面对客户的流失，如果企业采取积极的行动，调查客户流失的原因，并且采取行之有效的措施，那么大部分流失的客户是可以被挽回的。

第一节　客户流失的原因

客户流失是指客户由于种种原因不再忠诚，而转向购买其他企业的产品或服务的现象。

随着企业生产力和经营水平的不断提高，市场上雷同、相近的产品与服务越来越多，竞争品牌之间的差异也越来越小，客户因改变品牌所承受的风险也大大降低了，因此当前企业普遍存在客户易流失的问题。

客户流失除了有企业的原因外，还有客户的原因。

一、企业的原因

影响客户流失的因素与影响客户忠诚的因素是一样的，这些因素正面作用的结果就是客户忠诚，负面作用就导致客户流失。

（一）客户不满意

产品或服务的质量没有达到标准或者经常出现故障，就容易导致客户流失。例如，如果其他通信企业给客户提供越来越多的功能，网络覆盖不断扩大，接通率提高，掉线率下降，而本企业提供的通信服务却在很多地方打不通，或者经常掉线，那么客户的埋怨就会不断增加。又如，有的客户在本银行的ATM机操作时不慎借记卡被吞，或者是机器吐出假币残币，联系客服却不能迅速地解决，但是当其他机器出钞出现失误时，联系客服，该银行的工作人员却火速赶到ATM网点解决。这样的对比不免让客户心生寒意。

服务态度或服务方式存在问题，也容易导致客户流失。例如，服务意识淡薄，员工傲慢、对客户冷漠、粗鲁，表情僵硬，或者表示出不屑，不尊重客户，不礼貌，缺乏耐心，咨询无人理睬，对客户的提问和要求表示烦躁；服务僵化、被动，工作效率低下，没有迅速、准确地处理客户的问题，对客户的投诉和抱怨处理不及时、不妥当……致使客户利益受损时，客户就会寻求其他商家。

客户受骗上当，也容易导致客户流失。例如，企业在广告中过分夸大宣传产品的某些性能，造成客户预期的落空，或者企业对客户作了某种承诺而没有兑现，使客户的预期没有得到满足。例如，有的商场承诺包退包换，但是一旦客户提出退换要求，商场总是找理由拒绝，这就会造成客户流失。

产品或服务落伍，也容易导致客户流失。任何产品或服务都有自己的生命周期，若企业不能进行产品或服务的创新，客户自然就会另寻他路，这也是导致客户流失的重要原因。

梅赛德斯－奔驰，是为数不多的百年汽车品牌之一。然而，就是这样一家以德国制造品质著称的百年老店，在2019年却引发了巨大的舆论海啸——闹得沸沸扬扬的西安、兰州两位奔驰女车主坐在引擎盖上维权的事件发生之后，很多潜在的奔驰客户选择观望、犹豫甚至转投其他品牌。

此外，由于不满企业的行为，如破坏或污染环境，不关心公益事业，不承担社会责任等，或者企业出现震荡或波动等，也会造成客户的流失。

案例10-1　　凯瑟琳因不满意而流失

凯瑟琳小姐一直以来都是澳大利亚某最大、历史最悠久的银行的忠实客户。有一年她收到银行寄来的通知，告诉她可以到墨尔本分行领取新的信用卡。但是她已经在悉尼定居8年，其间她起码通知了银行四五次，要求更改地址信息，将服务转到悉尼分行。

她拨通了银行通知信件上的服务电话，询问是否可以将墨尔本分行的信用卡寄到悉尼分行，但服务人员表示无能为力，告诉她必须自己打电话或者发传真到墨尔本分行。凯瑟琳小姐告诉服务人员，自己在过去几年间已经好几次要求墨尔本分行修正资料，这次不应该再浪费她的时间和金钱了，因为这是银行延迟处理造成的错误。此时，服务人员开始有点不耐烦："但这件事我无能为力。"于是凯瑟琳要求与其上司通话，没想到服务人员竟然直接挂断电话。于是凯瑟琳二话不说直接到那家银行，把自己的账户清一清，转到街角的另一家小银行去了。

这件事发生数月之后，凯瑟琳突然对投资房地产感兴趣，便打电话给这家小银行询问相关的贷款方案。由于当时不方便亲自走一趟，所以只是简单地在电话里告知该小银行的服务人员她的资产、债务和收入情况。那时她其实只是想收集一点相关的信息，了解一下房地产投资市场而已。

服务人员礼貌地告诉她，她将在24小时后得到她想要的资讯。果然如服务人员所承诺的，凯瑟琳在一天后接到来电，告诉她一个远远超出她预期之外的贷款金额，并说明计算方式："希望您不介意，我向几家市内的房地产公司查询了符合您条件的方案，并以此计算出最适合您需求的金额。"作为这家小银行的客户，现在凯瑟琳感到十分愉快，并决定以后的所有银行业务都在这家原本不起眼的小银行办理，因为他们的服务态度给了她对其忠诚的理由。

（二）其他原因

例如，客户从忠诚中所获得的利益较少，客户对企业的信任和情感不够深，客户没有归属感，觉得自己被轻视。此外，客户转换成本较低，企业与客户业务联系不够紧密，客户对企业的依赖程度低，跳槽员工带走客户，以及企业自身对客户不忠诚，朝秦暮楚，见异思迁等，也都会导致客户流失。

二、客户的原因

有些导致客户流失的因素是客户本身造成的，例如以下几种。

有的客户因为需求转移或消费习惯改变而退出某个市场。

有的客户对企业提供的好的服务或产品根本就不在乎，转向其他企业不是因为对原企业不满意，而是因为自己想换"口味"，想尝试一下新企业的产品或服务，或者只是想丰富自己的消费经历。

有的客户由于搬迁、成长、衰退甚至破产，或由于客户的采购主管、采购人员的离职等原因而导致客户流失。

第二节 如何看待客户的流失

一、客户流失给企业带来很大的负面影响

流失一位重复购买的客户，不仅会使企业失去这位客户可能带来的利润，还可能损失与受其影响的其他客户的交易机会，因为流失的客户可能散布对企业不利的言论，动

摇和瓦解“客心”，此外还可能会极大地影响企业对新客户的开发。

当企业与客户的关系破裂，客户流失成为事实的时候，企业如果不能尽快、及时地恢复客户关系，就可能造成客户的永远流失，而他们很可能成为企业竞争对手的客户，壮大了竞争对手的客户队伍和规模。一旦竞争对手由于客户多了，生产服务规模大了，成本下降了，就会对本企业产生威胁。因此，企业不能听任客户流失。

客户流失，尤其是“好客户”流失如同将企业釜底抽薪，让企业多年投入于客户关系中的成本与心血付之东流。就像摩擦力损耗着系统的机械能那样，客户的流失不断消耗着企业的财力、物力、人力和企业形象，给企业造成的伤害是巨大的。

二、有些客户的流失是不可避免的

新陈代谢是自然界的规律。企业的客户也有一个新陈代谢的过程，特别是在今天的市场上，在各种因素的作用下，客户流动的风险和代价越来越小，客户流动的可能性越来越大，客户关系在任一阶段、任一时点都可能出现倒退，不论是新客户还是老客户，都可能会流失。此外，客户自身原因造成的流失，企业是很难避免的，是企业无能为力和无可奈何的。

因此，虽然很多企业提出了“客户零流失”的目标，但是这个一厢情愿的目标太不切合实际。企业幻想留住所有的客户是不现实的，就算能够做到，成本也会相当高，得不偿失，因为企业的产品或服务不可能完全得到所有客户的认同，企业不可能留住所有的客户！所以，企业应当冷静看待客户的流失，企业要做的是确保客户流失率控制在一个很低的水平。

三、流失客户有被挽回的可能

客户挽回是指企业通过积极的努力促使已经流失的客户回心转意，重新成为企业的忠诚客户。

有一种看法认为客户一旦流失，便会一去不复返，再也没有挽回的可能，这是片面的。

研究显示，向流失客户销售，每 4 人中会有 1 人可能成功，而向潜在客户和目标客户销售，每 16 人才有 1 人成功。这其中的原因主要是：一方面，企业拥有流失客户的信息，他们过去的购买记录会指导企业如何下功夫将其挽回，而对潜在客户和目标客户，企业对其的了解要薄弱得多，不知所措；另一方面，流失客户毕竟曾经是企业的客户，对企业有了解、有认识，只要企业下足功夫，纠正引起他们流失的失误，他们还是有可能回归的。可见，争取流失客户的回归比争取新客户容易得多，而且只要流失客户回头，他们就会继续为企业介绍新客户。

四、挽回流失客户的重要性

假设公司有 1 000 位客户，每年的客户忠诚度是 80%，算是比较高的了，那么，第二年还留下来的客户就是800位，第三年就是640位，第四年就是512位。也就是说，四年后，只有一半的客户还忠诚！多可怕！

可见，对流失客户的挽回工作多么重要！在客户流失前，企业要防范客户流失，极力维护客户忠诚，而当客户关系发生破裂、客户流失成为事实的时候，企业不应该坐视不管、轻易地放弃，而应当重视他们，积极对待他们，“亡羊补牢”，尽力争取挽回他们，促使他们重新购买企业的产品或服务，与企业继续建立稳固的合作关系。

例如，1982年，美国第一银行总裁库雷召集了300多名员工开会，说他收到许多不满的客户的来信，他指示从现在开始要致力于取悦、维系客户。为了实现这个目标，第一银行开始针对流失客户询问一些问题，包括为何离开、有什么要求。银行将收集到的信息整理后，制订出一个行动方案并开始执行，同时经常检查流程，以符合客户日益变化的需求。8年后，第一银行的客户流失率在行业中最低，每年只有约5%，是其他银行的一半。在没有多做额外工作的情况下，第一银行的产业排名由第38名上升到第4名，利润增加了16倍。

第三节　区别对待不同的流失客户

由于不是每一位流失客户都是企业的重要客户，所以，如果企业花费了大量时间、精力和费用，留住的只是使企业无法盈利的客户，那就不值得了。

因此，在资源有限的情况下，企业应该根据客户的重要性来分配投入挽回客户的资源，挽回的重点应该是那些流失的好客户，这样才能实现挽回效益的最大化。

针对不同级别的流失客户，企业应当采取的基本态度如下。

一、对流失的“关键客户”要极力挽回

一般来说，流失前能够给企业带来较大价值的客户，被挽回后也将给企业带来较大的价值。因此，给企业带来的价值大的关键客户应是挽回工作的重中之重，他们是企业的基石，失去他们，轻则会给企业造成重大的损失，重则伤及企业的元气。所以，企业要不遗余力地在第一时间将“关键客户”挽回，不能任其流向竞争对手，这也是企业必须做和不得不做的事情。

二、对流失的“普通客户”要尽力挽回

普通客户的重要性仅次于关键客户，而且普通客户还有升级的可能，因此，企业对流失的“普通客户”要尽力挽回，使其继续为企业创造价值。

三、对流失的“小客户”可见机行事

由于“小客户”的价值低，数量多且很零散，因此，企业对流失的这类客户可顺其

自然，如果挽回他们不用很吃力，或者是举手之劳，则可以试着将其挽回。

四、彻底放弃根本不值得挽回的劣质客户

例如，以下情形的流失客户就根本不值得挽回。

（1）不可能再带来利润的客户。

（2）无法履行合同约定的客户。

（3）无理取闹、损害了员工士气的客户。

（4）需要超过了合理的限度，妨碍企业对其他客户服务的客户。

（5）声望太差，与之建立业务关系会损害企业形象和声誉的客户。

…………

总之，对有价值的流失客户，企业应当竭力、再三挽回，最大限度地争取与他们"破镜重圆""重归于好"；对其中不再回头的客户也要安抚好，使其对企业无可挑剔、无闲话可说，从而有效地阻止他们散布负面评价给企业造成不良影响；对没有价值甚至是负价值的流失客户，则抱放弃的态度。

第四节　挽回流失客户的策略

客户关系的建立和维护都需要"组合拳"，需要一系列组合策略，缺一不可。而客户关系的挽救则可以从"点"上着眼——找出客户流失的原因及关系破裂的症结，然后对症下药，亡羊补牢。有针对性地采取有效的挽回措施，就能事半功倍。

一、调查原因

如果企业能够深入了解、弄清客户流失的原因，就可以获得大量珍贵的信息，发现经营管理中存在的问题，就可以采取必要的措施，及时加以改进，从而避免其他客户的再流失；相反，如果企业没有找到客户流失的原因，或者需要很长的时间才能找到流失的原因，企业就不能及时采取有效措施加以防范，那么这些原因就会不断地"得罪"现有客户，使他们最终流失。因此，企业要在第一时间积极地与流失客户联系，了解流失的原因，弄清问题究竟出在哪里，并虚心听取他们的意见、看法和要求，让他们感受到企业的关心。

例如，IBM公司就非常重视老客户的保留。当一个客户流失时，IBM公司会尽一切努力去了解自己在什么地方做错了——是价格太高、服务不周到，还是产品不可靠，等等。公司不仅要和那些流失客户谈话，而且对每一位流失客户都要求相关的营销人员写一份详细的报告，说明客户流失的原因并提出改进意见，并且采取一切办法来挽救客户关系，从而控制客户的流失率。

又如，美国显微扫描公司是为医院化验室生产自动化微生物化验设备的专业公司。

20世纪90年代初，公司发现有些客户流失了，为此，公司要求销售人员与每一个流失的客户交谈，了解他们流失的根本原因。调查结果表明，问题出在客户既怀疑公司医疗设备的可靠性，又对公司的售后服务不满意。显微扫描公司虚心听取了流失客户的意见，重新研制了新型医疗设备，提高了化验的精确性，缩短了化验的时间，并完善了售后服务。通过短短两年的努力，许多流失的客户又重新回到了公司，该公司不仅在市场上确立了领先的地位，而且经济收益也明显提高了。

案例10-2 **软件公司客户流失的原因**

某软件公司采取项目开发与服务方式，提供物流软件的项目服务，经过多年市场开发，公司形成了一定的用户群。公司通常针对用户的需求特点，实施二次技术开发，确保软件安装成功及试运行稳定，同时培训用户的软件管理或操作人员，使其能够正常使用该软件系统。

由于软件技术不断发展与完善，用户系统也需要不断升级换代。根据用户系统特点以及安装年限长短，公司也需要对用户适当收取一定的升级或换代费用。但在升级换代的活动中，公司发现原有用户中，18%的用户的系统已被竞争对手的系统所替代，35%的用户不做升级换代的考虑，16%的用户放弃该系统方案的使用，只有12%的用户愿意接受升级或换代服务。

面对这种局面，公司大吃一惊，是什么原因造成这样的状况呢？于是，公司成立了调研小组实施专项问题调查。调查发现主要问题在于大部分用户的软件管理或操作人员使用不当或操作维护技术较低，造成系统不稳定、不适用。同时，厂商售后服务支持的工作量加大，服务常常不及时或脱节，以致系统经常有瘫痪现象，数据丢失屡有发生。而且一旦发生这种情况，软件管理或操作人员因担心自己的责任问题，将所有过失推在产品身上，造成用户对产品不信任。

为了改变这种局面，公司出台“贴心大行动”，针对用户的软件管理或操作人员，实施常年技能培训，着重培养与提升其解决实际问题的能力。同时，针对各地区的技术支持要求，与当地软件服务商合作，成立技术服务队，对用户的软件系统问题提供技术支持，等等。

“贴心大行动”提高了用户回头率，重新燃起用户对公司的信任。在这一基础上，公司的软件升级换代工作顺利进行，也使用户的软件系统在新技术的支持下更稳定、更好用。

二、对症下药

“对症下药”就是企业要根据客户流失的原因制定相应的对策，以挽回流失的客户。企业只有充分考虑流失客户的利益，并站在流失客户的立场上，对不同类别的流失客户有针对性地采取有效措施，才能挽回破裂的客户关系。

例如，针对价格敏感型客户的流失，企业应该在定价策略上采取参照竞争对手的定价策略，甚至制定略低于竞争对手的价格，这样流失掉的客户自然而然会自己跑回来。针对喜新厌旧型客户的流失，企业应该在产品、服务、广告、促销上面多一些创新，从而将他们吸引回来。

海底捞是一家以经营川味火锅为主，融各地火锅特色为一体的大型跨省直营餐饮品牌火锅店。2020 年 4 月初，开启“报复性消费”的顾客发现，海底捞在恢复堂食之后不但菜品涨价了，且菜量变少了。如半份血旺从 16 元涨到 23 元，自助调料增至 10 元一位，小酥肉 50 元一盘……许多客户委屈地表示不会再去海底捞消费。海底捞涨价事件在网络上发酵近一周，4 月 10 日，海底捞火锅官方微博发布致歉信，海底捞门店此次涨价是公司管理层的错误决策，伤害了海底捞顾客的利益，即日起国内各地门店菜品价格恢复到 2020 年 1 月 26 日门店停业前的标准……海底捞由于反应及时，总算挽回了流失的客户。

案例 10-3　**达美乐客户挽回管理**

达美乐是全世界最大的比萨公司。2009 年 2 月，达美乐报出重大丑闻，一位员工在自拍视频中，将“被污染”的芝士混入比萨面饼中，并且将该比萨以外卖方式送出……视频曝光后，点击量迅速超过百万，愤怒的客户们开始大肆传播达美乐的食品安全问题，达美乐品牌形象瞬间倒塌。

2010 年，新上任的 CEO 帕特里克（Patrick）不仅没有封锁消息，遏制丑闻传播，反而反其道行之，以极端方式、花巨资租下纽约时代广场的巨幕，实时播放、鼓励人们吐槽达美乐，还为点击量最高者准备了现金大奖。一时间，不管是竞争对手还是媒体、客户，几乎人人都在大谈特谈达美乐。短短几天内，公司就收到了超过 3 万张真实的比萨饼照片、搞怪图片，各种小视频和段子也是花样百出……大家欢乐的“吐槽”，竟使得达美乐成为最火的现象级话题，品牌关注量飙升。

达美乐通过鼓励吐槽的方式，获得了众多客户流失原因的信息，除了原先的导火索危机事件，其他的主要原因可以概括为：比萨款式常年一成不变，款式少，缺乏新意；线上下单流程较烦琐；比萨送到时口感已经不好；外包装不够结实等。

于是，达美乐废弃用了 49 年的比萨配方，顺势推出“比萨改造计划”，开辟专门的数据通道收集客户意见，并邀请专业人士和客户来点评比萨，提出修改建议，以便它们的厨师们能第一时间得到第一手的客户反馈。围绕快速下单这一“触发点”，达美乐先后推出了车载屏幕内嵌、短信比萨表情包、OK 语音自动下单系统，以及数字按键一键下单等 12 种快捷下单的方式。除此之外，达美乐还改进了产品的外包装和外卖设备。比如比萨饼外带的瓦楞纸盒、输送带式的烤箱和携带式的电热包。为了达到最佳效果，达美乐尝遍了各种黑科技，比如采用无人驾驶的摩托车、自动驾驶的无人机和直升机送餐，甚至还开发了一边开车一边做比萨的专用配送车，一切只为客户在 30 分钟内吃到新鲜出炉的热比萨。

达美乐通过一系列大刀阔斧的、基于客户体验的整改，流失的客户又回来了。

企业要根据实际情况，参照流失客户的要求，提出具体的解决方案，并告诉他们正是基于他们的意见，企业已经对有关工作进行了整改，以避免类似的问题再次发生。如果流失客户仍然对整改方案不满意，可以问问他们的意见，向他们讨教解决方法。方案得到流失客户的认可后就要抓紧实施。企业的诚意会给流失客户留下很好的印象，他们会觉得企业很重视他们提出的问题，是真心实意地解决问题，这样就可以打动他们，促使流失客户回头。

案例 10-4 **伊利公司挽回流失客户**

三聚氰胺事件使客户对奶粉业产生信任危机，作为奶粉业的巨头，伊利公司深深地陷入此次事件的泥淖，许多客户流失了。那么，伊利公司是怎么挽回已经流失的客户的呢？

第一，实施“三清理”，即严格清理所有的原料供应环节可能出现的问题；严格清理库存产品，凡是有问题的库存产品一律销毁，决不流入市场；严格清理市场，从市场上全面收回不合格的产品，决不让一件有问题的产品留在市场上。

第二，实施“三确保”，即确保所有的产品都必须经过本企业和国家质检部门的严格检测后再出厂；确保严格对原奶收购环节进行检测；确保奶农利益。通过“三确保”，伊利公司保证了生产环节的产品质量，确保了销售的每一批产品都是合格的。

第三，实施“抓两头”，即抓原奶和出厂。在原奶收购环节，伊利将所有的检测前置到收奶环节，加强和提升了检验水平；在出厂环节，伊利配备了高精度的检测仪器进行检测。

第四，率先推出 24 小时网络生产直播平台，即从奶牛饲养到机械挤奶、从产品灌装到出库流通，客户均可以通过视频看到伊利生产的全过程。

第五，开展“放心奶大行动”“天天都是开放日，人人都是监督员”活动，邀请上万名消费者及质检专家、媒体走进伊利工厂，亲眼见证原奶验收、无菌处理、无菌灌装和入库出库等全部四大环节的操作流程。

伊利公司一系列对症下药的措施受到了消费者和零售商的积极回应，客户们重新树立了对伊利公司的信心，许多流失的客户纷纷回头，表示愿意信任及购买伊利产品。

当国家卫生部宣布肯德基新奥尔良烤翅和新奥尔良烤鸡腿堡的调料在检查中被发现含有苏丹红一号的成分后，肯德基立即采取措施：停止新奥尔良烤翅和新奥尔良烤鸡腿堡的销售，主动向公众道歉，承认自己的责任，并且表示将会追查相关供应商的责任，以及制定措施防止类似的事件再度发生。百胜餐饮集团召开新闻发布会，介绍“涉红”产品的检查及处理情况，集团总裁现场品尝肯德基食品，主动配合中央电视台《新闻调查》和《每周质量报告》等栏目的采访……由于肯德基在问题发生后，能够迅速采取一系列有效的措施，不掩盖、不逃避，获得了媒体的认可、公众的理解，客户恢复了对肯德基产品的信心，流失的客户又返回了。此外，随着健康观念的增强，客户逐渐认识到洋快餐易导致肥胖，这种观念导致了部分客户流失。对此，肯德基通过产品创新及推广活动，使品牌与健康和运动紧密结合，并且向“均衡营养、健康生活倡导者”转化，从而挽回了部分流失的客户。

课后练习

一、选择题（可能不止一个选项）

1. 客户不（　　）是影响客户流失的重要因素。

A. 满意　　B. 关注　　C. 忠诚　　D. 沟通

2. 影响客户流失的因素有（　　）。

A. 客户从忠诚中所获得的利益　　B. 客户对企业的信任和情感

C. 客户转换成本　　D. 企业与客户的联系

3. 对流失的（　　）要极力挽回。

A. 关键客户　　B. 普通客户　　C. 小客户　　D. 劣质客户

4. 对流失的（　　）要尽力挽回。

A. 关键客户　　B. 普通客户　　C. 小客户　　D. 劣质客户

5. 彻底放弃根本不值得挽留的（　　）。

A. 关键客户　　B. 普通客户　　C. 小客户　　D. 劣质客户

二、判断题

1. 对不可能再带来利润的流失客户，不必将其挽回。
2. 对流失的小客户，如果不用很吃力则可以试着将其挽回。
3. 客户自身原因造成的流失，企业是无能为力和无可奈何的。
4. 影响客户流失的因素与影响客户忠诚的因素是不一样的。
5. 要对不同级别客户的流失采取不同的态度。

三、名词解释

客户流失　　客户挽回

四、思考题

1. 客户流失的原因有哪些？
2. 如何看待客户流失？
3. 如何区别对待不同级别客户的流失？
4. 怎样挽回流失客户？

五、案例分析题

家乐福2008年在中国

2008年4月7日，北京奥运会火炬在法国巴黎传递受阻。此后，网上出现了法国企业家乐福大股东不良事件的信息。于是，家乐福便成为人们表达愤怒的对象，遭到了众多客户的抵制。

4月15日这天晚上，家乐福把声明挂到家乐福中国区的官方网站上。在声明中，家乐福表达了两层核心意思：一是有关家乐福集团支持个别非法政治组织的传闻完全是无中生有和没有任何依据的，家乐福集团从来没有，将来也不会做任何伤害中国人民感情的事情；二是家乐福集团始终积极支持2008年北京奥运会，对于奥运火炬在巴黎受到攻击，这是让人愤怒的，不能让人接受的，家乐福集团完全可以理解中国老百姓情绪的来源。

在临近奥运倒计时100天时，家乐福让北京所有分店的员工换上印有国旗和“Beijing 2008”标志的红色新工装，借此表达喜迎奥运的心情。同时，家乐福在国内报纸上刊登支持奥运广告“祝福北京，支持奥运”“家乐福全体同仁祝福北京”，强调“我们已为奥运做好了准备”，并且用一位中国员工的笑脸来打动读者，称“永远做中国的企业公民”。

“5·12”汶川发生大地震，家乐福迅速捐赠了200万元，5月14日又捐赠了100万元用于灾后学校重建……此后又追加了2 000万元捐款。至此，家乐福捐款额已达2 300万元，成为在华法资企业中捐款额最多的公司。

经过家乐福一系列的解释和努力，很多客户渐渐觉得家乐福是有诚意的，以往的老客户又愿意光顾家乐福了。

案例思考题：

1. 家乐福为了挽回破裂的客户关系做了哪些努力？
2. 从家乐福挽回破裂的客户关系中能够得到什么启示？

综合案例

报刊发行商怎样建立与维护客户关系

报刊发行服务不是将报刊进行运输、投递这么一个简单的物流过程，而是要成为报刊产业上游和下游的桥梁，即将报刊送给最适合的读者，为读者找到最合适的报刊。

要做到这一点，报刊发行商必须认真分析、研究报刊品种，做好报刊的宣传，让读者了解报刊；同时，报刊发行商要了解读者的阅读需求，为读者寻找报刊提供便利，并为读者提供多种订阅方式，最后要为订户提供准确、及时、安全的投递服务。

一、报刊发行商的客户分类

报刊发行商的客户可以分为上游客户、下游客户和中游客户。

上游客户比较直观，也就是报刊社。

下游客户的构成则比较复杂，包括：团体客户（党政军群、企事业单位）；个人客户（订阅者、零售读者）；分销商客户（机场、车站、学校等委办零售点或社会发行站；超市、书店、卖场、报刊亭等零售点）；第三方客户。这里，团体客户与个人客户都是报刊的读者，而分销商客户与第三方客户本身都不是报刊的读者，他们是“二传手”。

中游客户是指在报刊上做广告的单位。

二、上游客户（报刊社）的选择、开发与维护

（一）报刊社的选择

首先，报刊发行商要选择经济效益和社会效益好的报刊社作为自己的客户。例如发行量大且社会影响大的党报党刊、受市场欢迎的畅销报刊、能提供广告附加值的高效报刊、受广告商欢迎的形象报刊等。报刊发行商如果成为党报党刊的发行人，则可以同时获得下游的大客户（否则订阅党报党刊的客户就会流失），而且可以从政府获得一些优待政策。如报刊发行商坚持定位在正规发行渠道的角色上，不成为非法出版物的发行渠道，

不为一些短期利益而破坏自己的社会形象和市场形象，则有利于得到客户的信任。

其次，报刊发行商可以考虑放弃发行量微小、发行潜力低、内容质量差的报刊品种。虽然报刊发行商放弃了这部分微小的收益，但从长远发展来看，对维护报刊发行商的发行品牌，吸引一些大报大刊的合作有更加重要的意义。另外，也可以提高投入产出比，取得更丰厚的回报。

沃尔玛、家乐福之所以能成为零售巨头，与它们在供货产品选择上的高门槛是分不开的——能够上货架的商品都必须是周转快的畅销品，这点值得我们学习。如果报刊发行商因为种种原因没有放弃发行量很少、滞销的报刊，则可以提高发行费率来提高投入产出比。

最后，在报纸和期刊的选择上，报纸虽然价格高、发行量大、流转额高，但从经营效益、运行成本来看，期刊的发行、投递成本要远低于报纸，况且期刊的广告收益也越来越明显，所以发行商要关注和培养品牌期刊，搞好与期刊社的关系。

（二）报刊社的开发

首先，报刊发行商要充分发挥报刊发行的优势，以优质的服务创发行品牌，通过发行成效来吸引更多、更好的报刊社加盟，并争取将新的、能够带来效益的报刊社纳入自己的发行渠道，从而提高报刊发行商的市场占有率。

其次，要通过现有的龙头客户（如中央级的大报大刊）的影响力和号召力，增进与省级党报、地市级党报的合作，拓展与都市报、地市报的合作。此外，报刊发行商要积极开展会议营销，即每当报刊社召开行业会议时主动出击，宣传、介绍自己的发行优势，从而争取目标客户的加盟。

（三）报刊社的维护

首先，报刊发行商要了解和掌握报刊社的相关信息，如发行或销售的数量，读者群体、结构、层次，社会对该报刊的评价，该报刊对自己的贡献，并且通过数据库进行管理和利用。另外，报刊发行商要加强与报刊社的沟通与交流，如主动到报刊社登门拜访，密切与其的关系。如果能够得到报刊社的支持，在报刊上帮助宣传发行商的发行服务简直是举手之劳。

其次，党报党刊、行业报刊以公费订阅为主，发行量相对稳定，对报刊发行商利润贡献较大，因此报刊发行商要精益求精、好上加好地做好党报党刊及行业报刊的收订工作，确保其发行量稳中有升。报刊发行商还可以考虑设立为重点报刊社服务的客户经理，负责有针对性地为其提供个性化的服务，确保这些大客户对报刊的发行服务满意。

例如，高效地收订和投递，帮助收集读者信息，并进行统计分析和分类整理，定期向报刊社反馈信息，助其往畅销报刊发展，进一步做大做强。此外，发行商要加强业务资金管理，保证报刊业务结算的正常进行，按时向报刊社结付报刊款等。

再次，报刊发行商要通过提高报刊社的转移成本，增加报刊社对发行商的信任与情感牵挂，提高报刊发行服务的独特性与不可替代性，建立客户组织等，来实现报刊社对报刊发行商的忠诚。

例如，报刊发行商可以利用订户数据库帮助报刊社了解现有订户的分布、订阅习惯等信息，使报刊社得以根据当前的读者结构来改进报刊的内容，以求更好地满足读者需求。如果报刊社对现有的读者结构不满意，也可以利用报刊发行渠道来对目标读者进行有针对性的宣传和推荐，从而改善读者结构，这样也就加大了报刊社对报刊发行商的依赖和忠诚。

最后，报刊发行商可以考虑将通过自己发行的报刊社组织起来成立报刊协会，这样可以使报刊社感到自己被重视、被关心，从而产生归属感，因而有利于报刊社与报刊发行商的关系由短期联系变成长期联系，由松散联系变成紧密联系，即保持报刊社与报刊发行商的长期稳定关系。

中国邮政在与《特别文摘》的合作中，双方在邮报融合的理念架构下提出了“三免两减半，编发分营”的运营模式——在五年合作中，前三年《特别文摘》委托邮政自印自发，自主经营，自负盈亏，全部的发行及区域广告收入归邮政所得；后两年《特别文摘》收入剔除集团公司规定的列收部分和印刷成本，邮政与报刊社对半分成。

这一模式的好处是：报刊社可以从报刊经营的一般性事务中脱离出来，专注于内容的制作；邮政不再是报刊发行中可有可无的补充部分，不再是一个打工者，成为掌握报刊市场生命的有力推动者——邮政可以根据市场需求确定刊印的数量、发行的方向、广告的经营。这种融合打通了邮报双方原先各自独立运行的隔阂，双方共同经营报刊，邮政成为与报刊社对等的、不可或缺的战略伙伴，同时增强了报刊社对邮政发行的依赖与忠诚。

三、下游客户（分销商客户、团体客户、个人客户、第三方客户）的选择、开发与维护

（一）下游客户的选择

首先，报刊发行商要选择信誉好的、愿意积极推广销售的分销商，要选择订阅量大的团体客户、个人客户和第三方客户，个人客户中要重点开发订阅或购买比较集中的人群，如有学习需要的青少年学生。此外，农村市场潜力大，是报刊发行新的销售增长点，报刊发行商应该发挥渠道优势，送报刊入村入户，分发到农民家门口。

其次，应当集中力量发展订阅市场。在市场中，订阅与零售都是报刊发行的重要渠道，但订阅是根本，零售是补充，因为多数读者越来越希望能在家中收到报刊，而不是跑到零售点去买报刊。另外，订阅市场销售比较稳定，也易于控制成本和管理，而零售市场销售波动大、不稳定，不易掌握和控制。因此，报刊发行商应当集中力量发展订阅市场，通过加强报刊订阅和投递渠道的建设来巩固订阅优势。

（二）下游客户的开发

1. 分销商的开发

对分销商来说，无利不起早，因此报刊发行商要通过让利或折扣的方式，以使其有利可图，同时要做好相关的配送服务等。此外，要整合销售网点，在城市繁华地段、社区、院校、厂矿企业，积极吸纳报刊发行商以外的报刊经营单位或零售网点，扩大报刊零售服务的覆盖面。

2. 团体客户的开发

团体客户消费力量集中，订阅量大，市场开拓成本相对较低，但有高于个人客户的需求，比如更好的服务。因此，报刊发行商要提供如上门收订、预约收订等服务，提供订阅时间、地点上的便利。当然，还可以推出“订报刊，送广告”的办法来开发团体客户市场。此外，报刊发行商要研究团体客户的订阅需求，例如研究学校图书馆报刊采购竞标的产品体系、价格体系、服务体系等，从而开发出“大、中、小学图书馆装备报刊”等。

在党报党刊的发行、开发团体客户方面，地方党委、政府可以发挥重要的作用，所以报刊发行商在大收订期间，应紧密地同当地党委、政府沟通联系，取得他们的支持，依靠党委、政府的力量来完成党报党刊的发行任务。另外，为了拓展行业性报刊的市场份额，报刊发行商要加强与行业协会的联系，取得他们的支持和推荐，同时也要重视行业内部相互介绍，重视老订户的口碑传诵。

3. 个人客户的开发

虽然个人客户市场相对比较分散、需求不稳定、单个订阅量小，但其基数很大，占报刊购买市场的主要部分，因此不容忽视。报刊发行商可以考虑在电视、广播、报纸上做形象广告，以提高企业形象和亲和力，从而加强对个人客户的影响。

报刊发行商除通过业务窗口征订、征订员征订、发行站征订等渠道外，还要深入居民小区摆摊设点收订，上门收订，开展“洗街洗村”的地毯式收订。

报刊亭作为报刊发行商服务窗口的延伸，地点设置灵活、分布广，经营时间长，可以接触不同地点、不同作息时间的读者，开设成本低，因此报刊发行商要加强对报刊亭的建设与管理，实现连锁经营，同时加强对其的配送力度。

此外，报刊发行商要积极推广电话收订和网上收订，让客户足不出户就能订阅报刊。另外，报刊发行商要树立和强化“收订无止期，投递无禁区”的服务意识，把一次性大收订变成“全年大收订，天天大收订”，加大收订宣传力度，可以通过电视、网络、报纸或 DM 广告（直接邮寄广告）等多种形式进行收订服务的宣传。报刊发行商还可以争取报刊社对发行服务的宣传和营销支持，如成立读者俱乐部、赠阅样报样刊、开展有奖订报刊等活动，帮助读者产生订阅的兴趣。

报刊发行商还可以根据读者的阅读偏好，推出恰当的报刊组合套餐，并且给予适当优惠。例如，报刊发行商可以同中、小学及幼儿园联系，开展“成长励志”主题营销活动，并制订《中学生重点报刊推荐目录》《小学生重点报刊推荐目录》发放到每位学生或家长手中。

此外，报刊发行商可以向报刊产业上游拓展、延伸，为客户提供一揽子信息和知识解决方案。条件成熟时，报刊发行商还可以自己办报办刊，届时，报刊发行商将可以实现由单纯的发行商向文化内容的提供商转变。

4. 第三方客户的开发

第三方订阅是由第三方客户集中订阅报刊，再由报刊发行商分送给第三方客户指定的客户——可能是公共图书馆，也可能是下岗职工，还可能是重要的客户等。

近几年，政府部门招标采购报刊的做法越来越普遍、范围越来越广泛，今年《政府工作报告》中又强调加快“农家书屋”建设。此外，社区阅览室也是近年来各级政府加强精神文明建设，倡导“文化进社区，服务进社区”的新生事物。

对此，报刊发行商要高度重视，及时捕捉商机，加强与政府相关部门以及报刊社的合作，利用报刊的产品优势和发行配送的渠道优势，积极主动地参与农家书屋、职工书屋、社区阅览室等招投标工作，争取在政府采购中取得报刊的供货权。同时，要做好服务工作，如帮助农家书屋、社区阅览室建立有效的报刊管理制度。其实，通过这两个窗口，还有利于宣传报刊发行商发行业务，从而引导农民、居民通过报刊发行商订阅报刊。

除政府外，那些实力强、拥有广泛客户群的通信、金融、保险、烟草、能源、化工等企业，为了关注其重点客户、关系客户或职工，也可能成为第三方客户。如今，各级政府、行业部门和众多企事业单位用于宣传、广告、礼品、扶贫、慈善的支出不断增加，这就为第三方订阅打开了市场，报刊发行商可通过“订报扶贫”“送科技下乡”等多种营销方式，挖掘市场潜力。

此外，个人也可以是第三方客户，因为当今个人社交礼仪消费也日趋活跃，经常会互赠礼品，而这礼品可以是报刊。例如，可推出“异地订阅送报刊”活动，以在异乡工作的外出务工族、远离父母的在校大学生、军营里的子弟兵作为目标客户群，利用报刊发行系统的异地订阅功能，开展儿女为父母订阅健康、养生类报刊活动，或者倒过来，开展父母为子女订阅励志报刊的活动。

（三）下游客户的维护

首先，客户数据库是分析客户消费习惯、消费趋势和维护老客户的重要手段，报刊发行商要充分利用报刊发行主渠道的地位，收集并整理当前订户的资料信息，如姓名、单位、地址、订报品种、订阅量、对服务有哪些要求、能够带来多少利润，建立规范的客户档案及重点订户信息管理系统，并利用数据库进行管理。

读者数据库可以帮助报刊发行商更好地掌握订户的需求和动态，在此基础上，报刊发行商可以为不同类型的订户提供个性化、针对性的服务，同时也为开展报刊市场分析、预测市场变化做好充足准备，为针对性地开展报刊营销打好基础。

此外，报刊发行商要主动通过报纸、电台、电视台宣传和介绍报刊发行业务，同时设置服务热线和投诉热线，听取订户的批评和建议，从而降低订户的流失率。

其次，对给报刊发行商带来的利润贡献大的订户，如党政军群、大型企业及学校等重点单位，报刊发行商要为其提供优质、高效的服务，如提供更为便捷的征订方式，同时保证投递的准确性，对特大型客户还要配备专人专车进行直投到户，确保投递100%准确无误，从而提高大客户的满意度与信任度。此外，报刊发行商可以与报刊社合作，制定灵活的价格策略。可以对不同数量、不同订阅周期的报刊采取阶梯分级的定价方法，目的是鼓励订阅周期长和订阅量大。例如，某报刊的零售单价为1.0元，订阅一个季度的单价为0.90元，订阅半年的单价为0.85元，订阅一年的单价为0.8元。又如，推出“订一年，送半年”“订三（份）赠一（份）”“订报刊，送积分”等办法，让老订户、大订户享受更多的优惠。

最后，报刊发行商要加强投递网的建设和改造，充分调整和优化报刊分发、转运、投递等各个环节，严格制定发行服务流程和服务标准，提高投递效率，细化投递段道，增加投递员，使投递覆盖面、深度有明显增加，充分保证报刊投递的时效性，同时加强对投递服务质量的管理与考核，强化内部管理。

报刊发行商要加快组建和培养一支由专职营销人员、投递员组成的报刊发行营销队伍，其中专职营销人员负责项目营销和大客户维护，投递员负责散户收订和投递服务。

报刊投递员在与订户接触时代表的是报刊发行商的形象，投递服务质量的高低和投递员营销能力的高低也将影响报刊收订业务量的大小。因此，报刊发行商要加强对投递员的培训，规范投递员的服务行为和服务用语，使其不只是机械地将报刊投递到户，还能成为订户与报刊社联系的桥梁。

另外，投递队伍的稳定也会影响订户的稳定、投递网的运行效果与投递质量，为了稳定投递队伍，要落实投递员养老保险和失业保险等劳保福利待遇，制定投递员长效激励政策，让投递员按服务星级享受等级津贴等措施，充分调动投递员的积极性，同时加强队伍的稳定。

四、中游客户（广告商）的选择、开发与维护

当前，广告商这类客户属于报刊社的多而属于报刊发行商的较少，但是发行商应该重视发展这类客户。发行商不要只关心发行费率而与报刊社争得面红耳赤，却对发行量上升引起的广告效益少有关注。事实上，发行商应该享受报刊发行成果，争取获得发行广告收益。

（一）广告商的选择

发行商要特别关注那些需要经常和大量做广告的单位，例如市场竞争激烈的行业中有实力的企业、垄断行业中对企业形象有需求的企业，它们能够给发行商带来较多的广告收入。

（二）广告商的开发

广告商往往看中发行商的客户资源和客户关系，其中发行量和发行对象是广告商最看重的硬指标。因此，发行商可以通过向对广告商关注的人群赠送报刊的形式，将其培育成自己的读者，这样就能够拉来广告商。

例如，宜兴邮政对在本地区影响较大的房地产公司、礼品公司和酒店、茶楼等客户，采取部分免费赠送《特别文摘》的方式，并且突出《特别文摘》内页广告实用性、廉价性、规模性等优势，获得了这些客户在《特别文摘》上刊登形象广告。

此外，个人客户也可以因为婚庆、寿诞等需要成为广告主，他们需要报刊发行商帮他们制作形象期刊，送给其亲朋好友。

总之，发行商应当利用自己（已有的或者创造的）的订户资源，寻求与广告商的合作机会。

（三）广告商的维护

首先，发行商要与报刊社充分合作为广告商提供优质服务。例如，通过优质期刊拉动发行量，从而使广告受众多、影响面广而深刻。

其次，发行商可以为广告商提供营销咨询。例如，订阅体育类报刊的读者对运动服装或体育用品等可能存在需求，发行商主动与这些行业的公司开展合作，可以帮助它们针对目标客户群进行有效宣传，这样就能够获得源源不断的广告收入。

资料来源：苏朝晖在“中国邮政集团公司报刊发行高级研讨班”上的讲稿。

综合实践 1

成功案例分享：×× 企业的客户关系管理

实践内容：

1. 充分调研，客观、全面地分享一家企业客户关系管理的成功经验。

2. 分享的内容可以是专题案例（如客户的选择、客户的开发、客户的分级、客户的满意、客户的忠诚、客户的挽回等），也可以是综合案例（贯穿客户关系管理的全过程，不求面面俱到，但求典型、有效）。

3. 注意介绍其中应用到的互联网、大数据、人工智能技术。

实践组织：

1. 教师布置实践任务，指出实践要点和注意事项。

2. 全班分为若干个小组，采用组长负责制，组员合理分工、团结协作。

3. 相关资料和数据的收集可以进行实地调查，也可以采用第二手资料。

4. 小组内部充分讨论，认真研究，形成分析报告。

5. 小组需制作一份 15 分钟左右能够演示完毕的 PPT 文件在课堂上进行汇报，之后其他小组可提出质询，台上台下进行互动。

6. 教师对每组分析报告和课堂讨论情况即时进行点评和总结。

综合实践 2

案例分析：×× 企业的客户关系管理

实践内容：

1. 客观且全面地介绍一家企业客户关系管理的做法。
2. 分析并评价该企业的客户关系管理做法的得与失。
3. 为该企业的客户关系管理提出改进意见或建议。

实践组织：

1. 教师布置实践任务，指出实践要点和注意事项。
2. 全班分为若干个小组，采用组长负责制，组员合理分工、团结协作。
3. 相关资料和数据的收集可以进行实地调查，也可以采用第二手资料。
4. 小组内部充分讨论，认真研究，形成分析报告。
5. 小组需制作一份 15 分钟左右能够演示完毕的 PPT 文件在课堂上进行汇报，之后其他小组可提出质询，台上台下进行互动。
6. 教师对每组分析报告和课堂讨论情况即时进行点评和总结。

综合实践 3

×× 行业（企业）的客户关系管理策划

实践内容：

1. ×× 行业（企业）如何建立客户关系。
2. ×× 行业（企业）如何维护客户关系（策划重点）。
3. ×× 行业（企业）如何挽救客户关系。

提示：

要以理论为指导，这主要体现在思路和框架上，主体内容则必须紧密联系企业实际，不空谈，要言之有物，重对策，重实效。其中可穿插生动的实例来增强策划的有效性和说服力。

实践组织：

1. 教师布置策划任务，指出策划要点和注意事项。
2. 全班分为若干个小组，采用组长负责制，组员合理分工、团结协作。
3. 相关资料和数据的收集可以进行实地调查，也可以采用第二手资料。
4. 小组内部充分讨论，认真分析研究，形成策划报告。
5. 小组需制作一份 15 分钟左右能够演示完毕的 PPT 文件在课堂上进行汇报，之后其他小组可提出质询，台上台下进行互动。
6. 教师对每组策划报告和课堂讨论情况即时进行点评和总结。

参考文献

[1] 夏永林，顾新. 客户关系管理理论与实践 [M]. 北京：电子工业出版社，2011.

[2] 邬金涛. 客户关系管理 [M]. 北京：中国人民大学出版社，2014.

[3] 李海芹. 客户关系管理 [M]. 北京：北京大学出版社，2013.

[4] 谷再秋，潘福林. 客户关系管理 [M]. 2 版 . 北京：科学出版社，2013.

[5] 王广宇. 客户关系管理方法论 [M]. 北京：清华大学出版社，2004.

[6] 苏立国. 利乐：为客户创利 与客户同乐 [J]. 企业改革与管理，2008(7).

[7] 刘萍. 小熊在线的客户经营术 [J]. 当代经理人，2006(10).

[8] 林木. 成功营销：让客户主动上门 [J]. 大经贸，2005(11).

[9] 李铁君. 百事可乐小店拜访的"天龙八步"[J]. 中国商贸，2003(12).

[10] 林景新. 别让无效客户分流广告费 [J]. 销售与市场，2004(10).

[11] 王逸凡. 宜家：卖家具，更卖生活 [J]. 连锁与特许，2007(6).

[12] 薛海波，王新新. 创建品牌社群的四要素：以哈雷车主俱乐部为例 [J]. 经济管理，2008(3).

[13] 袁昀. 泰国东方饭店的客户服务[J]. 市场营销案例，2006(6).

[14] 郑锐洪，王丽芳. 宝洁的"助销模式"[J]. 经营与管理，2005(12).

[15] 王唤明."星巴克"的"星级"体验 [J]. 中国市场，2007(33).

[16] 邵景波，宁淑慧. 基于金字塔模型的顾客关系资产管理 [J]. 中国软科学，2005(4).

[17] 沈沂. 管理你的低价值客户 [J]. 二十一世纪商业评论，2008(5).

[18] 边长勇. 招商银行走到高端客户背后 [J]. 当代经理人，2005(1).

[19] 张会莉. 无法抗拒的"哈根达斯"[J]. 经贸世界，2003(6).

[20] 朱虹. 论出版社客户的选择 [J]. 出版发行研究，2007(11).

推荐阅读

书号	课程名称	版别	定价
978-7-111-61959-8	服务营销管理：聚焦服务价值	本版	55.00
978-7-111-60721-2	消费者行为学 第4版	本版	49.00
978-7-111-59631-8	客户关系管理：理念、技术与策略 (第3版)	本版	49.00
978-7-111-58622-7	广告策划：实务与案例（第3版）	本版	45.00
978-7-111-58304-2	新媒体营销	本版	55.00
978-7-111-57977-9	品牌管理	本版	45.00
978-7-111-56140-8	创业营销	本版	45.00
978-7-111-55575-9	网络营销 第2版	本版	45.00
978-7-111-54889-8	市场调查与预测	本版	39.00
978-7-111-54818-8	销售管理	本版	39.00
978-7-111-54277-3	市场营销管理：需求的创造与传递（第4版）	本版	40.00
978-7-111-54220-9	营销策划：方法、技巧与文案 第3版	本版	45.00
978-7-111-53271-2	服务营销学 第2版	本版	39.00
978-7-111-50576-1	国际市场营销学 第3版	本版	39.00
978-7-111-50550-1	消费者行为学：基于消费者洞察的营销策略	本版	39.00
978-7-111-49899-5	市场营销：超越竞争，为顾客创造价值 第2版	本版	39.00
978-7-111-44080-2	网络营销：理论、策略与实战	本版	30.00